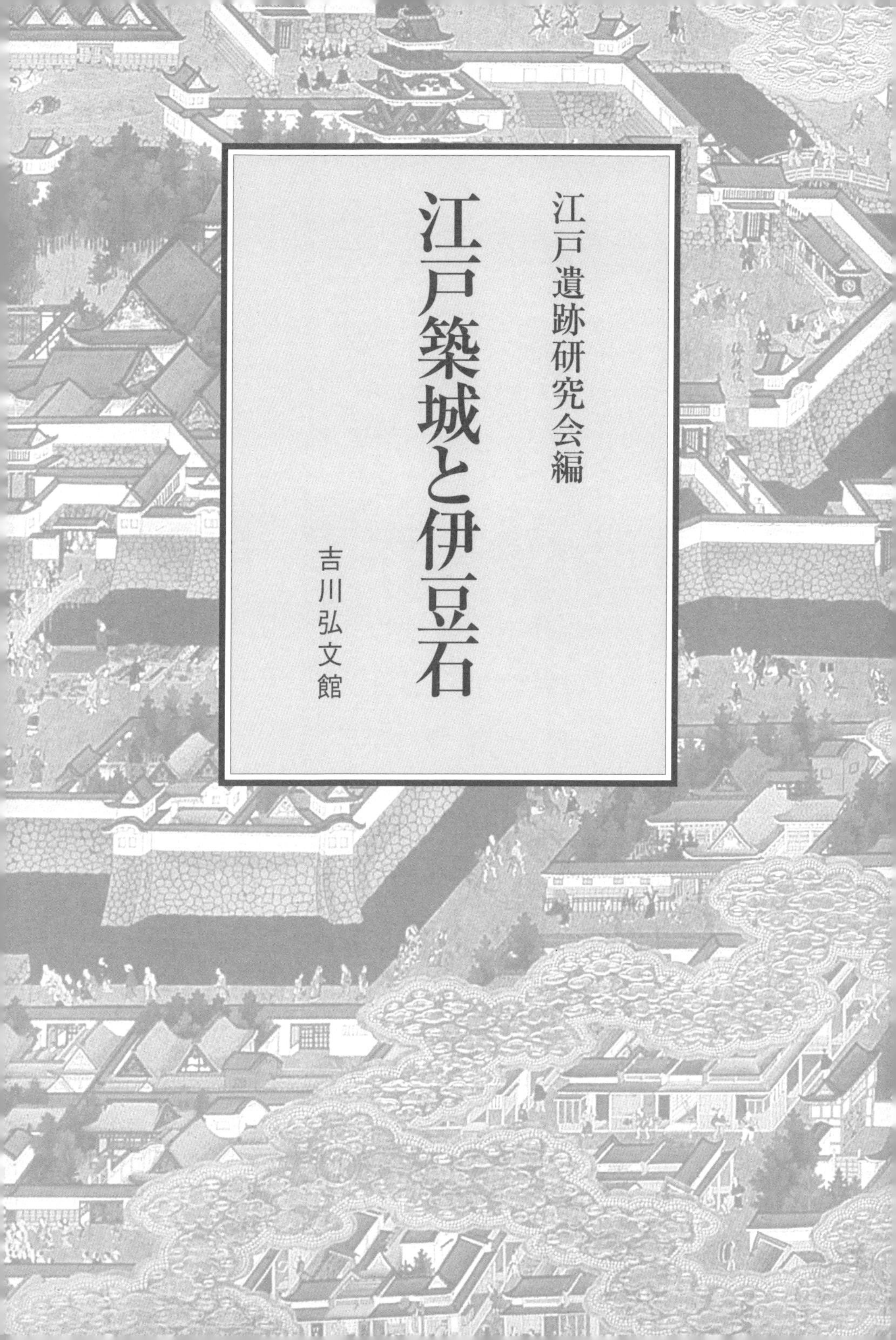

江戸築城と伊豆石

江戸遺跡研究会編

吉川弘文館

湯川区初津区山境置絵図（湯川区有文書・伝湯川村）

丁場名や刻印が記されている（右・拡大図）

江戸城外堀跡の石垣断面（千代田区教育委員会提供）

胴木と呼ばれる土台のうえに控えの長い築石（平石）を据えて，背面に栗石の裏込めを充塡している．こうした構造は，軟弱地盤での不等沈下を防ぎ，裏込めを充塡することによって排水処理や地震動に強いものとなっていた．

江戸城汐見坂の石垣（千代田区教育委員会提供）

江戸城本丸の梅林坂門と汐見坂門の間にある延長約 100 m，高さ約 10 m の石垣で，石垣上には手前に汐見太鼓（二重）櫓と汐見多聞櫓があり，それぞれ礎石が発見され，現地保存されている．

石材が垂直に切り出された石丁場跡
（下田市・中村石丁場跡群）

保存された石丁場（上）と石曳道検出状況（下）
（小田原市・早川石丁場群関白沢支群保存地区）

標識石（伊東市・新井石丁場群又居丁場）
新井・川奈両地区境界の稜線上の自然石に巴文と銘「石は いよ松山 これより 北みなミ」を刻み，石丁場の占有域を示した標識．伊予松山とは蒲生家と推定される．

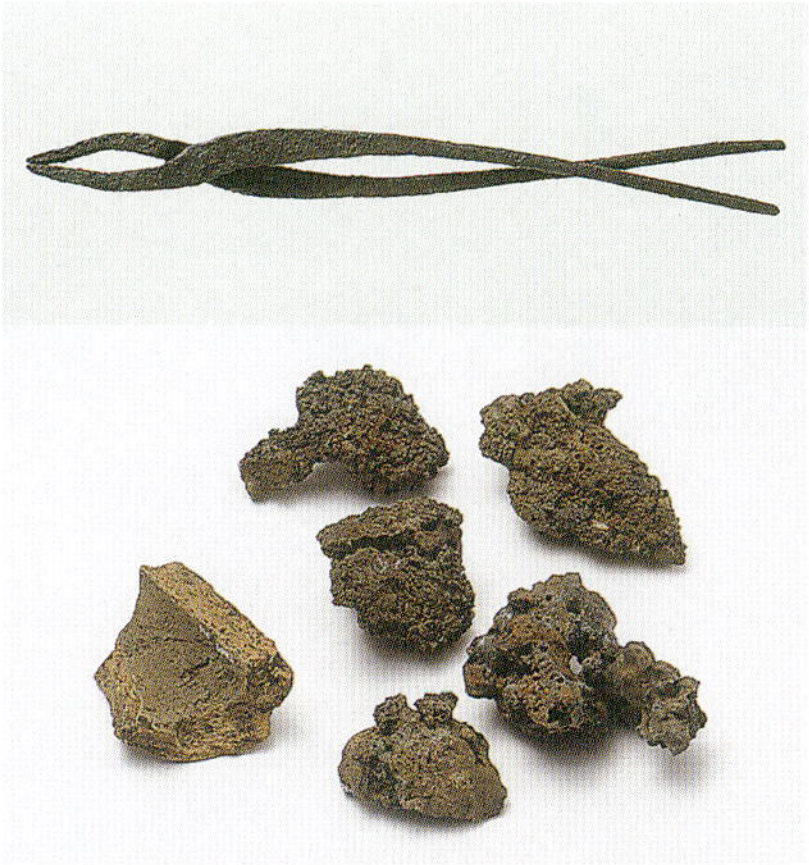

ヤットコ（上）と鉄滓（下）（熱海市中張窪・瘤木石丁場遺跡出土）
石丁場では，石切に使う鉄製の道具に焼き入れをするため，鍛冶を行なっていた．

①真鶴系安山岩　新小松石

多孔質で石基(基質)は酸化により帯紫色を呈する.

②真鶴系安山岩　本小松石

太陽光下で基質の微細石英が全体に光る.

③宇佐美-多賀系安山岩　御石ヶ沢丁場

かんらん石斑晶を含む.

④東伊豆単成火山の玄武岩類　赤沢丁場

新鮮なオリーブ色のかんらん石を含む.

⑤東伊豆系安山岩　大川丁場

捕獲岩, かんらん石, 石英を含む.

⑥内浦重寺のデイサイト　大洞丁場

透明感のある大粒の石英を散含する.

伊豆石の肉眼鑑定

目　次

近世都市江戸を造った伊豆石——本書の目的と問題点——

梶　原　　勝

はじめに

二〇〇七年に神奈川県小田原市の関白沢で石丁場が調査され、報告書が刊行されたことに続いて、二〇〇九年に熱海市と財団法人かながわ考古学財団から、二〇一〇年には伊東市から石丁場遺跡の精緻な報告書が相次いで刊行された（財団法人かながわ考古学財団二〇〇七・二〇〇九・熱海市教育委員会二〇〇九・伊東市教育委員会二〇一〇）。その後、沼津市戸田を中心に西伊豆の石丁場、下田市の凝灰岩系の石丁場などの分布調査も成果を蓄積しつつある。遠目から見ると近年、西相模・伊豆地方では、石丁場への考古学的アプローチが盛んになりつつあるようにみえる。こうした地域の石丁場から産出された石材は、いうまでもなく近世初頭から江戸城およびその城下の建設に、大いに貢献した石材である。

一方江戸遺跡では、現在までに旧江戸城（現皇居）の外堀、半蔵濠鉢巻石垣、二重橋濠沿い石垣（未報告）、梅林坂・汐見坂間石垣、中之門石垣、山里門石垣、桔梗濠沿い石垣などが調査され、江戸城城下の御殿や各大名屋敷、城下町の石材利用遺構なども調査されている。そして過去の江戸遺跡研究会大会・例会においても、その一端が発表されており、とくに第二二回大会の「江戸をつくった土木技術」（二〇〇九年二月七・八日）における北垣聰一郎氏の「近世における石積み技術」、後藤宏樹氏の「江戸城をめぐる土木技術—盛土と石垣構築—」、内野正氏の「近世江戸における石組み施設の変遷と画期—江戸遺跡検出事例から—」は、本書の導火線となっている。

こうした二つの地域の考古学的調査が盛んになると、両地域の関係性が問われてくる。その問題点については次節で述べるが、本書は両地域の調査・研究成果を融合させる目的で企画した。

一　本書の構成と問題点

本書では、次のような構成でそれぞれの問題点に取り組んでいる。

一番目の白峰旬氏は、用語の問題など近世初期の史料に石垣普請がどのように表現されているのかを解説しつつ、新たな問題として「石場」（石丁場）だけではなく、「石上場」や「石置場」の重要性を指摘している。また、提示された史料には後出の問題と関連する史料が含まれている。

二〜四番目では、まだまだ馴染みの薄い伊豆の石丁場を具体的に知ってもらうことを目的に、杉山宏生氏が西相模から東伊豆の安山岩系石丁場を、鈴木裕篤氏・原田雄紀氏が沼津市戸田を中心とする西伊豆の安山岩系石丁場を、増山順一郎氏が南伊豆の下田市における凝灰岩系の石丁場を紹介する。

五番目の石岡智武氏は、伊豆石とはどのような石かという問題に対して、伊豆半島の火山別の岩相を解説するとともに、江戸城の石垣石の産地同定を述べる。

六番目の三瓶裕司氏は、神奈川県西部地域の石丁場を紹介するとともに、早川石丁場群関白沢支群と石橋石丁場群玉川支群の調査成果を踏まえ、石材の完成度や刻印のあり方から作業工程ごとに分布する石丁場の様相、石材産出から石曳道などの運搬の問題、矢穴の問題に取り組む。

七番目の栗木崇氏は、人名刻印の考察から分布の法則性と、時期による数量変化の問題を扱う。すなわち人名刻印が慶長・元和期に多く、寛永期以降では少ないという事実は、白峰氏の指摘、すなわち寛永十三年（一六三六）の外堀普請のように公儀による石丁場の割りあても考慮されるが、今後も文献史学と石丁場調査の成果との議論が必要と述べている。

八番目の栩木真氏は、石垣石個々を観察し、寸法のデータ化を行いつつ、普請大名による石垣の差異、石垣段数による差異、江戸城と江戸城以外の差異を提示した。これにより従来の通説とは異なる結果を示し、考古データが果たす役割を明示した。

九番目の後藤宏樹氏は、江戸城築城の歴史を述べた後、江戸城石垣石に付された刻印の分析から、刻印が施される理由や作業工程における段階について述べるとともに、石材調達から構築までの体制は、寛永十三年以前と以後で変化していると述べている。このことは先述した栗木氏の論考と重なる問題で注目に値する。また後藤氏は、明暦期に美濃屋庄次郎という民間の土木工事請負業者が進出している事実を指摘している。

一〇番目の金子浩之氏は、伊豆と江戸を結ぶ海運の問題を採り上げ、誰がどのように運んだのかを具体的に述べている。この中で石曳道に関しては三瓶氏と、民間業者の問題については後藤氏と重なる部分がある。

以上のような問題点は、各報告の間で関係の深い部分が多々ある。これらを対比させることによって問題点への深みが増す。読者には、関連性に留意しながら読み解いていただきたい。

二　今後進むべき方向

江戸を支えた大量の伊豆石が、どのように生産され、どのように運ばれ海を渡ったか。また陸揚げされた石材が、どこに陸揚げされ、どのようなルートで江戸城へ運ばれたか。さらに運ばれた石材がどのよう形で積まれたのか。どのような時間的経緯で規格化された石積みへ変化したのか。また、民間業者の問題や伊豆石以外に江戸で使われた石材の問題など、数え上げたら十指では足りないくらいの問題点がある。このような多くの問題を抱える石垣石材であるが、これまで江戸遺跡研究会では、陶磁器ほど活発な議論が行なわれてこなかった。これはひとえに石材に対する関心が低かったからであろう。今後は、本書を通じて石材に対する関心を深め、調査の方法や研究の深化を図るべきである。

また、本書の基礎となったものは、江戸遺跡研究会第二四回大会「江戸城・城下と伊豆石」（二〇一〇年九月一九・二〇日）である。この大会を開催するために江戸遺跡研究会の世話人と西相模・伊豆地域の調査担当者や行政職員が数度にわたって協議を重ねた。こうした協議の中で、西相模・伊豆地域では「石丁場遺跡研究会」が設立された。この会は会員間の情報の共有化や石丁場遺跡の見学会を通して、研究の深化と市民を含めた多くの人びとへの周知を目指している。

江戸遺跡研究会にもいえるが、研究の深化を志向するのであれば、石丁場や石垣に関心をもつ人びとが増えることが望ましい。つまり資料を共有化し、研究人口の底辺を拡大させ、多様な視点から研究が進み、議論が活発になることが必要なのである。一部の研究者だけではなく、多くの人びとが参加していただける研究環境が作られることを願う。

〔参考文献〕
熱海市教育委員会　二〇〇九『熱海市内伊豆石丁場遺跡確認調査報告書』
伊東市教育委員会　二〇一〇『静岡県伊東市伊豆石丁場遺跡確認調査報告書』
財団法人かながわ考古学財団　二〇〇七『早川石丁場群　関白沢支群』
財団法人かながわ考古学財団　二〇〇九『石橋石丁場群玉川支群』

江戸城内郭関係
千代田区教育委員会　二〇〇一「第四章　特別史跡江戸城跡　半蔵濠鉢巻石垣の調査」『江戸城の考古学―江戸城跡・江戸城外堀跡の発掘報告―』
千代田区教育委員会　二〇一一「第三章　梅林坂・汐見坂間石垣」『江戸城の考古学Ⅱ』
宮内庁管理部　二〇〇七『特別史跡江戸城跡　皇居東御苑本丸中之門修復工事報告書』
宮内庁管理部　二〇〇九『江戸城跡　皇居山里門石垣修復工事報告書』
宮内庁管理部　二〇一三『特別史跡江戸城跡　皇居桔梗濠沿い石垣修復報告書』

江戸城外堀関係
地下鉄七号線溜池・駒込間遺跡調査会　一九九四『江戸城外堀跡牛込御門外橋詰・御堀端』
地下鉄七号線溜池・駒込間遺跡調査会　一九九五『江戸城外堀跡赤坂御門・喰違土橋』
地下鉄七号線溜池・駒込間遺跡調査会　一九九六『江戸城外堀跡市谷御門外橋詰・御堀端』
地下鉄七号線溜池・駒込間遺跡調査会　一九九六『四谷御門外橋詰・御堀端通・町屋跡：江戸城外堀跡［本編］』
地下鉄七号線溜池・駒込間遺跡調査会　一九九六『四谷御門外町屋跡：江戸城外堀跡』
地下鉄七号線溜池・駒込間遺跡調査会　一九九六『四谷御門外橋詰・御堀端通・町屋跡：江戸城外堀跡［考察編］』
千代田区丸の内一―四〇遺跡調査会　一九九八『東京都千代田区　丸の内一丁目遺跡』

千代田区教育委員会　二〇〇一「第五章　江戸城外堀跡呉服橋付近石垣の調査」『江戸城の考古学―江戸城跡・江戸城外堀跡の発掘報告―』
千代田区丸の内一丁目遺跡調査会　二〇〇五『東京都千代田区　丸の内一丁目遺跡Ⅱ』
文部科学省構内遺跡調査会　二〇〇五『東京都千代田区　文部科学省構内遺跡Ⅱ―史跡江戸城外堀跡発掘調査報告書―』

江戸城普請と石材調達

白峰　旬

はじめに――「公儀普請」という呼称について――

従来、江戸幕府が諸大名を動員しておこなった大規模普請（城郭普請）については、「天下普請」という呼称が使用されてきたが、近世初期の同時代史料（同時代に大名が発給した文書）では、「公儀御普請」という用例が使用されており（細川一七―二三六八号）、「天下普請」という用例は全く見られないので、以下では天下普請という表記は使用せず、近世初期の一次史料に見られる公儀普請という表記を使用することとする。

総論的な意味で公儀普請とは何か、ということを考えると、次のようにまとめられる。公儀普請とは、幕府主導の巨大プロジェクト（大規模公共工事）であり、諸大名を動員して、ヒト・モノ・カネ・スキルが集中的に投入された。複数の大名（特に石垣普請のスキルを持つ西国の大大名）が公儀普請に参加することは、現代でいえば大規模公共工事において、複数の大手ゼネコンが一緒になって一つの工事をおこなうＪＶ〔ジョイントベンチャー〕（＝共同企業体）に似たようなものであったと考えられる。

以下、江戸城普請（公儀普請）における石材調達に関係する諸例について検討し、石場（石切丁場）から普請丁場までの石の搬送のプロセスについても論及したい。なお、本文および注において、『大日本近世史料　細川家史料』一〜二一（東京大学出版会、一九六九〜二〇〇八）からの引用については、例えば、（細川一—一六九号）のように巻数と文書番号を表記した。

一　石場・採石地についての諸例

【1】来々年の江戸城普請の石の用意のため、石場に念を入れるように、細川忠興が細川忠利に対して指示した（元和四年〈一六一八〉）、（細川一—一六九号）。この場合、細川家では、江戸城普請の前々年から石場の確保に向けて動いていたことがわかる。

【2】以前取った石場はまず塞いで置くように、細川忠興が細川忠利に対して指示した。これは、万一の時に（この塞いだ石場を）役に立てる（「自然之時之用」）ためであった（元和四年）、（細川一—一七三号）。このように大名家が持っている石場であっても、場合によっては意図的に塞いだケースがあったことがわかる。

【3】細川忠興書状には、「伊豆御普請」という記載がある（寛永六年〈一六二九〉）、（細川三—七二一号）。これは伊豆での石切り作業を指すものと思われ、石切り作業についても「普請」と表記している点は注意される。

【4】細川忠興書状には、「伊豆之石場」についての記載がある（元和四年）、（細川七—一七〇九号）。

【5】江戸城普請の用意として、将軍徳川秀忠より、石三万（個の調達）が町人に命じられ、伊豆において誰の石場であっても（構わないので）、石を用意するように命じられた。そのため、町人が「とりかち」（＝取り勝ち）に石場

を取ったので、石（の調達）を命じられた（町人の鈴岡）彦兵衛と次郎助に対して、（細川家の？）石場を受け取り、石をこしらえて、そのあと（の石場を）また細川家へ渡すように細川忠利は指示した。伊豆にて切り置いた石二〇〇〇程は、伊豆にて売らせる予定であった（元和六年〈一六二〇〉）、（細川八―二号）。このように、三万個もの石の調達を将軍秀忠が大名にではなく、町人に対して直接命じたことや、秀忠の命により、伊豆の石場において各大名の石場であっても、それを無視して石の調達がなされたことがわかる。そして、この時、細川家でも石場を町人に提供したことがわかる。

【6】寛永十三年（一六三六）の江戸城普請の準備として、細川忠利は、同十一年（一六三四）に「石切共」を少し伊豆へ遣わした（寛永十一年）、（細川一一―七七五号）。この場合、寛永十三年の江戸城普請の準備として、前々年の冬から、伊豆で石材の準備をしていることがわかる。なお、細川忠利書状では、伊豆へ遣わす石切について、「今度之伊豆へ遣候普請人」と表記しているので（寛永十一年）、（細川一一―七七六号）、伊豆での石切り作業が「普請」と表記されていた点は注意される。

【7】来年の江戸城普請について、細川光尚は、伊豆へ人を遣わして雁木石（「かんき石」）を調達した（寛永十三年）、（細川一三―一一九五号）。この雁木石は細川家から幕府へ進上するためのものであり、伊豆にて五〇〇本分をすべて切り立てた（寛永十四年〈一六三七〉）、（細川一三―一二二四号）。

【8】寛永十年（一六三三）、細川忠利は、幕府旗本の小林時喬に対して、①伊豆東浦にて先年より、細川家が石場を取り置いたが、その所の者の預かり状があり、その写しを送るので、今でも相違がないように所の者に対して、（今でも細川家の石場であることについての確認を）小林時喬より命じるように頼んだ。②（前年に改易された）加藤忠広の石場も（伊豆に）あると聞いているので、この石場を細川家で取りたいので、その所の者に小林時喬より命じ

るように頼んだ。そして、そのほかにも（石場として）空いているところがあれば取りたい、と述べている。（これらの石場確保は）現在は公儀普請はないが、以後の公儀普請の時のためと思い申し入れている、と述べている（寛永十年）、（細川一七―二三六八号）。右記①は、伊豆における石場の継続的確保に細川忠利が注意していたことがわかり、地元の者（伊豆の者）が細川家の石場を預かっており、細川家に対して預かり状を出していたこともわかる。右記②は、小豆島における加藤忠広の石場を細川忠利がもらいたい、と小堀政一へ申し入れたこと（寛永九年）、（細川一六―一七八七号）と同様に、伊豆における加藤忠広の石場も細川忠利が所望していたことがわかる。こうした石場確保は公儀普請のためである、と細川忠利が明言している点は、何のために大名が石場を確保するのか、という意味で注目される。その後、伊豆東浦の石場の確認、加藤忠広の石場の譲渡、そのほかに新しい石場（「新町場」、「新丁場」）の譲渡が小林時喬より細川忠利に対してなされた（寛永十年）、（細川一七―二三七四号）。この場合、新しい石場のことを「新町場」、「新丁場」というように表記している点は注意される。つまり、石場＝「町場」、「丁場」と表記したケースがあった、ということになる。そして、同十一年には、新しい数ヶ所の石場（「新町場数ヶ所」）が渡され、地元の者（伊豆の者）の預かり手形を細川家家臣が取ってきた（寛永十一年）、（細川一八―二三八一号）。このように、伊豆における大名の石場は、地元の者が預かって管理しており、（石場を預かっている証明として）大名に対して預かり状（あるいは、預かり手形）を出していたことがわかる。

【9】寛永十一年、細川忠利は、相模国内の稲葉正勝（相模小田原藩主）の領内に（前年に改易された）堀尾忠晴の石場があり、その石場を細川忠利が取り置きたいとして、稲葉家の家老である田辺信吉のところへ家臣を遣わして了解をとり、石場預かり手形を細川家の家臣が取ってきた。また、堀尾忠晴が所の者に預けておいた普請道具も田辺信吉の配慮により、もらうことになった（寛永十一年）、（細川一八―二三八二号）。この場合も、改易された加藤忠

広の小豆島と伊豆の石場を細川忠利が申し入れてもらい受けたのと同様のケースである。今回も（石場を預かって管理する地元の者が）石場預かり手形を大名に対して出していることがわかる。なお、大名の普請道具も（石場を預かって管理する）地元の者が預かっていた点は注意される。

【10】寛永十三年の江戸城普請について、細川忠利は、石場は伊豆に四、五ヶ所持っている、ということを記している（寛永十一年）、（細川一八―二六五〇号）。このことは一大名が一ヶ所の石場を持つというわけではなく、複数の石場を持っていたことを示している。

【11】寛永十三年の江戸城普請について、細川忠利は、石と栗石は（江戸で）買ってから、伊豆へ普請の者を遣わす予定、としている（寛永十一年）、（細川一八―二七一五号）。このことからは、最初に石と栗石を江戸で買って、買うことができる石の数を確定してから、残りの石の数を伊豆で取る、という方針であったことがわかる。

【12】寛永十三年の江戸城普請について、細川忠利は、伊豆へ石を割るために三〇〇人を遣わし、江戸へ石が来た時の水揚げのため一五〇人を申し付けた。そして、石場は「わり」（＝割）になる旨を立花宗茂（筑後柳川藩主）より申し越した（寛永十一年）、（細川一八―二七一七号）。この場合、採石のため伊豆へ遣わす人数と、江戸での石の水揚げのための人数を一セットで考えている点は注意される。そして、（伊豆の）石場は幕府が諸大名に対して（石場の場所を）割り付けたことがわかる。幕府が石場を割り付けたということは、諸大名が勝手に石場を設定して取ることができないことを意味すると思われる。

【13】寛永十三年の江戸城普請について、細川忠利は、（伊豆の）石場・（江戸の）石上場・（江戸城の普請）丁場が早く決まれば、小屋場の勝手も済み、何もかも埒が明く、と記している（寛永十一年）、（細川一八―二七二四号）。このことは、石場（伊豆）・石上場（江戸）・普請丁場（江戸城）の三ヶ所はいずれも重要な場所であったことを示している。

【14】寛永十三年の江戸城普請について、細川忠利は石垣普請の担当であり、江戸・伊豆両所の石場は割り付けになるので、柳生宗矩・加々爪忠澄・堀直之・佐久間實勝の四人の公儀普請奉行に相談するように老中から指示されている（寛永十一年）、（細川一八―二七三二号）。この場合、江戸の石場というのは石上場のことを指すと思われるので、伊豆の石場と江戸の石上場は、幕府が諸大名に対して割り付けたことがわかる。

【15】寛永十三年の江戸城普請について、同十一年、松平正綱（幕府の勘定奉行）・石川政次（幕府の御船手）・石川重勝（幕府の御船手）が石場の見立てに行くことと、江戸の石上場と伊豆の石場は、「高下」なく「割」になる、と細川忠利は記している（寛永十一年）、（細川一八―二七三六号）。このことからは、幕府の役人が事前に伊豆の石場の視察に行ったことがわかり、石場を諸大名に割り付けるにあたって、その現場を視察した、という意味なのであろう。そして、江戸の石上場と伊豆の石場が、諸大名の石高の上下に関係なく、幕府から割り付けられるという幕府の方針がわかる。これと同様の記載は、他の細川忠利書状にも見られ、石場と水上場はすべて「割」になる（寛永十一年）、（細川一八―二七五三号）、伊豆の山と江戸の水上場はすべて「わり」になる（寛永十一年）、（細川一八―二七六〇号）、石場と水上場が「割」になるので下奉行を遣わした（寛永十一年）、（細川一八―二七六二号）、と記されている。

【16】寛永十三年の江戸城普請について、普請丁場と石場が「割」になる、と細川忠利は記している（寛永十二年〈一六三五〉）、（細川一九―二八〇四号）。この記載からは、普請丁場と石場が幕府から割り付けられることがわかるので、右述したように、江戸の石上場と伊豆の石場が割り付けられる、という記載と考え合わせると、伊豆の石場と江戸の石上場と江戸城の普請丁場は幕府から諸大名に対して割り付けられる、という幕府の方針がわかる。

二　石上場（水上場）、石置き場、石寄せ、小屋場についての諸例

【1】細川忠興は、細川忠利に対して、大石・栗石の江戸での「上所」について、忠興に尋ねるには及ばないので、なぜ取っておかないのか、と叱責して、早々に「石上場」を取っておくように指示した（年次不明）、（細川一―二四七号）。このことからは、石を江戸で水揚げする場所（陸揚げする場所）の早急な確保も大名にとって重要であったことがわかる。また、江戸で石を陸揚げする場所について、「上所」、「石上場」と記していることがわかる。

【2】江戸城普請について、いずれも諸大名が寄せ置いた石という記載が細川忠利書状にある（元和六年）、（細川八―二号）。

【3】江戸城普請について、石を寄せたが、本丸（普請）には少しも着手していない（元和八年〈一六二二〉）、（細川九―八八号）。江戸城普請について、寄せ石までであって、少しも本丸（普請）には着手していない（元和八年）、（細川九―八九号）。江戸城天守の（天守台の）石を寄せていないので、（細川家の江戸屋敷普請のために石を寄せることは）御法度である（元和八年）、（細川九―九〇号）。このことからは、普請（石垣普請）に着手する前のプロセスとして、（諸大名が）石を寄せる（寄せ石）作業があったことがわかる。そして、寄せ石が完了するまでは、江戸市内で大名が屋敷普請など私的に寄せ石をすることは幕府により禁じられていたことがわかる。

【4】寛永十三年の江戸城普請について、細川忠利は、石川政次（幕府旗本）の屋敷のうしろにある、去年、細川家が使用していた石置き場を小笠原忠真（豊前小倉藩主）が石置き場として借りたい旨であったので、石川政次の了解をとったうえで、「ごさい嶋」[1]（江戸にあったと思われるが、現在地の比定については不明）（の石置き場）を小笠原忠真

に引き渡すことになった（寛永十三年）、（細川一三―一一九二号）。このことは、石の保管場所である石置き場の確保も大名にとって重要であったことがわかる。そして、大名同士で石置き場を貸し借りしたことがわかる。この場合、譜代大名に石置き場を貸している点も注意が必要かも知れない。

【5】銭甕橋《ぜにかめ》（道三堀にかかっていた橋。現在の東京都千代田区丸の内一丁目（『角川日本地名大辞典』一三〈東京都〉、四二六頁））の石置き場のことについて、本多政朝（播磨姫路藩主）へ返事をしたことと、（細川家の？）上屋敷の前にでも（石を）置くように（本多政朝へ）申し入れたことが細川忠利書状に記されている（寛永十三年）、（細川一三―一一九二号）。この場合、銭甕橋の石置き場のことというのが、細川家の石置き場を本多政朝に貸す、という意味であるならば、返事の諾否は不明ながら、右述の小笠原忠真に石置き場を貸したケースと同様の事例ということになる。この事例も、石置き場の確保が大名にとって重要であったことを示している。

【6】寛永十四年、将軍徳川家光へ進上する雁木石について、細川家では伊豆にて五〇〇本分をすべて切り立て、そのうち半分程は江戸へ着いたが、石上場は酒井忠知（幕府旗本であり作事奉行）より受け取った。そして、細川忠利は雁木石置き場の札を酒井忠知へ申し遣わした（寛永十四年）、（細川一三―一二一四号）。この場合、石上場を酒井忠知から受け取ったということは、石上場の場所が幕府から割り付けられたことを示している。そして、細川忠利は雁木石置き場の札を酒井忠知へ申し遣わした、としていることから、この場合は、石上場＝石置き場ということになる。

【7】寛永十三年の江戸城普請について、細川忠利は石垣の築方（「石垣つきかた」）を幕府から命じられ、来々年（寛永十三年）正月より着手することになった。そうすると、寄せ石をおこなう大名（「寄石之衆」）は、来年（寛永十二年）三月時分より七月内外に伊豆より石を取らないと用に立たないので、石船以下を申し付けるとしても、ただ

今（寛永十一年十月）より国許にて急いで命じないといけない、と有馬直純（日向延岡藩主）に対して書状を出している（寛永十一年）、（細川一八―二六五三号）。この場合、寛永十三年の江戸城普請において、細川忠利は石垣方の第三組の組頭であり、有馬直純は第三組に属する大名であった関係から（鈴木一九七六）、こうした指示を細川忠利が有馬直純に出したと考えられる。細川忠利は寛永十三年正月着手という時期から逆算して、前年の寛永十二年三月～同年七月頃に伊豆から取らないといけないので、伊豆から江戸への石の海送のための石船の建造・調達は、それ以前の寛永十一年十月以降急いで国許で命じないといけない、という時期的計算をしている。普請準備のプロセスとして、こうした時期的計算を細川忠利がおこなっている点は注目される。

【8】寛永十三年の江戸城普請について、「入石之衆」という記載が細川忠利書状に出てくる（寛永十一年）、（細川一八―二六七一号）。後述する細川一八―二七一八号の内容と比較すると、この「入石之衆」とは、石を寄せることを幕府から命じられた大名という意味であることがわかる。

【9】寛永十三年の江戸城普請について、細川家では江戸留守居が同十一年に早くも、小屋場と石上場の用意をしていた（寛永十一年）、（細川一八―二七一七号）。このことは、大名が採石をする場合、石場の早期確保だけでなく、石上場の早期確保も重要であったことを示している。

【10】寛永十三年の江戸城普請について、「手伝」と「寄石衆」に分かれることになった（寛永十一年）、（細川一八―二七一八号）。このことは、手伝い普請を担当する大名と石寄せを担当する大名に分かれたことを意味しており、石垣普請だけでなく、石寄せも大規模な作業であったことを示している。

【11】寛永十三年の江戸城普請について、細川忠利は、前年の同十二年に早まった場合、早くも伊豆へ「石誘の山入」をおこなっており、四月～五月中には大方の石・栗石を寄せ、七月～八月の間に「御普請手始之日限」を定

めたならば、「石垣築申候儀」は四〇日~五〇日はかからないだろう、と記し、そうであれば冬には普請の者も在所へ帰ることになる、と記している（寛永十一年）、（細川一八—二七三五号）。このことからは、伊豆での採石→石寄せ→石垣普請→普請終了後に普請の者が帰国、というプロセスがわかるとともに、それにかかる日数もだいたい推計している点は注意される。

【12】寛永十三年の江戸城普請について、前年の同十二年に寄せ石をおこなう（寛永十一年）、（細川一八—二七三六号）。このことからは、普請の前段階のプロセスとして寄せ石をおこなったことがわかる。

【13】寛永十三年の江戸城普請の準備として、細川忠利は、前々年の同十一年一二月八日に、早くも石割りをする者三六〇人を伊豆へ、石上の者一五〇人を江戸へ遣わした（寛永十一年）、（細川一八—二七六〇号）。この場合、同日に伊豆（石場）と江戸（石上場）へ人数を遣わしていることから、石場への人数配りだけでなく、石上場への人数配りも重要であったことがわかる。また、人数を比較すると、石場へ遣わした人数は、石上場へ遣わした人数の二倍以上であったことがわかる。

【14】細川忠利の石置き場のことについて、細川家の江戸留守居が向井忠勝（幕府旗本）に申し入れたところ、向井忠勝の屋敷を（使うように）渡された（寛永十二年）、（細川一九—二八八九号）。このことからは、細川忠利が旗本の屋敷を石置き場として借りたことがわかる。

【15】寛永十二年、細川忠利は、向井忠勝の屋敷がある霊岸島と、石川政次の屋敷の裏の「こさい嶋」を（石置き場として）借りて使っていた。森長継（美作津山藩主）が、この「両所」のうち二〇間を借りたいと細川忠利に申し込んだが、細川忠利は、向井忠勝と石川政次の了解を取るように森長継へ申し入れた（寛永十二年）、（細川一九—二八九五号）。このことからは、石置き場の持ち主の了解がないと、石置き場の又貸しはできなかったことがわかる。

なお、寛永十三年の江戸城普請において、細川忠利は石垣方の第三組の組頭であり、森長継は第三組に属する大名であった関係から（鈴木一九七六）、こうした申し入れを細川忠利にしたと考えられる。

【16】寛永十二年三月、細川忠利は、公儀普請奉行の柳生宗矩と佐久間實勝に宛てて、普請の役人（＝細川家家臣）を置く小屋場一ヶ所を見立てたが狭いと指摘したうえで、近日、伊豆の石場から役人が来るので、細川忠興の屋敷の並びにある丹羽長重（陸奥白河藩主）、島津忠興（日向佐土原藩主）が、（幕府へ）上げた下屋敷が空いているため、そこを貸してもらえれば役人を置きたく、細川忠興の屋敷の並びにあり、そのうえ小屋なので火事のこともそれ程気遣いも必要ないため、（柳生宗矩と佐久間實勝で）相談して渡してもらえるように頼んでいる（寛永十二年）、（細川一九—二九〇六号）。このことからは、伊豆の石場から江戸に来る予定の細川家家臣を収容する小屋場として、現在空いている、もとの丹羽長重、島津忠興の下屋敷に小屋場をつくることを計画していたことがわかる。多くの人数を収容する小屋場をつくるためには、もとの大名家下屋敷のように広い土地が必要であった、という意味であろう。

【17】寛永十二年四月、細川忠利は、右述の丹羽長重、島津忠興が（幕府へ）上げた屋敷を小屋場として渡されることになり、そのほかに本多政朝の下屋敷の左右へかけても小屋場にすることになった（寛永十二年）、（細川一九—二九一九号）。同年八月二日には、細川家の普請の者を、細川忠利が伊豆の石場より少々江戸へ呼び寄せたが、（普請の者を）置くところもないので、小屋場を早く渡してくれるように、公儀普請奉行の朝比奈正重と駒井昌保に申し入れている（寛永十二年）、（細川一九—二九八〇号）。このことからは、小屋場（伊豆の石場から江戸へ来た普請の者を入れておく）は幕府から大名に渡されるものであり、小屋場を渡されるまでは、大名が自分の判断だけで勝手に小屋場へ普請の者を入れることはできなかったことがわかる。その後、同月四日には公儀普請奉行の朝比奈正重が

小屋場の引き渡しに出向いて、細川家に小屋場を渡した（寛永十二年）、（細川一九―二九八二号）。このことからは、小屋場の引き渡しには公儀普請奉行が直接出向いて立ち会ったことがわかる。

三　石垣構築等における技術的指示・技術的内容

【1】寛永十三年の江戸城普請について、同十一年に細川忠利が用意を申し付けたのは、小屋場・石垣の土台木・橋の道具・鉄であった（寛永十一年）、（細川一一―七六九号）。この場合、特に石垣の土台木を普請の前々年から準備している点に注目したい。

【2】寛永十三年の江戸城普請について、同十一年に細川忠利は、国許（肥後熊本）で石垣の土台木を調達するため、（下々に）山入りを申し付けることにした（寛永十一年）、（細川一八―二六五〇号）。

【3】年月日欠（慶長十八年〈一六一三〉～元和三年〈一六一七〉、あるいは、寛永十五年〈一六三八〉四月～明暦元年〈一六五五〉までに年次比定できる[2]）の有馬忠頼（筑後久留米藩主）の書状には次のような記載がある（『福岡県史 近世史料編・久留米藩初期 上』三四七号）。

当御普請（城名は不明。江戸城か？）は根切りが堅く、岩にて切り急ぎ、随分精を出して切り立てた。そして、去る八日より「石垣二通分」が出来た。あまり高い石垣ではなく、（高さは）七間余である。しかし、いまだはっきりと（石垣の）高さのことを（公儀普請）奉行衆が定めていない。（石垣の高さは）根石より高さの間数に応じて法《のり》などを吟味して定まるものなのに、「二通石組」が出来ても（公儀普請奉行は石垣の高さのことを）知らない。（公儀普請）奉行衆は（本来）「石垣御功者」であるべきであるが、現在の様子ははっきりと「石垣之作法」を知らないようである。（本来、公儀普請奉行は）方々より「石垣功者」として召し寄せられるが、まったく（石垣の）「功者」ではなく、きわめて「無功者」である。前々より「公義大普請」（大規模な公儀普請という意味か？）に指図をしたこともない者共とのことである。我等などでさえ彼等（公儀普請奉行のことを指す）の「申分」（＝言っている内容）がおかしいと思うので、きっと（石垣の）「功者」の者共は、ますますおかしいと思うであろう。「見かけ」さえその通りなので、以後のことは、決して得心がある人物ではない（と思われる）。（今回の公儀普請奉行は）これまで「水石垣」（水敲石垣の誤記か？）も申し付けた人物でもないと思われるので、（公儀普請奉行でありながら石垣のことを詳しく）知らないのももっともである。

この内容は、本来、「石垣功者」であるはずの公儀普請奉行が、今回の公儀普請では石垣技術に関する知識がないことに対する大名（有馬氏）側からの不信感としてのクレームをあらわした内容である。特に、公儀普請奉行が石垣の高さを決めることができない点にクレームを付けている。このことは、石垣の高さは公儀普請奉行が決めるものである、ということを示しており注目される。また、石垣構築には「石垣之作法」が存在することや、石垣の高さは根石より高さの間数に応じて法などを吟味して定まるものである、としている点も注目される。

四　大名から幕府への献上石、江戸町人の石請負、などについての諸例

1　公儀の石

①寛永十四年の江戸城普請では、本多政朝（播磨姫路藩主）・小笠原忠真（豊前小倉藩主）は平石垣を命じられ、石は

公儀から命じられることになった（細川一三―一二〇一号）。②寛永十三年の江戸城普請の前年、細川忠利は柳生宗矩に対して、細川家での石の調達が（当初の予定の）半分も揃っていないので、公儀の石（「公儀之御石」）三〇〇〇～五〇〇〇を借りたい、と申し入れ、角石、栗石も（公儀の石として）あれば借りたいと申し入れている。そして、（借りた公儀の石が）不要になれば、すぐに幕府の石奉行へ返す予定、としている（細川一九―二九五七号）。③寛永十二年、細川忠利は柳生宗矩に対して、八月・九月に伊豆から角石が来るが、「風時分」にて「舟之事」もわからないので、（公儀の石を）角石五〇程をのけておいてもらうように頼んでいる（細川一九―二九八六号）。④寛永十二年、細川忠利は堀直之・佐久間實勝・加々爪忠澄に対して、公儀の石（「上様之御石」）を借りることに関して、年内には角石が伊豆から来る予定であるが、「海上之儀難計」ので、角石四〇～五〇程を借りることになるかもしれない、と述べている（細川一九―二九九〇号）。⑤来年（寛永十四年）の江戸城本丸石垣普請について、小笠原忠真も命じられたが、石・栗石は公儀から命じられるので、（石の）準備はしないように公儀普請奉行より命じられた（細川二〇―三三〇九号）。

こうした公儀の石の存在は注目される。意味的には幕府が公儀普請用にストックしている石という意味であろうか。公儀の石は多くの大名が幕府から借りたようである（細川一九―二九九〇号）。ただし、幕府は諸大名に石を与えたのではなく貸した、という点には注意したい。

2 将軍の普請条目（普請法度）における石場の規定

江戸城普請の場合、寛永六年（五ヶ条）、同十三年（七ヶ条）、正保四年（一六四七）（五ヶ条）の将軍の普請条目に、石場に関する争論を禁止する条項がある。

このように、公儀普請の大原則と言うべき将軍条目にも、石場に関する争論を禁止する条項が含まれている点は注目される。

3　石の大きさについて

①小さい栗石は役に立たない、と細川忠興は細川忠利に対して述べている（元和四年）、（細川一―一六九号）。②来々年（元和六年）の普請（江戸城普請か？）に石数は三〇〇〇必要であり、石の大小はこの方（細川家）からは相談できないが、「惣様」が用意した石より小さくなければよい。「惣様」の石より大きいものはいやであり、小さいものはなおもっていやである、と細川忠興は細川忠利に対して述べている（細川一―一七三号）。③江戸城の見付の石は、少し大きいが割り砕かずに使用する（寛永十二年）、（細川一九―二九六一号）。④細川忠利は、大橋見付の石について、家臣を見に行かせたところ、長さ七尺×幅三尺五寸、長さ六尺×幅三尺、長さ五尺×幅四尺という石に、細かい石も多くあることがわかった。細かいが多くまじると、「取あひ悪敷見え」るので、大橋の見付の石のなかから（細かい石を）取り、細かな石は少ないようにした。こうすると、少しは（石垣の）「見」（＝見映え、という意味）がよくなると、細川忠利は思った。角石は、大橋のうちの大きな石を使用するが、少しは大小の石も入る（寛永十二年）、（細川一九―二九五四号）。

4　石の品質管理

石の善悪について、あらかじめ細川家から奉行を（石場へ）遣わして見せてから、江戸へ着けるようにする（元和四年）、（細川一―一七三号）。

5　石の購入

①小判五〇〇両の内、栗石（の購入）にも使う（元和四年）、（細川一―一六九号）。②作事方の金子（小判）を使って、栗石を早々に買うように細川忠興が細川忠利に指示した（慶長年間ヵ）、（細川一―二四七号）。③来年（寛永十四年）の江戸城普請について、雁木石（「かんき石」）の値段は、入札の通りに申し越したことと、伊豆へも人を遣わして聞き合わせてあつらえることを細川忠利は了解している（寛永十三年）、（細川一三―一一九五号）。④伊豆から江戸に着いた石は、石数一〇〇について二二～二三両で売っている。栗石は江戸へ着いて一〇〇坪につき二四両程である。（寛永十一年）、（細川一八―二七六〇号）。⑤伊豆で採石した以外は、すべて売石を買う。栗石はすべて江戸で買う。大石の値段は、江戸へ着いて二二両である。栗石の値段は、江戸へ着いて、一坪につき二四両である。（寛永十一年）、（細川一八―二七六二号）。

右記において、石の値段という点に着目すると、右記④、⑤からわかるように、寛永十一年には、江戸で、石一〇〇個が二二～二三両、栗石は一〇〇坪（あるいは一坪）につき二四両程、大石は二二両であった。

なお、右記のように、栗石は何個という単位ではなく、何坪という単位である点には注意したい。これは、栗石は小さい石であるので、一個、二個と数えるのではなく、一坪以上の体積の単位で表示されたものと考えられる。

6　石の売却

①五郎太石（「石五郎太」）を売るように細川忠興が細川忠利に指示した（元和六年）、（細川一―二〇三号）。②伊豆の石場にある石を売らせる（元和六年）、（細川一―二〇四号）。③江戸にある五郎太石（「石五郎太」）は、買い手さえいれば売

らせるように細川忠興が細川忠利に指示した（元和六年）、（細川一―二〇四号）。④残りの石三〇〇と栗石一〇〇坪余は（町人の）鈴岡彦兵衛の預かり分なので売るように指示した（元和六年）、（細川一―二一二号）。⑤伊豆に切り置いた石二〇〇〇程があり、これを伊豆にて売らせる予定（元和六年）、（細川八―二号）。⑥石三〇〇、栗石一〇〇坪余は（町人の）鈴岡彦兵衛の預かり分なので売るように鈴岡彦兵衛に指示した（元和六年）、（細川八―一六号）。⑦江戸にある石三〇〇と栗石一〇〇坪余はすべて売った（元和六年）、（細川八―二九号）。⑧石と栗石は、（江戸で）買ってから、伊豆へ普請の者を遣わす予定である（寛永十一年）、（細川一八―二七一五号）。これは、江戸でまず石を買って確保できる数を確定させてから、伊豆へ普請の者を遣わして残りの石数を切り出させることを意味すると考えられる。

7　石を請け負った江戸の町人

①来々年（元和六年）の「御普請仕置之石之儀」（江戸城普請）は、町人彦兵衛が受け取り（石を）出す（元和四年）、（細川一―一七三号）。②江戸城普請は、町人に石を（幕府が）命じたので、細川家の伊豆の石場を（町人の）彦兵衛と次郎助に渡して、伊豆の石場にある石も売らせる（元和六年）、（細川一―二〇四号）。③残りの石三〇〇と栗石一〇〇坪余は（町人の）鈴岡彦兵衛の預かり分なので売るように指示した（元和六年）、（細川一―二一二号）。④元和六年、江戸城普請の用意として、将軍徳川秀忠が、石を三万（個）町人に命じた。この時、（町人の鈴岡）彦兵衛と次郎助も石（の調達を徳川秀忠より）命じられた（細川八―二号）。⑤石三〇〇、栗石一〇〇坪余は（町人の）鈴岡彦兵衛の預かり分なので売るように鈴岡彦兵衛に指示した（元和六年）、（細川八―一六号）。⑥細川家の江戸屋敷普請の石垣の石について、鈴岡彦兵衛が用意した石を江戸屋敷へ入れていたところ、江戸城本丸に使う石が伊豆より到着したことに関して御法度を破った（江戸城本丸の天守台用の石の搬入が完了するまでは、その他の石の搬入・運搬は禁止されていた、という意味か？）、として鈴岡彦兵衛

と幕府の石奉行衆が出入り（＝争い）をしたが、すべて彦兵衛の言い分が通った（元和八年）、（細川九—九〇号）。⑦寛永十三年の江戸城普請について、石・栗石は町人に申し付ける。細川家でも町人に石数を申し付ける予定（細川一八—二七二四号）。⑧寛永十二年、石屋甚兵衛が成敗される前に、石・栗石などの手付けの銀子を一緒に取り返すことを細川忠利は、森長継・蜂須賀忠英・立花宗茂・有馬直純・木下延俊・稲葉一通（これらの大名は江戸城石垣普請の第三組）に対して申し入れている（『細川家史料』は二九五五号文書を寛永十二年に比定するが寛永十三年に比定すべきか?）、（細川一九—二九五五号）。⑨石屋甚兵衛が有馬豊氏へ大角石の「往来」（売った、という意味か?）があった（寛永十二年）、（細川一九—二九九四号）。

右記①〜⑥（元和四、同六、同八年）に出てくる町人の鈴岡彦兵衛は、細川家と関係する石材調達の江戸の町人であったと思われる。次郎助については、右記②、④にしか出てこないが、本姓など詳しいことはわからない。右記⑧、⑨（寛永十二年）の石屋甚兵衛は公儀普請に関与していることがわかり、江戸で諸大名に石を納入する大きな石屋であったと考えられる。右記②では、町人が大名家の石場（伊豆）の石を売る、という点で注意される。

右記⑨の場合、史料中の「往来」が〝売った〟という意味であれば、大角石も売買されていたことがわかり、栗石のような小さい石だけでなく、大角石も売買の対象になっていた、ということになる。

8 大名から幕府への献上石

①石の献上（「上石之事」）は、老中（幕府年寄）土井利勝（の指図）次第である（元和六年）、（細川一—二〇四号）。②加藤嘉明（伊予松山藩主）が一両日以前に、石三〇〇〇を献上したので、将軍徳川秀忠は大変機嫌がよかった（元和六年）、（細川八—四号）。③元和六年、細川家では、大石三〇〇〇、栗石五〇〇坪程を献上し、将軍徳川秀忠は大変機嫌がよか

った（元和六年）、（細川八―五号）。④元和六年、細川家では、江戸にある栗石一〇〇〇坪のうち五〇〇坪を献上した（元和六年）、（細川八―一六号）。⑤来年（寛永十四年）の江戸城普請について、細川光尚は老中堀田正盛の了解を得て雁木石（「かんき石」）を幕府へ献上した（寛永十三年）、（細川一三―一一九五号）。⑥進上の雁木石（「かんき石」）について、細川光尚が老中酒井忠勝に相談したところ、五〇〇本献上するように指示された。そして、五〇〇本の目録を老中土井利勝に渡したところ、（土井利勝が）酒井忠勝と相談して将軍徳川家光に披露した（寛永十四年）、（細川一三―一二一四号）。⑦来年（寛永十四年）の江戸城普請について、雁木石（「かんき石」）を五〇〇進上して、少ないのであれば、さらに五〇〇加えるように老中の指図があった（細川二〇―三五一五号）。この場合、具体的な献上石（進上石）の個数についても老中が指図している点が注意される。⑧寛永十四年、細川忠利が石三九を小笠原忠真へ渡して、それを小笠原忠真からの献上石という形で献上したが、このことは事前に老中松平信綱の了解を得ていた（細川二一―三七八四号、三七八五号）。

9　大名家が保有する石の数

元和六年、細川家は江戸において、つき石（＝築石）は小石を含めて二〇〇〇以上、栗石は五〇〇～六〇〇坪を保有していた（元和六年）、（細川八―四号）。

10　石の規格化

①幕府より石の面《つら》は二尺四寸というように指示があった（寛永十一年、江戸城普請）、（細川一八―二七六〇号）。②御法度の石の大きさは、小口二尺四方の面《つら》と幕府より指示された（寛永十一年、江戸城普請）、（細川一八―二七六二号）。

11　石垣の見積りの坪数と石垣の高さ

①寛永十三年の江戸城普請について、「御役積」は一万石につき三〇坪の少し上（寛永十一年、江戸城普請）、（細川一八―二七三四号）。②この坪数は、思いのほか坪数も少なく軽い「御普請」である、と細川忠利は認識した（寛永十一年、江戸城普請）、（細川一八―二七三五号）。③寛永十三年の江戸城普請について、一万石につき二八坪程（寛永十一年、江戸城普請）、（細川一八―二七五九号）。④寛永十三年の江戸城普請について、一万石につき二八坪、高さ五間一尺の石垣（寛永十一年、江戸城普請）、（細川一八―二七六〇号）。⑤寛永十一年、細川忠利は、普請の役高と普請場の石垣の見積りがわからないので、（用意すべき）細川家の石（の数）の見積りができない、と述べている（細川一八―二七一七号）。このことは、採石する石の数は、普請の役高と普請場の石垣の見積もり（割り当てられる石垣の表面積、あるいは石垣の高さという意味か?）から計算したことがわかる。

12　普請道具

①来々年（寛永十三年）の江戸城普請について、細川光尚が普請の道具を申し付けた（細川一三―一一五八号）。②寛永十三年、細川家では永井直清（山城長岡藩主）・菅沼定芳（丹波亀山藩主）・小笠原忠真（豊前小倉藩主）に普請道具を貸した（寛永十三年、江戸城普請）、（細川一三―一一九二号。細川二〇―三一三〇号も同様）。細川家が普請道具を貸したこれらの大名はいずれも譜代大名であり、譜代大名は普請道具を持っていなかった可能性も考えられる。③寛永十一年、細川忠利は、相模国内の稲葉正勝の領内にある堀尾忠晴の石場を申し受けたが、この時、堀尾忠晴の普請道具を所の者に預けておいたものも細川忠利はもらった（細川一八―二三八二号）。④普請道具の用意は家臣が銘々に申し付ける（寛永十一

年、江戸城普請）、（細川一八―二七一七号）。⑤寛永十三年、細川忠利が菅沼定芳に対して、普請道具を貸す際に具体的に提示した普請道具は、棒・梃子・鍬・万力・大梃子であり、そのほかに綱・車・ろくろもあった（寛永十三年、江戸城普請）、（細川二〇―三二三〇号）。

右記②、⑤のように大名間での普請道具の貸し借りがあったことがわかる。また、右記⑤からは、具体的にどのような普請道具があったのかがわかり、多種の普請道具が存在したことがわかる。右記⑤の綱というのは石を引く時に使ったと思われる。このように、普請道具の調達は、普請の準備として大名にとって重要な意味を持ったことがわかる。

13 細川家での石材産出の計算式

寛永十一年、細川忠利は、同十三年の江戸城普請の準備として、石を割る者三六〇人を伊豆へ遣わした。このうち石切は六〇人なので、一人一日に三つずつ石が出来るとして、一日一八〇個の石が出来る、と計算した。そして、正月（寛永十二年）のうちに二〇日分で三六〇〇個の石が出来る、という計算式を立てた。さらに、これ以外はすべて売石で用意することにした。栗石はすべて江戸で用意することにした（寛永十一年、江戸城普請）、（細川一八―二七六二号）。つまり、六〇人×三個＝一八〇個（一日）→一八〇個×二〇日＝三六〇〇個（二〇日）という計算式で伊豆での石材産出量を推計したことになる。伊豆での石材産出量について、こうした具体的な計算式を細川忠利が立てていたことは注目される。他大名もこのような計算式を立てていたのか否かを今後検討する必要があろう。

このように、細川家での石材産出の計算式の存在は、西国外様大名が石材産出の段階から、それまでの経験値をもとに非常に習熟していたことを示すものと言えよう。

14　石垣刻印をどの段階で付けたのかがわかる史料

寛永十二年、江戸の霊岸島（諸大名の石上げ場、または、石置き場であったと考えられる[3]）に大角石一つ、小さい角石二つ、そのほか「つき石」（＝築石）もこれ以前からあった。そこには細川忠利の石もあったので、細川忠利の石と他の大名家の石が入り交じらないように下奉行の者が注意して、古い石が来ると随分調べていたが、この大角石に「のミめ」（＝鑿目）を付けたのは六月十四、十五日頃であった。「のミめ」（＝鑿目）を付けた者は早く帰ったので、問いただすことができなかったが、細川忠利の家臣が、角石を取っていないことは所の者が知っている。その後、石屋甚兵衛が有馬豊氏（筑後久留米藩主）に、この大角石について「往来」（売った、という意味か？）があった、という風聞があるので、この「のミめ」も石屋甚兵衛の者が付けたのであろう（寛永十二年、江戸城普請）、（細川一九―二九九四号）。

この場合、大角石に付けられた「のミめ」（＝鑿目）が刻印を指すとすれば、石の水揚げ場、または、石置き場で、（諸大名の石が置かれていたため）石の所有者（この場合は石屋甚兵衛）を示すために「のミめ」が付けられた、ということになり、その意味で注目される記載である。

おわりに

本稿での検討により、公儀普請において、諸大名が石場の確保に重点を置いたことや、石場だけでなく、石上場や石置き場も諸大名にとって重要な場所であることがわかった。

これまでの研究史上の指摘では、例えば「石切丁場→石引き道→普請丁場という一連の作業段階」に着目する北野

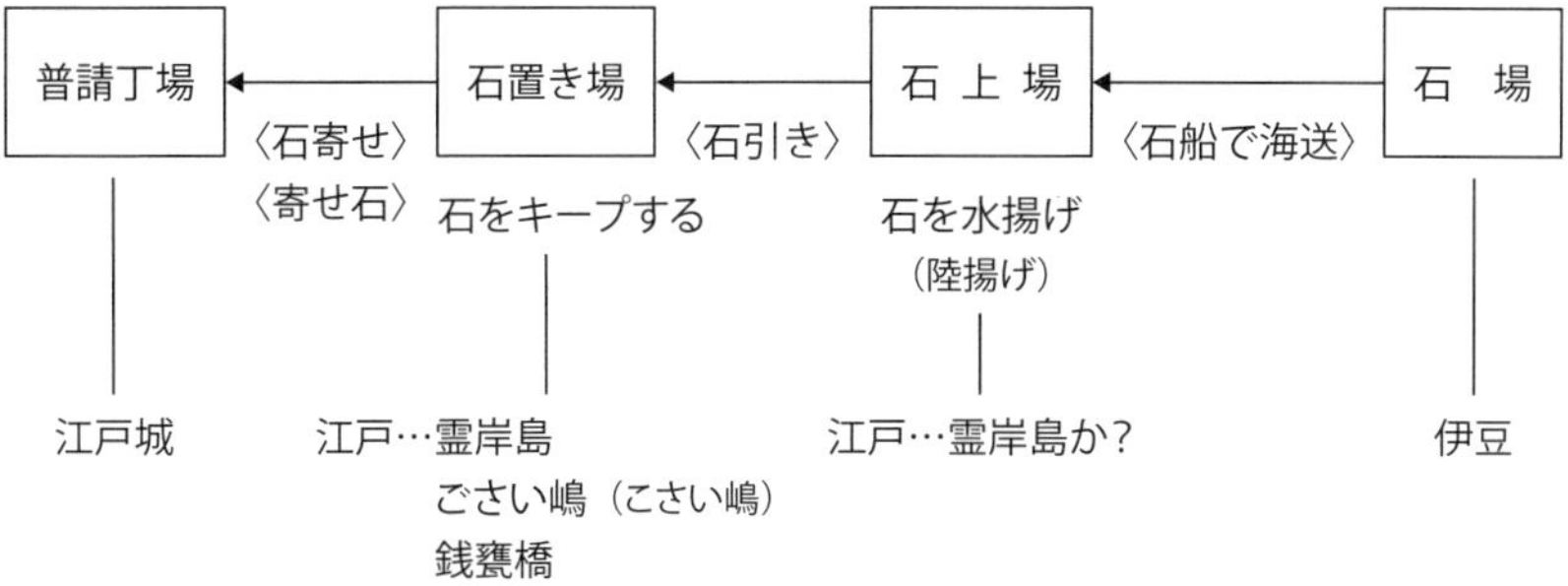

図1　石場から普請丁場までの石の搬送のプロセス（江戸城）

博司氏の指摘があったが（北野二〇〇六）、本稿での検討を踏まえると、「石場（伊豆）―〈石船による石の海送〉→石上場（江戸）（石の陸揚げ・水揚げ）―〈石引き〉→石置き場（江戸）（石をキープする）―〈石寄せ〉→普請丁場（江戸城）」（概念図として図1を参照）というように、石場（石切丁場）と普請丁場だけが重要なのではなく、石の陸揚げ・水揚げをおこなう石上場、普請丁場に石寄せをする前にいったん石をキープしておく石置き場も重要な場所であることがわかった。つまり、石場から石を海送して水揚げしても、すぐに普請丁場へ石を引いていくのではなく（すぐに普請丁場へ石を直送するのではなく）、石を溜める場所として石上場と石置き場の二ヶ所あったことがわかる。このことは、公儀普請に必要な膨大な石の数を考えれば、当然のことなのであるが、石上場と石置き場の存在が、これまでの研究史で十分に指摘されてこなかったのは文献史料の分析が不十分であったからであろう。その意味では、今後、石場（石切丁場）、普請丁場だけでなく、石上場、石置き場の実態解明も進めていく必要があろう。

本稿の検討であきらかになった江戸の石置き場としては、霊岸島、「こさい嶋」（あるいは「ごさい嶋」）、銭甕橋がある（細川一三―一一九二号、細川一九―二八九五号、二九九四号）。

霊岸島は、八丁堀の南東の隅田川河口部に築立てられた島であり、寛永元年（一六二四）に海上を埋め立てて陸地を造成したものである（『日本歴史地名大系13東京都の地名』二八四頁。霊岸島の位置については図2参照）。『細川家史料』において霊岸島を石置き場として記載している細川忠利書状は寛永十二年のものなので（細川一九—二八九五号、二九九四号）、霊岸島が造成されてまだ一〇年程度しか経っていないことから、多くの石を置く広さは十分あったと考えられる。また、霊岸島は海に面していたことから、伊豆から来た石船を霊岸島に直接着岸して石を水揚げして置いた可能性も考えられる。この場合は、霊岸島の石置き場

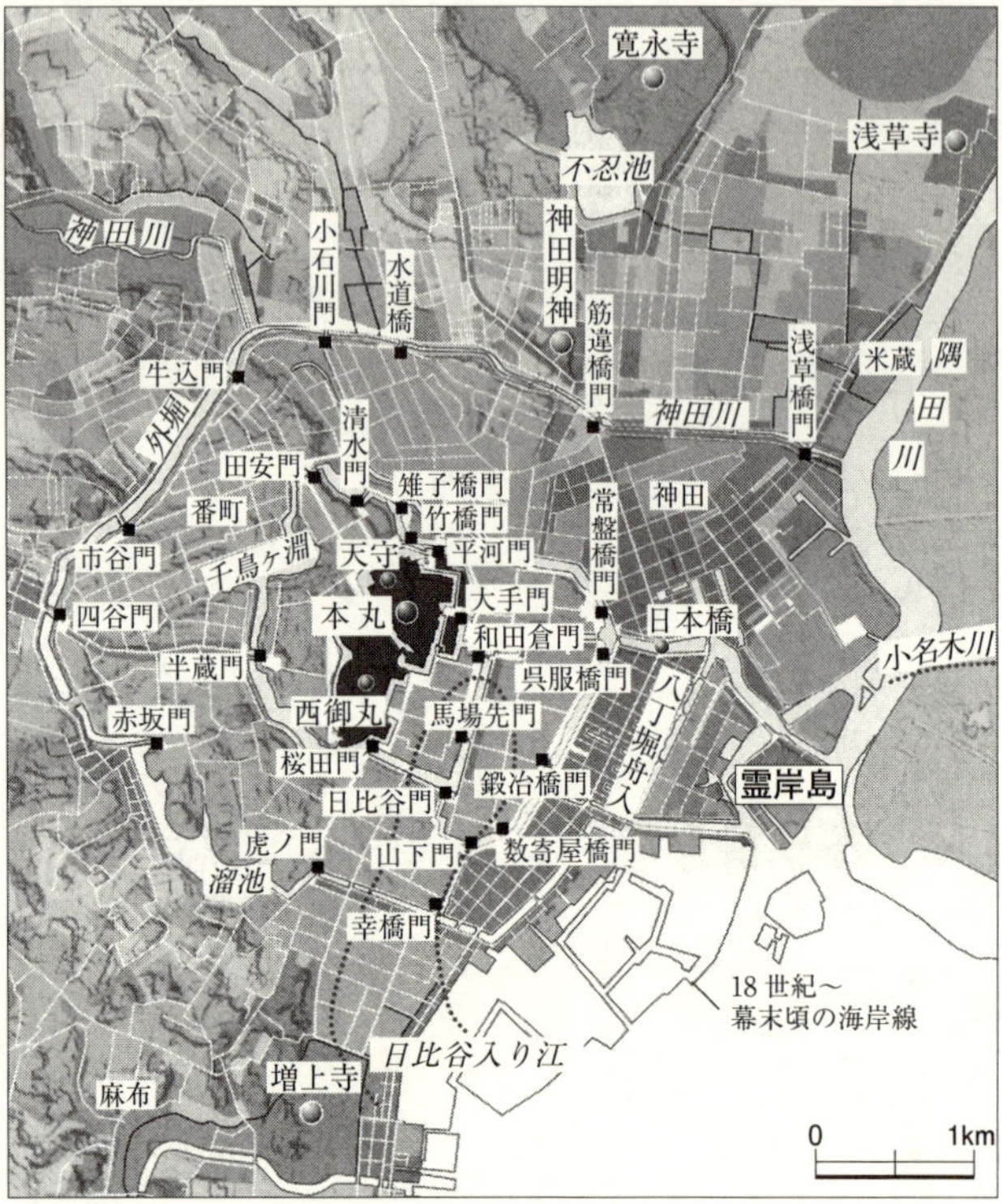

図2　霊岸島の位置

（野島博之監修『一冊でわかるイラストでわかる図解日本史』，成美堂出版，2006 年，86 頁の図をもとに作成）

は石上場も兼ねていた可能性もある。「こさい嶋」（あるいは「ごさい嶋」）はどの場所なのか不明であるが、「嶋」という表記からすると、霊岸島と同様に海上を埋め立てて造成された陸地であった可能性が高い。とすると、霊岸島と同様に伊豆から来た石船の着岸の利便性から石置き場になった、と考えられる。

銭甕橋は道三堀にかかっていた橋であり、道三堀は江戸城の和田倉門へと通じているので、立地的に江戸城に近く、石置き場として好条件であったことがわかる（具体的には、銭甕橋の下、あるいは、銭甕橋の近辺の場所を指すのか？）。このように、江戸城普請関係の石置き場は立地的に見てそれぞれ都合の良い場所であったと考えられる。

注

（1） 細川一九―二九八五号には、寛永十二年、石川政次の屋敷の裏の「こさい嶋」を、細川家が（石置き場として）借りていたことが記されている。

（2） 年月日欠のこの書状には「中書」と署名が書かれているので、有馬忠頼が中務少輔、あるいは、中務大輔の時代に該当することになる。『新訂寛政重修諸家譜』第八（続群書類従完成会、一九六五年、五四頁）によれば、有馬忠頼は慶長十八年に中務少輔に叙任し、元和三年に兵部大輔に改め、寛永十五年四月に中務少輔に復し、のち中務大輔に改めた。よって、この書状の年次としては、慶長十八年～元和三年か、あるいは、寛永十五年四月～有馬忠頼が死去する明暦元年まで、ということになる。

（3） 細川一九―二八八九号、二八九五号によれば、向井忠勝（幕府旗本）の屋敷が江戸の霊岸島にあり、そこを細川忠利が石置き場として借りていたことがわかる。

〔参考文献〕

北野博司　二〇〇六　「近世城郭と石垣普請の実像―近年の研究動向と遺跡の保存―」『日本歴史』六九六号　吉川弘文館
鈴木理生　一九七六　『江戸と城下町』新人物往来社
野島博之監修　二〇〇六　『一冊でわかるイラストでわかる図解日本史』成美堂出版

『大日本近世史料 細川家史料』一〜二二 東京大学出版会　一九六九〜二〇〇八
『福岡県史 近世史料編・久留米藩初期 上』福岡県　一九九〇
『角川日本地名大辞典 13 東京都』角川書店　一九七八
『日本歴史地名大系 13 東京都の地名』平凡社　二〇〇二

〔追記〕

本稿の成稿後、松田毅一監訳『十六・七世紀イエズス会日本報告集』第Ⅰ期第五巻（同朋舎出版、一九八八年、二四一〜二四二頁）において、福島正則家臣の入江左近の伊豆での石切り（慶長十一年の江戸城普請）に関する記載があることがわかったので、以下にその記載箇所を引用しておく。

両人（引用者注：入江左近と息子の佐介）は本年（一六〇六年）、Zin殿（引用者注：福島正則の重臣か？）に随行して江戸への旅を行ない、彼の命令で他の武将たちとともに伊豆の国に留まった。この国は東方《レヴアンテ》の諸国のうちでもっとも南の国で、武蔵《ムサシ》の国の手前にある。彼らが同地に赴いたのは、武蔵の国にある江戸の市《まち》に将軍（秀忠）が造営している城（引用者注：江戸城）の工事用にそこで石を切りその国に送らせるためである。さて、（入江）筑後（守）ルイス殿は息子とそこにいた時、宿泊用に異教徒から一軒の家屋を借り、（後略）」

この記載内容からは、慶長十一年、福島正則家臣の入江左近が伊豆国へ赴き、同地に滞留して江戸城普請のために伊豆での石切り作業にあたったことや、宿泊用に同地で一軒の家屋を借りたこともわかる。

西相模・東伊豆の安山岩石丁場

杉山宏生

はじめに

西相模を含む伊豆半島は、中世以来多くの石材を各地に供給してきた。特に、徳川江戸城の築城においては、町づくりを含め、伊豆の石材は欠かせないものであった。ここでは、西相模から伊豆東海岸かけて、現存する石丁場遺跡の状況を報告したい。

一　伊豆半島の石材

伊豆半島は本州と衝突したフィリピン海プレート上にあり、第三紀中新世の仁科層群や湯ヶ島層群を基盤とし、その上に凝灰岩で構成される白浜層群、さらに安山岩や玄武岩などで構成される熱海層群で形成されている。陸上火山として発達した安山岩は、五〇万年前くらいまでに噴火した天城火山、宇佐美火山、多賀火山、一五万年前から今日まで活動を続ける伊豆東部火山群などがあげられ、伊東市の大室火山群（小室山や大室山）はその一部である。このような長い年月によって活動している火山が伊豆の豊富な岩石を作り出し、人々の生活に多くの貢献をしてきた。

伊豆石の分布を概略で示すと、「伊豆堅石」と呼ばれる安山岩が半島の中・北部、「伊豆軟石」と呼ばれる凝灰岩が南部および西部の一部などで確認できる。岩石の堅さが大きく異なることから、採掘や加工などの方法や利用される場所も異なってくる。

一方、小田原・真鶴などの西相模の石丁場は箱根外輪山の安山岩で構成されており、伊豆半島のものとは異なるが、江戸時代に伊豆石と言われてきたものは、箱根系も含む安山岩すべてを総称したものとされており、時代が下るにつれて採石産業の盛衰により狭い産地ごとに細分化され、真鶴産「小松石」や凝灰岩「沢田石」などに見られる細かなブランドが発生していった。

二　伊豆東海岸に関わる文献・絵図に見られる石丁場

1　石丁場に関わる用語

石丁場という言葉は、初めて聞いた方は読み方も分からないくらいなじみのない呼び方であるが、一般的に言えば採石場のことを指し、全国的にみると「石切丁場」「採石場」「石場」などと呼ばれていることが多い。わが国唯一の国指定史跡である小豆島の丁場も「大坂城石垣石切丁場跡」の名称を用いている。しかし、伊豆では当時から丁場に関しては「石切丁場」という呼び名は文献上も見ることができず、単に「石丁場」などと呼ばれ使用してきた。地元文書および大名家文書などで使用されている石丁場に関連する用語を取り上げると、次のようになる（丸数字は出典。論考末尾の注を参照）。

作業場に関すること

丁場①③⑦、石場④⑫、石丁場⑤、御石場⑤、御石丁場⑥⑨、御石町場⑧⑩⑪、御町場⑪

石に関すること

切石①③、進上石④、御石④、堅石⑬

船に関すること

御用石船②③、廻船②、石切り舟⑫、石切舟⑫、石舟⑫、海士舟⑬

普請に関すること

江戸城御普請⑦、江戸城石垣御普請御手伝⑭、御普請⑮

その他関連する言葉

商人⑬、石取⑮

2　石丁場の管理

石丁場は、採石作業を行なっていない時期でも、地元の名主などにより厳重に管理されていた。次の資料は、寛永の普請の後、年月がたっても地元で認識されていた伊東や熱海に残る地方文書であり、このことが石丁場遺跡が四〇〇年の時を越えて今日まで残っている理由の一つと考えられる。

●史料一　岡村差出帳写（玖須美区有文書）

（略）

有馬玄蕃様先年之御石丁場小川沢と申処ニ御座候、道法村ヨリ十六町御座候
嶋津右馬守様先年之御石丁場泉と申処、道法村ヨリ十四町御座候
松平中務様先年之御石丁場、東林寺山之内ニ御座候、則村ヨリ近所ニ御座候

（略）　貞享貳乙丑年

「小川沢」、「泉」、「東林寺」は現在でも伊東市内に残っている地名や寺であり、貞享年間に岡村で石丁場を把握していたことが分かる。

●史料二　諸用留（熱海市網代・聞間文書）（『熱海市史　資料編』）

（略）

御大名様方御石町場

一若宮并山洞

黒田様御町場

御石ニ㋟印　内田由左衛門預り

御扶持壱人分被下置候

一御林之内鈴木沢并三左衛門町場

細川様御石町場　御石に㊥印

岡本善左衛門預り

（略）

図１　朝日山の㋟の石（熱海市）

一黒田様御石番　当村内田多三郎

（略）

一黒田様御先祖之御代ニ御買置候当村石帳場之儀、御林之内并観音山ニ在之、御石ニ㋟ノ印在、石番ハ内田多三郎也

一細川様御石場ハ、御林ノ外御石ノ澤三左衛門町場在之、御石印㊥也

（略）

熱海市網代の文書であり、「若宮」「山洞」「鈴木沢」「三左衛門町場」「観音山」「御石ノ澤三左衛門町場」の丁場名が確認でき、伊東市と熱海市の境で、当時の宇佐美村と網代村の境にある「御林」を基準とした位置関係を示している。ともに、網代村で管理していたことがわかり、熱海市の史料として残っている。

●史料三　湯川区初津区山境置御覚書及び絵図（湯川区有文書）

（略）

同所（境川上流）之内大畑と申所ニ而上畑八畝拾五歩中畑弐畝拾弐歩石丁場古荒御座候

（略）

宇佐美村之者共申候ハ、御大名様御石場有之残り石宇佐美村之者預り罷有、（略）右石丁場ニ付書物等ニ而茂有之哉与尋古キ日記差出及一覧候処、石丁場之扣書并毛利摂津守様御家来ヨリ石売払頼之書状等ニ而証拠ニ難成候

（略）

元文三年十一月

江戸中期の元文年間に宇佐美村と湯川村の境界を決める訴訟に関連するもので、「大畑」に石丁場があり、宇佐美村で管理をしているという史料である。控書と「毛利摂津守様御家来ヨリ石売払頼之書状」を所持していることから、江戸城用採石から一〇〇年たった時でも、古くから伝えられた場所として認知してきたことがうかがえる。

三　遺跡の概況

伊豆半島の石丁場遺跡は、海岸に接するほとんどの山で採石を行なっていたと思われるが、真鶴地区に至っては現代まで採石を行なっているため、遺跡として確認できる場所はわずかである。一方、伊豆東海岸では寛永以降の採石が活発に行なわれていなかったことから、採石の痕跡を残す場所が多い。

加工する石材は、斜面にある転石を利用するのが一般的と思われるが、山頂方面では地表に出た規模の小さい岩石露頭もあり、これらも使用していたことが分かる。

石丁場では手割りで作業を行なうため、石を割るための矢穴痕が見受けられる。この矢穴石は、入口幅が五〜二〇センチメートルくらいと石によってかなり差があり、穴の大小だけでなく、間隔や深さ、形により年代に差が出るものと見られている。築城用の矢穴痕は八〜一三センチメートルくらいが主体であるが、築城以降の石造物や寺社用の採石跡が確認できる場所もあることから、丁場全体の観察が必要になる。

遺跡内には、角石、角脇石、築石、升形石、雁木石などが完成された製品から、おおよその規定寸法に加工された粗加工石材がある。それらは乱雑に放置された場所もあれば、次回の搬出に備え石材を並べている場所もある。

石材加工は転石を利用することを主としているので、クレーター状に窪んだり、階段状になっている地形改変の痕跡がうかがえる。

また、山中ばかりでなく、海岸にも磯丁場と呼ばれる海岸の石を利用した矢穴痕が残る場所もあるが、道路整備などの開発や波の浸食により、年々痕跡が不明になっていく場所が多い。

伊豆の丁場の特色は、公儀御普請では多くの西国大名が丁場を割り当てられており、その丁場大名を表示した金石文=標識石が各地に残ることである。東海岸から西海岸に至るまで関連大名の名前が彫られており、「羽柴越中守石場」のように大名の名前が書かれているものもあれば、「是ヨリにし有馬玄蕃…」のように石を起点とした方角を示し、境界的な意味合いを持つものもある。また、尾張徳川家の「尾」の字石のように、境界石として刻まれた文字や、一つの刻印石に異なったものを刻み境界としている場合もある。

　刻印もその丁場の担当大名を推定する一つの要素である。別表は東海岸の各市町に見られる刻印一覧である（表1）。大きさはさまざまであるが、東六甲や

図2　山中に残る角石（伊東市）

図3　磯丁場（伊東市）

表1　東海岸の地区別刻印一覧

市町	地区・丁場群	NO	丁場名	刻印
熱海市	泉	1	嶽山	
		2	奥平沢	
		3	黒崎	
		4	大洞Ⅰ	
	伊豆山	5	大洞Ⅱ	
		6	稲村	
		7	礼拝堂	
		8	岸谷	
	熱海	9	芦川	
		10	来宮神社	
		11	熱海梅園	
	多賀	12	曽我浦	
		13	白石	
		14	上多賀神社	
		15	上多賀北部	
		16	上多賀海岸	
		17	白子・地獄沢	
		18	中張窪・瘤木	
		19	小山海岸	
		20	中野海岸	
		21	弁慶嵐	
		22	南ケ洞・湯ケ洞	
	網代	23	大西ケ洞（網代A）	
		24	教安寺（網代A）	
		25	朝日山（網代A）	
		26	弘法滝（網代A）	
		27	屏風岩（網代A）	
	初島	28	下古路山	
		29	松崎山	
伊東市	宇佐美北部	30	御石ケ沢	
		31	ナコウ山山頂	
		32	ハナレ山	
		33	洞ノ入	
		34	大窪	
		35	多賀地	
	宇佐美南部	36	中ノ沢	
		37	東平	
		38	割込・田代	
		39	割石	
	湯川山	40	磯辺山	
		41	桜ケ洞	
		42	鎌平	
		43	荒ケ沢	
	松原	44	燧山	
		45	長峯	
		46	猪山	
		47	三峯	
		48	登り立	
		49	堀ノ口	
	小川沢	50	片倉	
	新井	51	神辺沢入	
		52	森ノ上・石神	
		53	諏訪ノ入	
		54	水ノ入洞	
		55	魚見	
伊東市	新井	56	坂ノ下	
		57	前山丁場	
		58	大洞	
		59	又居	
		60	新井海岸	
	川奈Ⅰ	61	乾合沢	
	川奈Ⅱ	62	前小室	
		63	小室腰	
		64	小室出口	
		65	扇山	
		66	岡田畠	
		67	扇山西	
		68	梨木洞	
		69	大小浦	
		70	下モアラカシ	
		71	市草	
		72	ナカミヨ	
		73	センジャクボ	
		74	向ヒ沢	
	川奈Ⅲ	75	高石原	
		76	小網代	
		77	石取	
	川奈Ⅳ	78	正林塚	
		79	ヲリャウ	
	鎌田Ⅰ	80	下川久保	
		81	伊豆ケ木	
	鎌田Ⅳ	82	谷城田	
		83	持山	
	岡・玖須美Ⅱ	85	背坂	
		86	萩坂	
	岡・玖須美Ⅲ	87	田代	
		88	大山	
		89	南洞	
		90	上泉	
	富戸	91	根原	
		92	芦田原	
	赤沢	93	下入谷	
東伊豆町	大川	94	細久保	
		95	谷戸山	
		96	谷戸ノ入	
		97	楠郷山	
		98	真崎	
	北川	99		
	熱川	100		
	稲取	101	愛宕山	
		102	本林	
		103	向山・向田	
		104	向	
		105	田町	
		106	茶ノ木畑	
		107	南防	
		108	大場堂	

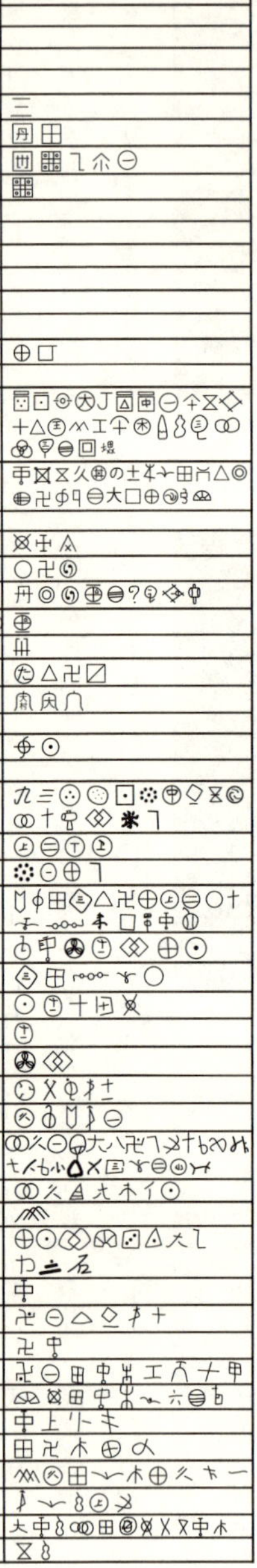

※　杉山（2011）に追加作成

瀬戸内海で見られる刻印よりも小ぶりなものが多い。また、慶長〜寛永までの長い期間の普請により、一つの場所に異なった大名が配置されることもあるから、同じ場所にあっても同時期に刻まれたものとは限らない。丁場は、採石期の最終形態を残していると思われるが、異なった時期のものがまぎれている可能性があり、刻印だけではすべてを説明することはできない。

石材の出来栄えをよくする調整を石丁場内で行なうこともあり、細かいノミ調整により全体を細かく調整したり、一部をスダレ状にノミ加工したものが見られる。

四　調査から見た石丁場

石丁場遺跡の現地調査は、当初は刻印・刻文を中心とした石単体の調査が主体であったが、やがて遺構などを面としてとして捉えた分布調査、あるいは開発に伴う緊急発掘調査が実施されるようになった。遺構の一部が表面に見えているが、発掘調査によって明らかにされることも多い。発掘調査の事例としては、熱海市瘤木石丁場遺跡（平成九）小田原市早川石丁場群関白沢支群（平成十七、十八）、石橋石丁場群玉川支群（平成二十一）があり、その他各地域とも分布調査が行なわれ、遺跡データは増加している傾向にある。

図４　早川石丁場群関白沢支群（小田原市）

1 西相模の石丁場

南足柄市、小田原市、真鶴町で確認され、小田原市では一〇地点七ヵ所の丁場跡が確認されているという。このうち、早川石丁場群関白沢支群、石橋石丁場群玉川支群においては発掘調査報告書が刊行されている。また、早川、石橋、米神、根府川、江之浦、岩、真鶴の各村で見られる石材は、伊豆の熱海・伊東とは違い非常に大型の石材を加工しており、角石などの目的とした丁場が多いことが想定される。「小松石」や「新小松石」に代表される西相模の丁場においては、現行江戸城で確認される石材としては圧倒的に使用量が多い。

早川石丁場群関白沢支群

関白沢の調査では、(1)矢穴による石割前、(2)規格化された石材、(3)石材の調整、(4)調整石材の集合という、採石の作業工程が場所別で分かる状態になっていることが確認されている。また、発掘調査により石曳道が確認された初めての遺跡である。文書との対比では、細川家文書『伊豆石場之覚』の「早川新丁場」に相当されている。

石橋石丁場群

『駿州・豆州・相州御石場絵図』にある石橋村三ケ所丁場のうち、「小廉久保御丁場」に想定されている。

2 伊豆の石丁場

（ア）熱海市

熱海市の丁場は二九ヵ所が報告されている。熱海市の丁場には金石文が他地区より多く残っており、特に年号が刻まれた丁場があるのは熱海市だけである。また、離島の初島においても、採石の痕跡がある。遺跡の様相としては、

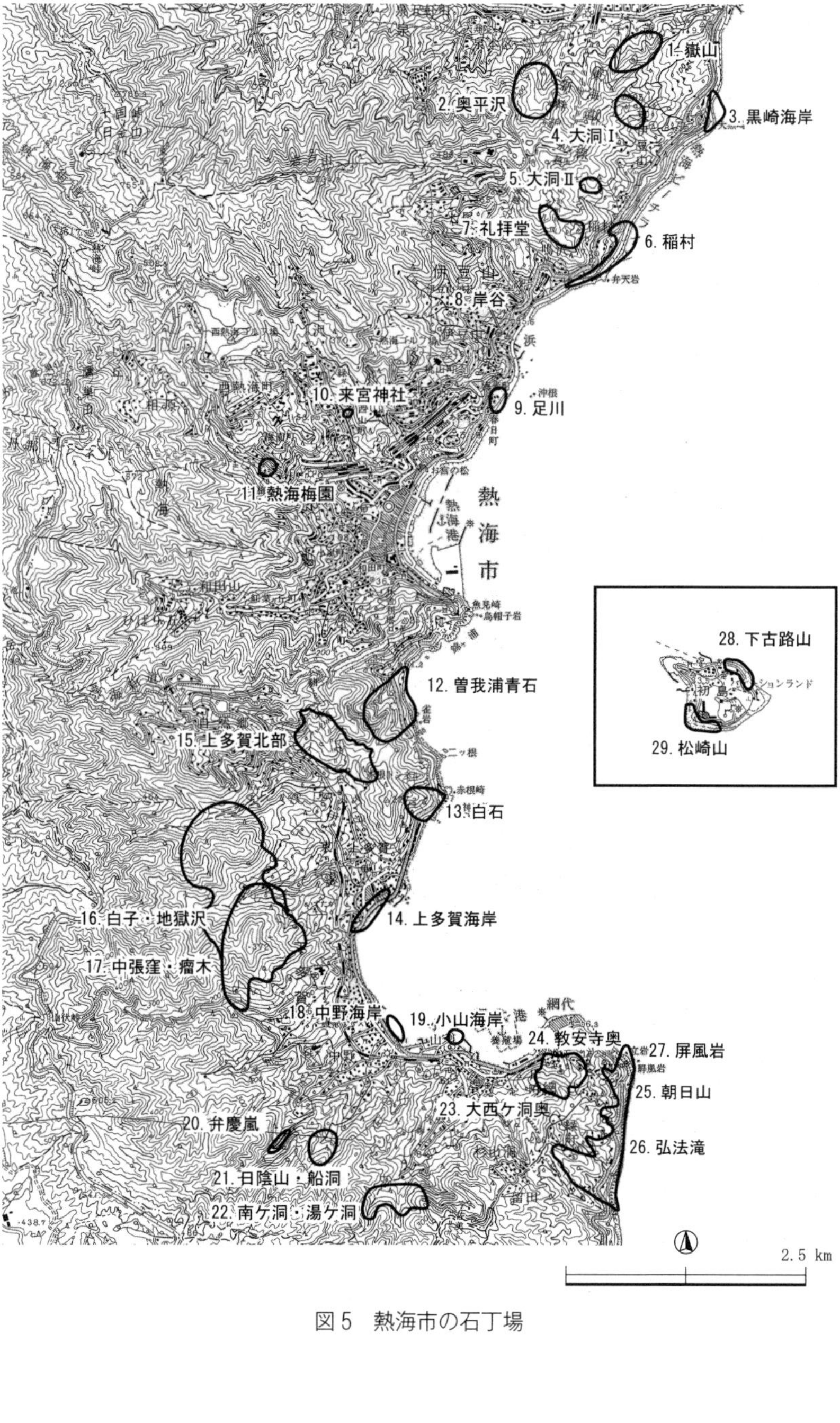
1. 嶽山
2. 奥平沢
3. 黒崎海岸
4. 大洞Ⅰ
5. 大洞Ⅱ
6. 稲村
7. 礼拝堂
8. 岸谷
9. 足川
10. 来宮神社
11. 熱海梅園
熱海市
12. 曽我浦青石
13. 白石
14. 上多賀海岸
15. 上多賀北部
16. 白子・地獄沢
17. 中張窪・瘤木
18. 中野海岸
19. 小山海岸
20. 弁慶嵐
21. 日陰山・船洞
22. 南ケ洞・湯ケ洞
23. 大西ケ洞奥
24. 教安寺奥
25. 朝日山
26. 弘法滝
27. 屏風岩
28. 下古路山
29. 松崎山
2.5 km

図5　熱海市の石丁場

図６　中張窪石丁場遺跡の石材群（熱海市）

隣接する伊東市と同じで、築石の生産を主体とした丁場が多いと考えられる。発掘調査は瘤木石丁場で行われており、「浅野紀伊守」と書かれた長さ五メートルの大型の石が発見されている。

石曳道は推定されているが、発掘調査による確認ではない。現在は隣接する中張窪丁場と一連性があると見られていることから、中張窪・瘤木石丁場遺跡として取り扱われている。『伊豆石場之覚』に相当されるのは、「稲村」「白子・地獄沢」「大西ケ洞」「京安寺」「弘法滝」の各遺跡であり、『駿州・豆州・相州御石場絵図』との双方で確認できるのは、「黒崎海岸」である。また、地方文書による石場管理記録から、「朝日山」丁場の存在も特定できる。

（イ）伊東市

伊東市の丁場は、二一群八五ヵ所が数えられる。他地区より著しく数が多いのは、分布調査の悉皆が進んでいることや、分類を細分化しているためである。伊東市内の踏査では、かなり広範囲に丁場の痕跡が残っており、最盛期には海岸から直線距離にして二・三キロメートルの山は、どこでも採石していたと想像できる。

石材の種類は、享保十年の『相州豆州駿州三ケ所御石場御預り主差出候證文帳』によれば、川奈村で平石五五〇本、角石一八本、角脇石二三本、升形石一九本、計六一〇本、富戸村で平石一七六本、角石二五本、角脇石三〇本、升形石一九本、計二五〇本を預かっていることになっており、平石（築石）が採石の主体であったことが分かる。現状丁場で確認できる角石類としては、宇佐美北部石丁場群御石ヶ沢丁場の三・九メートルの調整石や、湯川桜ケ洞の一・四

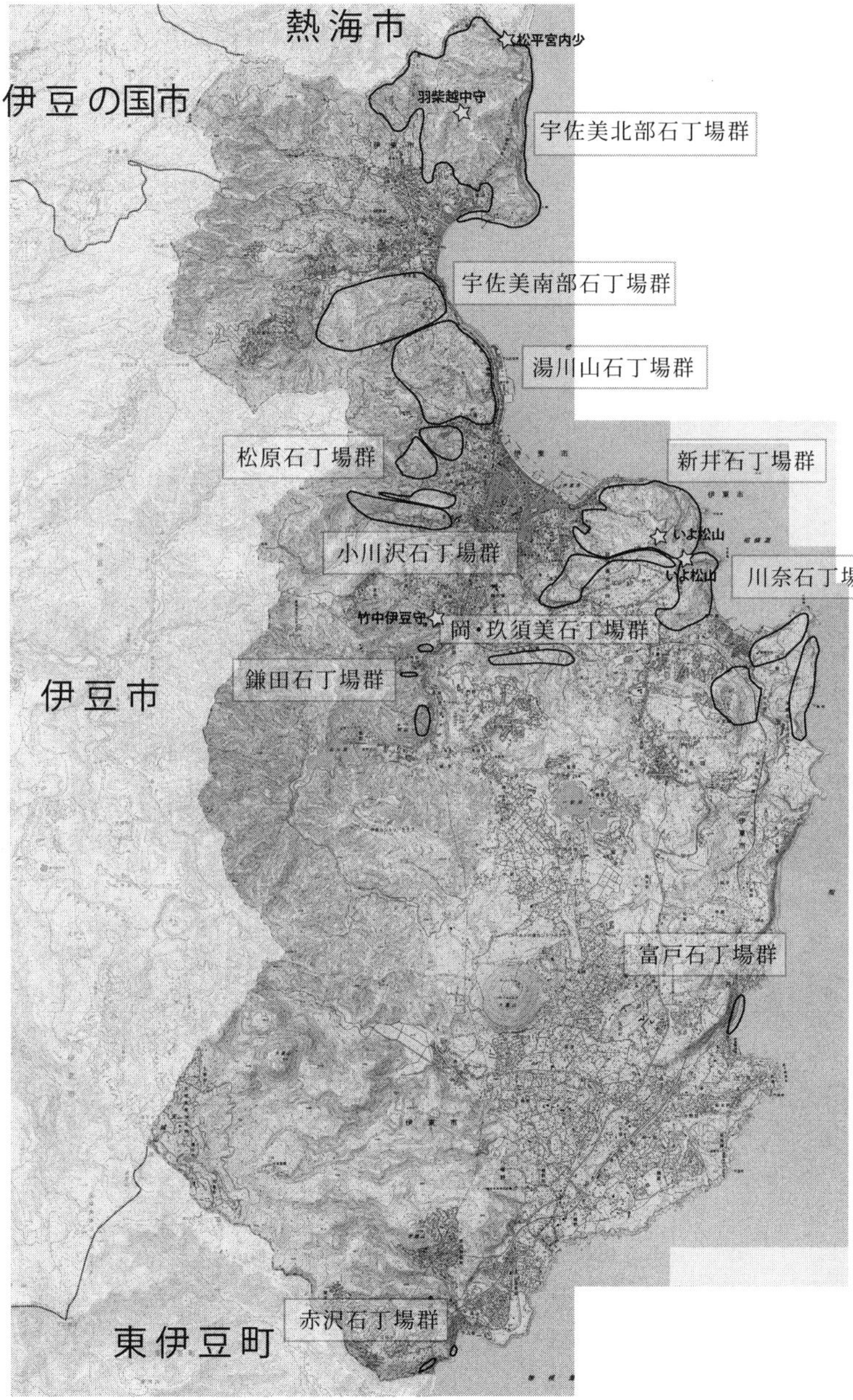
熱海市
伊豆の国市
松平宮内少
羽柴越中守
宇佐美北部石丁場群
宇佐美南部石丁場群
湯川山石丁場群
松原石丁場群
新井石丁場群
いよ松山
小川沢石丁場群
いよ松山
川奈石丁場群
竹中伊豆守
岡・玖須美石丁場群
鎌田石丁場群
伊豆市
富戸石丁場群
赤沢石丁場群
東伊豆町

図7　伊東市の石丁場

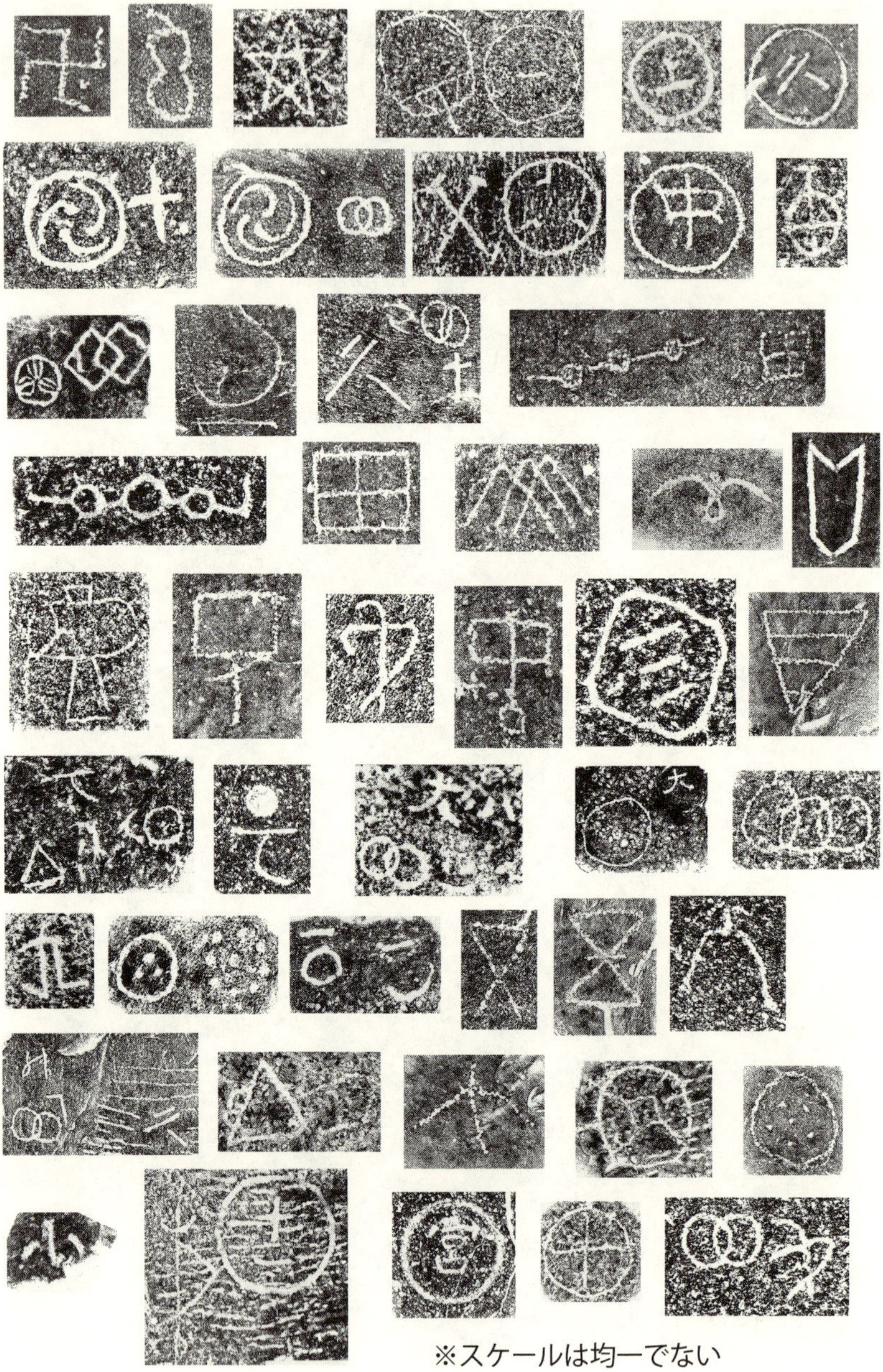

※スケールは均一でない

図8　刻印拓本図

表２　伊東市内の採石大名

		慶長					寛永（巳年-6年、亥年-11年）				
	NO	地名	官位	名前	藩	出典	地名	官位	名前	藩	出典
宇佐美	1	-	細川越中守（長岡越中守）	細川忠興	豊前小倉藩	（山）	鈴木沢、鈴木沢三左衛門、御石ヶ沢三左衛門、大丁場、小丁場	細川越中守（松平越中）	細川忠利	豊前小倉藩 肥後熊本藩	(善)、(聞)、(永)、(永2)
	2	-	伊東修理大夫	伊東祐慶	日向飫肥藩	(朝)、(寛)、(永)					
	3	-	稲葉彦六	稲葉典道	豊後臼杵藩	（永）					
	4	はど（初津）	生駒讃岐守	生駒一正	讃岐丸亀（高松）藩	（山）					
	5	-	黒田筑前守	黒田長政	筑前福岡藩	（山）					
	6	（大丁場）（小丁場）	田中筑後守	田中忠政	筑後久留米藩	(山)、(永細)					
	7	-	木下右衛門	木下延俊	豊後日出藩	（永）	-	木下右衛門	木下延俊	豊後日出藩	(杉)、(荻)
	8	-	毛利摂津守（森攝津）	毛利高成	豊後佐伯藩	（永）	-	毛利摂津守（森攝津）	毛利高成	豊後佐伯藩	（荻）
	9	-	松平宮内少輔	池田忠雄	淡路洲本藩 備前岡山藩	（東）					
	10						大丁場<亥>	有馬左衛門佐	有馬直純	肥前島原藩 日向延岡藩	（永細）
	11						大丁場<亥>	山崎甲斐守	山崎家治	因幡若桜藩 備中成羽藩 肥後富岡藩 讃岐丸亀藩	（永細）
	12						大丁場<亥>	九鬼大和守	九鬼久隆	志摩鳥羽藩 摂津三田藩	（永細）
	13	-	立花飛騨守	立花宗茂	陸奥棚倉藩 筑後柳河藩	（永）	小丁場	立花飛騨守	立花宗茂	陸奥棚倉藩 筑後柳河藩	（永細）
	14						小丁場	立花民部少	立花種長	筑後三池藩	（永細）
	15						小丁場<亥>	戸川土佐守（土川土佐守）	戸川正安	備中庭瀬藩	（永細）
	16						小丁場<亥>	平岡石見守	平岡頼資	美濃徳野藩	（永細）
	17						小丁場<亥>	桑山左衛門佐	桑山一玄	大和新庄藩	（永細）
	18						中沢、前沢	前田加賀守	前田綱紀	加賀藩	（永細）
	19						前沢岩下、ぬた場、(大丁場)、(小丁場)	松平隠岐守	松平定行	伊勢桑名藩	(杉)、(荻)、(荻2)、(永)、(永細)
	20						しゃくし洞	久留島丹波守	久留島通春	豊後森藩	(杉)、(荻)、(荻2)
	21						しゃくし洞	毛利伊勢守（市三郎）	毛利高直	豊後佐伯藩	(杉)、(荻)、(荻2)
湯川	22	-	鍋嶋信濃守	鍋嶋勝茂	肥前佐賀藩	（永）					
	23						大畑	本多美濃守	本多忠政	伊勢桑名藩 播磨姫路藩	(湯)、(永)
	24	-	生駒讃岐守	生駒一正	讃岐丸亀（高松）藩	（永）					
松原	25	-	藤堂和泉守	藤堂高虎	伊予今治藩 伊勢津藩	（永）					
新井	26	-	松平筑前守	前田利常	加賀藩	（永）	-	本多美濃守	本多忠政	伊勢桑名藩 播磨姫路藩	（永）
	27	-	生駒讃岐守	生駒一正	讃岐丸亀（高松）藩	（永）					
	28	-	脇坂淡路守	脇坂安元	伊予大洲藩 信濃飯田藩	（永）					
岡	29						小川沢	有馬玄蕃	有馬豊氏	筑後久留米藩	（玖）
	30						泉	島津右馬頭	島津忠興	日向佐土原藩	（玖）
	31						東林寺山	松平中務	松平昌勝？	越前松岡藩	（玖）
玖須美	32	-	松平筑前守	前田利常	加賀藩	（永）					
	33						-	紀伊国大納言	徳川頼宣	紀伊紀州藩	（永）
鎌田	34										
川奈	35	-	毛利宰相	毛利秀元	長門長府藩	（山）					
	36	-	寺沢志摩守	寺沢広高	肥前唐津藩	(山)、(永)	おりやう高石原	寺沢志摩守	寺沢広高	肥前唐津藩	（前）
	37	-	松平長門守	毛利秀就	長州藩	（永）					
	38						-	尾張徳川家	徳川義直	尾張藩	(永)、(徳)
	39						-	紀伊国大納言	徳川頼宣	紀伊紀州藩	（永）
富戸	40	-	毛利宰相	毛利秀元	長門長府藩	（山）					
	41	-	寺沢志摩守	寺沢広高	肥前唐津藩	（永）					
	42	-	松平長門守	毛利秀就	長州藩	（永）					
	43							中島修理兵衛から尾張様献上			
	44						-	松平大膳大夫	（毛利綱広？）	長州藩	（永）
八幡野	45						-	島津陸奥守	島津家久	島津薩摩藩	（永）
赤沢	46						-	本多下総守	本多俊次	近江膳所藩 三河西尾藩 伊勢亀山藩 近江膳所藩	（永）

（山）- 山内文書、（永）- 伊豆石場覚之書、（永細）- 伊豆相模之内細川越中組へ相渡申石場覚之書、（寛）- 寛政重修諸家譜面、（朝）- 朝野旧聞褒藁、（善）善修院文書、（東）東部實録、【地方文書】（杉）- 杉山文書、（荻）- 荻野文書、（荻２）- 荻野文書（荻野正則記録）、（湯）- 湯川区有文書、（玖）- 玖須美区有文書、（聞）聞間文書

（網掛け）は文献の大名が相当できる場所

図９　御石ケ沢Ⅱｅ地区の斜面に残された石材群

（伊東市）

メートルの角石ぐらいに限られることから、伊東市内では築石が主であったと思われる。

刻印や文献から抽出した伊東市内の採石大名一覧は次のとおりである（表2）。

宇佐美北部石丁場群

細川家に関連する遺構の多い石丁場跡である。主体となるのは御石ヶ沢地区、ナコウ山・洞ノ入地区で、御石ヶ沢地区では、細川とされる刻印があるが、「松平宮内少石場」の刻文、Ⅱｅ地点では「◎」に「十」、「∞」を組み合わせている。Ⅱｅ地点では、三〇度以上の急激な勾配の谷においても採石を行い、地形状況から谷を直線的に運び出す搬出ルート以外は考えにくいことから、採石適地では、谷の勾配は関係なく作業されたと思われる。

標高約三五〇メートルのナコウ山山頂には、「羽柴越中守石場」の刻文があり、かなり高い場所まで採石していたことが分かる。その中腹部にあたる洞ノ入地区では、「◇三」と「⌂」の刻印が尾根を隔て分かれており、採石大名は「豊後臼杵藩稲葉」と「豊後佐伯藩毛利」に分かれる。ともに寛永十三年の外堀普請では、細川越中組の属していることから、細川の丁場で両家が分担して採石をしていた可能性がある。「毛利丁場」では、次の普請に備えて石材を並べて確保しておいた痕跡がうかがえる。

宇佐美南部石丁場群

中ノ沢地区では、刻印をもつ粗加工石材が、山頂方向に向かって二〇〇個以上並べて置かれている。

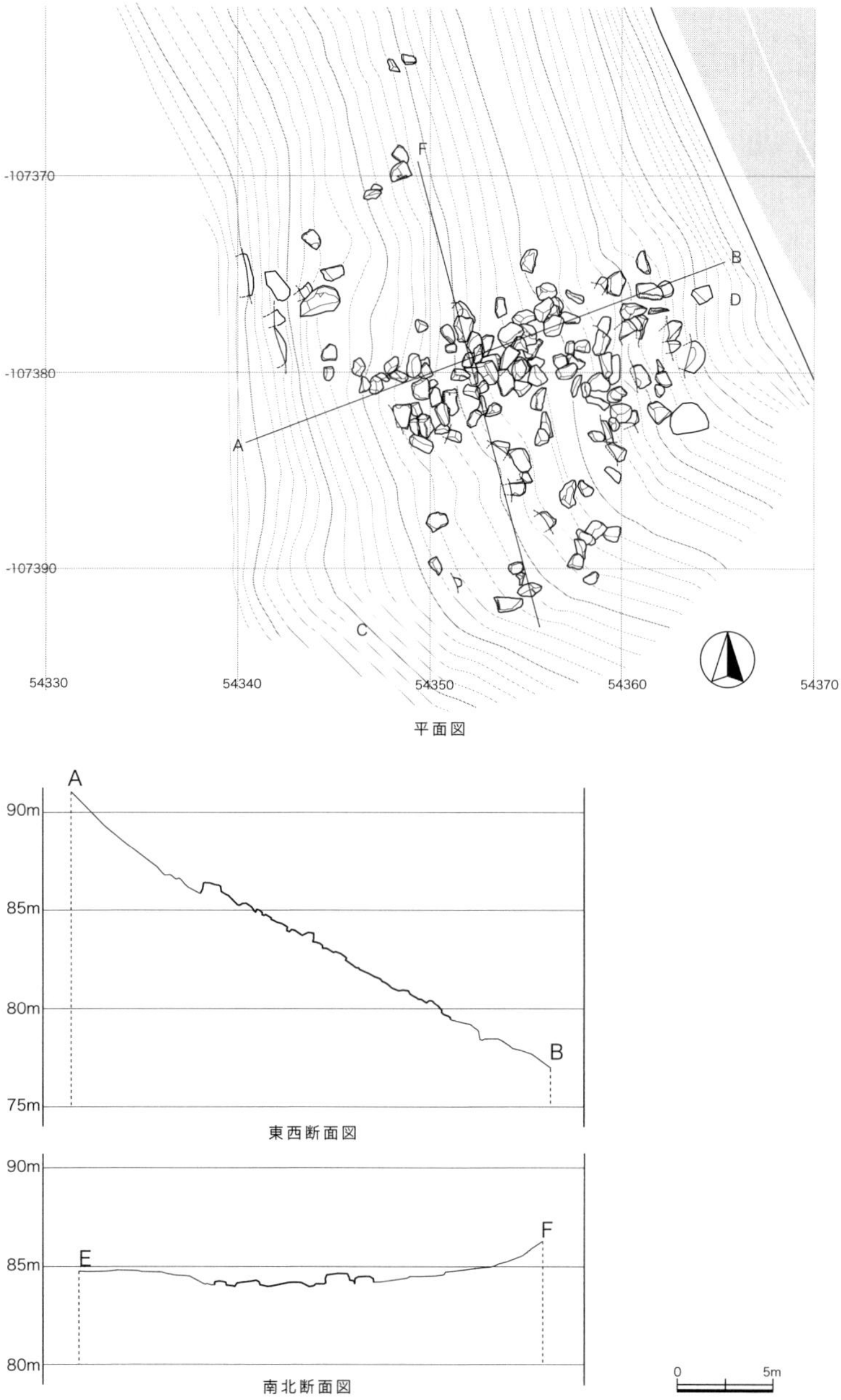

図10　御石ヶ沢Ⅱｅ地区の石材分布の平面と断面

図11　寺沢家丁場の刻印（伊東市）

湯川石丁場群

桜ケ洞地区では、狭い範囲内に多種類の刻印が目につく。一般的に刻印はある程度群をなして確認されることが多いが、刻印を作業組織単位と見るならば、かなり狭い範囲で作業班が形成されていたと考えられる。

川奈石丁場群

細川文書、地方文書に書かれているのは毛利家と寺沢家であり、刻印「て」「〇」などが組み合わされた寺沢丁場と刻印「〇」の毛利丁場を確認できる。前小室地区など寺沢丁場の占める割合が多く、二〇一一年の皇居桔梗濠沿い石垣修復工事の調査によれば、当地には川奈の石材が一部に使用されていることが確認できる。

また、『駿州・豆州・相州御石場絵図』では、各地の尾張徳川家の丁場に境界石として「尾」の刻印石を据え置いている。川奈の「小かじ路丁場」では、この境界石の存在が報告されているが現在は不明である。しかし、近年沼津市でも同じ境界石が発見されたと報告されている。なお、現地では「小網代」の字名が残っているが、絵図のほうが範囲が広く、また「小網代」に残る刻印からは唐津藩寺沢家の丁場範囲と考えられる。寺沢は正保四年（一六四七）に改易になっていることから、江戸中期では尾張徳川家の丁場となっていたのであろう。

富戸石丁場群

この丁場の岩石は、周辺の大室山の溶岩流とは違う払火山の岩石で、伊東市内でも比較的大型の石材を採取する事ができる。細川文書では長州藩毛利家が、『駿州・豆州・相州御石場絵図』では尾張徳川家が丁場を持っている。現地では毛利の刻印「〇」が確認できる。『駿州・豆州・相州御石場絵図』では「釜屋丁場」と「脇野浜丁場」が存在している。また、元船石と呼ばれる大型の矢穴石をはじめ、大型の石の頂点に「⊕」の刻印が三ヵ所に点在しており、丁場内の目印として使用されている。

（ウ）東伊豆町・河津町

東伊豆町の丁場は、一五ヵ所が数えられる。東伊豆町の石材は天城山の岩石で、伊東・熱海より母岩が大きく、角石などの石材が目につく。角石は大川や稲取の各丁場に残されており、稲取では山内家が採石した一〇個の角石が町内に分散して取り残されている。

図12　ぼなき石（東伊豆町）
石曳道の脇に残し置かれた角石

河津町の見高には磯丁場があり、安山岩の丁場としては、伊豆東海岸の南端となっている。

谷戸ノ入丁場

東伊豆町大川に所在し、この地区で最大の丁場である。山頂付近には完成された角石があり、その他にも長さ三・二メートルの角石が残されている。矢穴の大きさは一〇センチメートル程度のものでほぼ統一されている。刻印も「〓」が目につくが、この刻印を主とする堀尾家の採石記録は文献上にはない。

細久保丁場

谷戸ノ入丁場と同じ大川にあり、同じく大型の石材が目につく。この地域

図 13　東伊豆町の石丁場（分布概況図）

から出されたと思われる「ボナキ石」は採石に関わるものとして伝承されており、町指定文化財となっている。二〇一二年改装された伊豆急行線伊豆稲取駅前広場には、大型パネルによる現場の様子が展示されている。

おわりに

第二四回大会では、伊東市のみの報告であったが、本誌面においては東海岸全般の概要を担当することとなった。伊東市内は頻繁に踏査を行なっているが、他市町のほうは一方的な主観で至らぬ点も多いと思われるが、ご容赦願いたい。

石丁場遺跡は当時の様子を伝えてくれる自然な環境が大事であるが、好景気時代の開発やインフラ整備により姿を消したものも多く、また山中にあるがゆえ、自然災害などでまったく分からなくなってしまった箇所もある。石丁場の研究は、多くの研究者が一つずつ積み上げてきたものがベースとなっており、今日の状況を生んできた。また、一九九〇年代から江戸遺跡での数々の調査事例においても、伊豆の石丁場を意識したものが多くなり、分析の一種にとりあげていることも、解明の足がかりになっている。今後も情報の共有化、オープン化が進めば、さらに多くの研究の成果が期待できると考え、その一助になればと考える。

注

① 「伊豆国東浦賀茂郡宇佐見村差出帳」(杉山文書) 貞享三

② 「伊豆国賀茂郡葛見庄宇佐美村明細帳」(杉山文書) 文化八

③ 「伊豆国東浦賀茂郡宇佐見村差出帳」(荻野文書) 貞享三

④「毛利摂津守様御家来ヨリ之書状」（荻野文書）
⑤「湯川区初津区山境置御覚書及び絵図」（湯川区有文書）元文三
⑥「岡村差出帳写」（玖須美区有文書）貞享二
⑦「伊豆國豆州賀茂郡東浦新井村指出之帳」（新井区有文書）貞享三
⑧「川奈村役人願書案」（前島河南収集文書）明和七
⑨「川奈村明細帳写」（前島河南収集文書）嘉永四
⑩「網代村差出帳下書」（熱海市善修院文書）明和七
⑪「諸用留」（聞間家文書）
⑫「由比元之書状」（山内文書）
⑬「伊豆石場覚」『公儀御普請』
⑭「忠興公」『綿考輯録』第二巻
⑮『朝野旧聞裒藁』

〔引用・参考文献〕

北原糸子　一九九九　『江戸城外堀物語』筑摩書房
森岡秀人・藤川祐作　二〇〇八　「矢穴の形式学」『古代学研究』一八〇
野中和夫　二〇〇七　『ものが語る歴史12　石垣が語る江戸城』同成社
小山真人　二〇一〇　『伊豆の大地の物語』静岡新聞社
鈴木　茂　二〇〇九　『自選集第一巻「伊東の昔」郷土研究五〇年の奇跡』城ケ崎文化資料館
かながわ考古学財団　二〇〇七　『早川石丁場群　関白沢支群』
かながわ考古学財団　二〇一一　『石橋石丁場群　玉川支群』
静岡県考古学会　二〇一一　『江戸の石を切る』静岡県考古学会二〇一〇年度シンポジウム

江戸遺跡研究会　二〇一〇『江戸城・城下と伊豆石…』江戸遺跡研究会・石丁場遺跡研究会
帝都高速度交通営団・地下鉄七号線溜池・駒込間遺跡調査会　一九九四『江戸城外堀跡　牛込御門外橋詰』
帝都高速度交通営団・地下鉄七号線溜池・駒込間遺跡調査会　一九九五『江戸城外堀跡　赤坂御門喰違土橋』
文部科学省構内遺跡調査会　二〇〇五『文部科学省構内遺跡Ⅱ』
早稲田大学・新宿区戸山遺跡調査会　二〇〇三『尾張徳川家下屋敷Ⅱ』
宮内庁管理部　二〇〇七『特別史跡江戸城跡　皇居東御苑内本丸中之門石垣修復工事報告書』
宮内庁管理部　二〇一三『特別史跡江戸城跡　皇居桔梗濠沿い石垣修復工事報告書』
千代田区丸の内一丁目遺跡調査会　二〇〇五『丸の内一丁目遺跡Ⅱ』
東京都埋蔵文化財センター　二〇一四『港区品川台場（第五）遺跡』
熱海市教育委員会　一九九七『瘤木石丁場遺跡』
熱海市教育委員会　二〇〇九『熱海市内伊豆石丁場遺跡確認調査報告書』
東伊豆町教育委員会　一九九六『東伊豆町の築城石』
伊東市史編纂委員会　一九五八『伊東市史』
伊東市教育委員会　一九九一『宇佐美北部石丁場群分布調査報告書Ⅰ』
伊東市教育委員会　一九九五『伊東・文化財とその周辺』
伊東市教育委員会　二〇〇六『市内遺跡試掘・確認調査報告書』
伊東市教育委員会　二〇一〇『静岡県伊東市伊豆石丁場遺跡確認調査報告書』
伊東市教育委員会　二〇一一『市内遺跡試掘・確認調査報告書』
伊東市教育委員会　二〇一四『静岡県伊東市伊豆石丁場遺跡確認調査報告書Ⅱ』
徳川林政史研究所蔵『相州豆州駿州三ケ所御石場御預り主差出候證文帳』
徳川林政史研究所蔵『駿州・豆州・相州御石場絵図』

沼津市域の石丁場遺跡

鈴木裕篤・原田雄紀

はじめに

沼津市南部の海岸地帯は、駿河湾が深く湾入し、伊豆半島の基部から西海岸の一部を形成している。この地域は駿河国と伊豆国との境に位置し、明治時代以前においては、静浦《しずうら》地区は駿河国、内浦《うちうら》から戸田《へだ》地区にかけては伊豆国に属していた。

静浦から内浦にかけては、海底火山の噴出物を起源とする江浦凝灰岩とその上位に噴出した貫入岩体、西浦《にしうら》から戸田にかけては、達磨火山などの安山岩系の噴出物から形成されており、大まかに北部は凝灰岩系の軟石地帯、南部は安山岩系の堅石地帯に分けられる。

江ノ浦《えのうら》湾から西の海岸地域は山が海に迫る地形で、陸上交通の便が悪い地域である。耕す平地はわずかで、入り組んだ海岸線を利用した漁業を主たる生業とする地域であった。漁業経営に係る複雑な権利関係や集団作業を基盤とする保守的な風土からか、渋沢敬三の「豆州内浦漁民史料」で知られているように、多量の古文書が各津元の下に良好

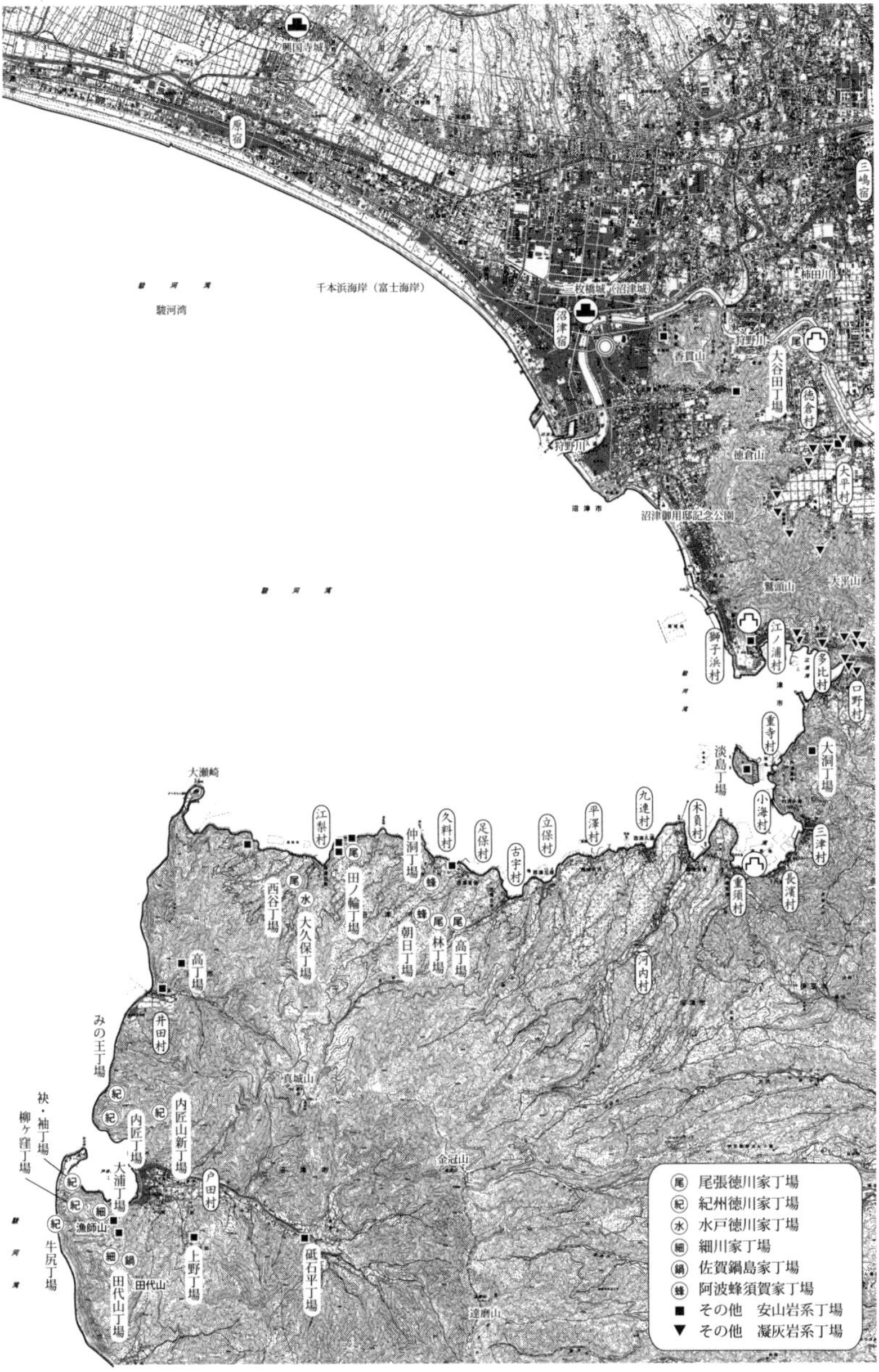

図１　沼津周辺の石丁場位置図

な状態で伝えられてきた。それらを収集・整理する過程で、安山岩系の堅石の石切り関係史料の存在に注目した高本浅雄氏によって古文書の調査が行なわれ、現地調査とともに一連の成果が紹介された（高本一九八一・一九八二・一九八九）。この高本氏の研究が沼津市域の石丁場研究の礎となり、その後北原糸子氏の研究（北原一九九五）によって、石の消費地江戸との関連の中で、伊豆石丁場の有様が変化していった様子が明らかになるなど、文献調査から大きな成果があげられてきた。

文献調査とともに石丁場の現地確認も行なわれてきたが、戸田地区では地元史談会などの努力で刻銘が刻まれた石の発見などもあったものの、総じて学術的な調査は行なわれておらず、これまで十分な成果が得られたとは言えない。

ここでは、主として安山岩を主とする堅石の石丁場に関して、今までに公表された関係文献資料を基として、それらの内容と現地に残されている遺構とを整理し、筆者らがこれまでに行なってきた現地調査の成果を追加して、近世の村毎に沼津周辺の石丁場の現況を紹介したい。

一　戸田村

戸田村の名主を務めた勝呂家は、紀州徳川家による寛永期の採石とその運搬に携わり、それ以降も現地に残された割石の管理を行なう石場預りを務めていた。このため、勝呂家には紀州徳川家の石切りに関する古文書が多量に残されており、高本氏によって「戸田の石切文書」として紹介されている（高本一九八九）。この古文書の中には、紀州徳川家以外の大名家に関わる史料も残されており、寛永十二年（一六三五）「覚（大浦石場年貢に関する状）」等によれば鍋島家、貞享元年（一六八四）「戸田村御石丁場書上之覚（控）」には細川越中守、（伊達遠江守）、小笠原右近太夫の石丁場があったことが記載されている。戸田村で石切りを行なったその他の大名家についての記述は、細川家史料にも認められる。寛永十一年（一六三四）の「伊豆石場之覚」には、「先年細川越中殿、鍋嶋殿　巳ノ年駿河様、紀伊様、尾張様、小笠原右近殿、菅沼織部殿」と記され、「但上ノ青石也」が付け加えられている。これによれば慶長・元和期とされる「先年」に細川家や鍋島家、「巳ノ年」とされる寛永六年（一六二九）に駿河徳川家、紀州徳川家、尾張徳川家と小笠原家・菅沼家の諸大名家が石丁場から石を切り出したとされる。さらに寛永十二年「伊豆相模之内細川越中組へ相渡申石場之覚」には、寛永十三年（一六三六）の江戸城普請に際して、細川組の「九鬼大和守、桑山左衛門佐、平岡石見守、立花民部少輔」に戸田村内の丁場が割り当てられたことが記されている。

高本氏によれば、勝呂家文書に柳ヶ窪《やなぎがくぼ》、牛尻《うしじり》、袖《そで》、袂《たもと》、御浜《みはま》、内匠《たくみ》、みの王《わ》、大浦《おおうら》、上野、納戸、田代山、砥石平、内匠山新切開の丁場名が記されている。このうち、紀州徳川家の丁場は五ヵ所またはこれに控丁場が加わる形で記載される。五ヵ所とは柳ヶ窪・牛尻・内匠（外内匠・内内匠）・みの王・袖（たもと）が有力で、控丁場は袂にあると推定される。これに天保十一年（一八四〇）に新たに切り開かれた内匠山新切開丁場がある。また、鍋島家の丁場は大浦・内内匠、小笠原家には南という丁場名称が記録に残っている。

1　田代山丁場

高本氏によれば、文政七年（一八二四）に紀州藩麹町屋敷普請のため、柳ヶ窪丁場とともに田代山から間知石が切り出されたとされる。しかし、田代山という名称が指す地域は、分村であった舟山までを含む広大な範囲を示しており、当時石を切り出した場所の特定が難しいため、丁場名は現在の通称名を充てた仮称として用いている。戸田の中心地から南西方向に位置する標高四一三メートルの田代山山頂近くの北側斜面に丁場は位置し、広範囲に渡って作業

図2　細川家境界石「㊀　ほそ川越中守石場」

丁場や割石・矢穴石の分布が確認できる。産出する転石が大きく、石の質も良好であることが本丁場の特徴としてあげられるが、最も近い大浦の海岸からでも直線距離にして八〇〇メートルほども離れており、比高差も大きく搬出には効率が悪い地域である。

付近の地形は小山田洞へ下る北東側の急斜面と、牛ヶ《うしが》洞《ほら》・大浦・南の三つの洞へ下る北西斜面とに区別される。両斜面の境にある尾根には、三角形の立石状の大石に「これ〱にしほそかわ越中守石場」と刻まれた境界石があり、その西側が細川越中守の石丁場であったことが推定される。さらに境界石の南西方向、山頂近くの大石には「㊀」の刻印と「ほそ川越中守石場」と刻まれた標識石を確認しており、二つの境界石（標識石）に挟まれた地域が細川家の丁場と考えられる。「これ〱にしほそかわ越中守石場」と記された境界石と、同じ尾根上の南方向（標高にして上位）には、転石の南西隅を削って、「鍋嶋信濃□」の刻文が刻まれており、反対面には刻印等も見られる。この石の南東方向には「鍋嶋信濃守」と刻まれた割りかけの大石があり、この境界石（標識石）に挟まれた地域が鍋島家の丁場であったと考えられる。

このように、田代山から牛ヶ洞・大浦・南へと分岐する尾根を境にして、西側に細川家の石丁場、東側に鍋島家の石丁場が展開している。なお、この尾根上には刻印の刻まれた転石や割石が集中しており、両者の境界線の存在が意識されていると見られる。

細川家側の丁場では、大石が積み重なったような岩盤の露出が見られ、この石に矢を打ちこんで大形の割石を剝ぎ

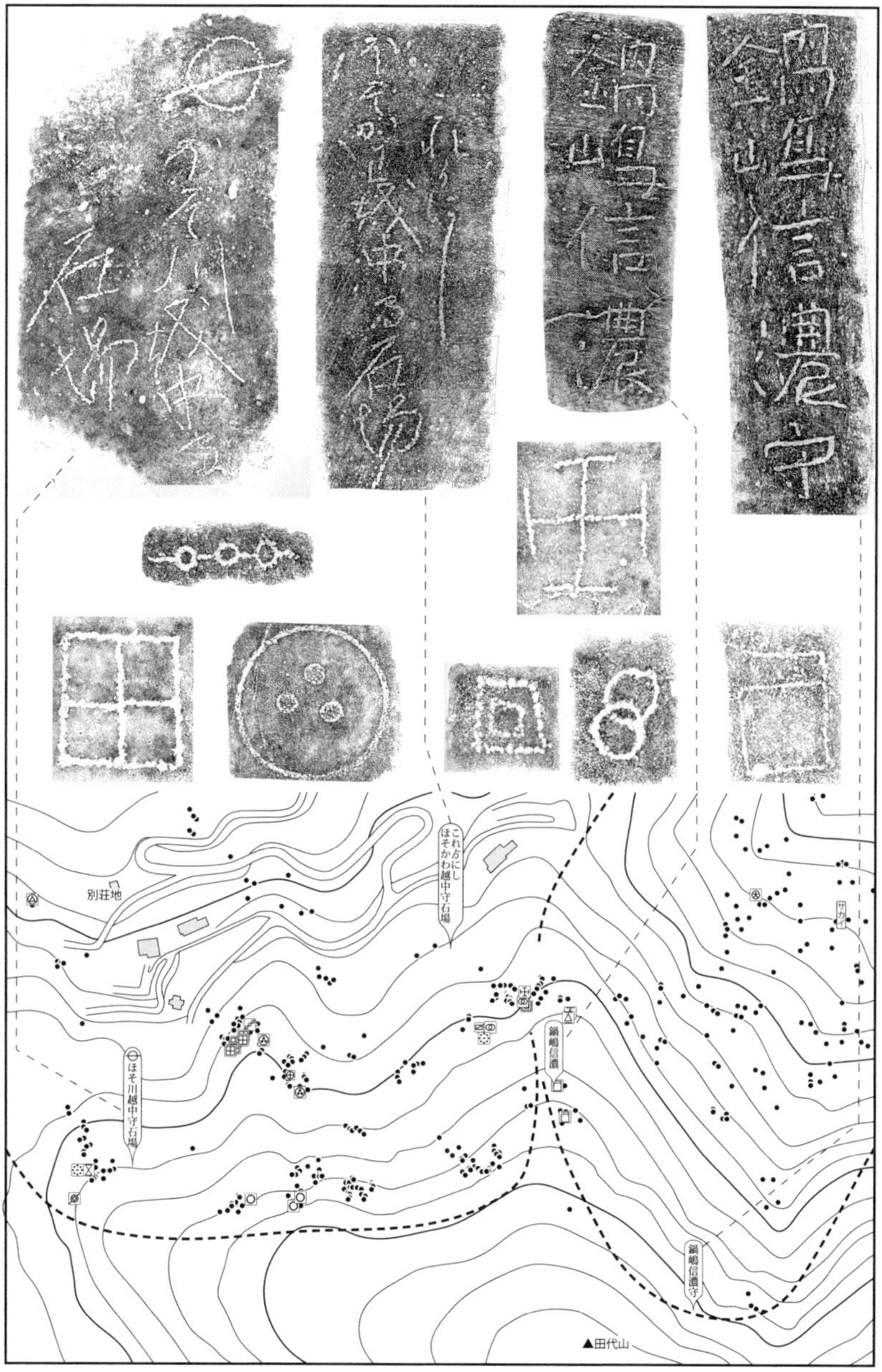

図3　戸田田代山丁場分布図

取っている作業丁場が多数認められる。この作業丁場の合間には、転石を掘り出した跡と思われる窪地も存在する。こうした作業丁場は、おおよそ標高二五〇～三五〇メートルの範囲に二〇ヵ所以上確認された。作業丁場の中には「∴」や「田」の刻印が刻まれた作業丁場も存在する。

鍋島家側の丁場では、境界石が位置する同一標高付近に作業丁場はほとんど見られない。この付近は傾斜が急で、転石は認められるものの、矢穴の入った石は限定的である。標高三〇〇メートルを下ったところから斜面は比較的緩やかになり、矢穴の入った割石が広範囲に認められるが、細川家側と比べれば大形の転石の露出は少なく、作業丁場の規模も小さい。このように、境界石の存在だけでなく、本丁場の中央尾根を境として、丁場の様相も大きく異なっている。また、この境は字境でもあることから、細川家丁場としている西側を烏ヶ原地点、鍋島家丁場とする東側を上小山田地点と呼称している。

2　牛尻丁場

紀州徳川家の丁場の一つである。該当する字名はないが、田代山の北西の沢ではかつて牛を飼育していたと伝えられ、その伝承から牛尻洞と呼ばれている。勝呂家文書によれば、「牛尻者《は》と場《ば》」の預かり石一六八本が慶安元年（一六四八）に大風浪により流失していることから、海岸近くに位置していたことが想定される。現在でも急傾斜に海に落ち込む沢と河口付近に広がる礫浜に、矢穴が入った石が認められ、この付近が丁場跡と推定される。

3　柳ヶ窪（久保）丁場

紀州徳川家の丁場の一つである。御浜の付け根部分に柳ヶ窪の字名があり、漁師山の北西斜面が丁場跡と推定されている。袂丁場の南に位置し、駿河湾に向かって傾斜する地形である。現在はホテルや旅館が建設され、また県道の敷設により大きく改変されているが、その合間や後背地に丁場跡が確認される。

寛永六年の「伊豆戸田浦柳ヶ窪残石預帳」には、二、〇〇〇本を超える割石が預けられていることが記され、戸田村内紀州藩丁場の中では、規模が最も大きく、重要な場所であったと見られる。文政七年に紀州藩邸の再建の為に石を切り出した記録が残っており、現地には城郭用の割石はもちろんのこと、その割石を間地石に割り直した痕跡も確認できる。

図４　戸田柳ヶ窪丁場

4　袂・袖丁場

いずれも紀州徳川家の丁場として勝呂家文書に記されている。袖丁場は、御浜崎の内海側の長く延びる砂礫嘴が、内側に向って「く」の字に折れ曲がる辺りに比定している。砂層の下に大石が埋もれているようであるが、量は多くなく、掘り出すのも難しい。

なお、袖付近の海中に「角石」の地名があり、紀州藩が石丁場から切り出した畳四〇畳ほどの石を海中に落としたという伝承が残されており、船での搬出に関係した場所である可能性も高い。

袂（田元）は御浜崎の付け根に当たり、国民宿舎などの建設工事で消滅したと見られていたが、御浜公園造成の際に、粗割りされた矢穴石が多数掘り出され、この付近に丁場があったことが確実視されることとなった。

明暦三年（一六五七）の勝呂家史料には「袖　田元共」と記載されており、袂と袖は同一の場所を指していると考えられる。また、御浜丁場もこの二つの丁場の別称であるとも見られるが、石切文書に示される柳ヶ窪丁場の「者と場」部分と袖・袂丁場が重複する可能性もある。

5　大浦丁場

勝呂家文書「覚（大浦石場年貢に関する状）」によれば、寛永十二年（一六三五）には鍋島家の丁場として「大浦」の名称が記載されている。戸田湾に突き出す松ヶ崎の東側に大浦の集落があり、それを囲むように大浦山の地名が残されている。松ヶ崎の西側には牛ヶ洞の集落があり、かつて日本初の洋式帆船「ヘダ号」を建造した地として知られている。

石丁場跡は、大浦と牛ヶ洞のふたつの沢にまたがって展開している。牛ヶ洞側は山頂に向かって傾斜がきつくなる斜面で、積み重なった石が加工され、多量の割石が残っている。割石の表には、「九」の刻印をはじめとして、「⚯」「田」「卍」「⊙」「㊂」「◇」「巾」などの多様な刻印と、「入付」などの刻文が確認されている。特に「九」の刻印には「⚯」「卍」などの刻印が同一面にセットで刻まれているものが多く、大坂城の石垣刻印調査の類例から判断すると、「九」の刻印は細川家の九曜文の「九」の字を示し、大浦丁場の牛ヶ洞側は細川家の丁場であった可能性が高い。

大浦洞の西側斜面も急峻な地形で、傾斜の緩いふもと付近は畑に造成されてしまっている。松ヶ崎の先端付近から東側斜面にかけて、作業丁場がいくつも確認され、割石には地元で「旗印」と呼ばれる、「㊁」「㊆」の刻印が刻まれている。大浦洞の東側では、礫が雪崩のように流れ下っている所が認められ、その付近に割石が積み重なっており、この付近では「△」「△」の刻印が刻まれている。

6　南　丁　場

細川家史料には小笠原家の丁場として記されている。田代山の麓に「南」、その南の谷筋に「南洞」の小字があり、この付近の斜面と推定されるが、下半部は畑として造成され、詳細は不明である。上半部も、大浦丁場に似た石の産出状況を示す場所はあるものの、採石の痕跡は認められていない。なお字南には、紀州藩の石場預りを勤めた勝呂家邸宅が所在している。

図５　戸田大浦丁場牛ヶ洞地点

図６　戸田大浦丁場大浦西地点

7 内匠《たくみ》丁場（内内《うちたくみ》匠丁場・外内匠《そとたくみ》丁場）

内匠丁場は紀州徳川家の丁場の一つとして記載されているが、勝呂家文書、元禄七年（一六九四）「戌ノ年伊豆国戸田村大浦内たくミ御石場御年貢目録之事（控）」には、鍋島家の丁場として内内匠の名称も記されている。戸田湾北岸には沢海《たくみ》という地名があり、出逢い岬から沢海川上流にかけての広い範囲に丁場の痕跡が認められている。

8 内匠山新切開丁場

勝呂家文書によれば天保十一年に紀州徳川家の許の元、間知石を切り出すために勝呂家が主導して新たに切り開いた丁場である。開設まもなく将軍家斉の逝去に際し、江戸の石問屋を通じて多量の宝塔石の切り出しを受注することになった。残された古絵図からは沢海川上流部の左岸の山を四人から新たに買い受け、幅八尺、距離四丁余りの運搬用の通路（山畑道）を切り開き、海岸には石積みの突堤と桟橋を設置したことがわかる。現地には多量の間地石が積み重なる状態で残っており、近代に入っても採石が行なわれていたと考えられる。

9 みの王《わ》丁場

字外沢海の外海に面した小さな沢の窪地に、三《み》の輪《わ》の呼称があり、みの王と書いて「みのわ」と読ませている。道路際の資材置場に大きな矢穴石が積まれていたことからこの付近に丁場があることが推定されていたが、南寄りの沢沿いに複数の作業丁場や並べられた築石が見つかっている。

二　井《い》田《た》村

井田高田四郎家文書、宝暦・明和・文化年間の井田村「村指出帳」に、水戸徳川家の石丁場と、江戸・駿府城の為に石を切り出した公儀の石丁場が所在した記録が残っている。また、久料村久保田家文書にも水戸徳川家丁場の所在が記されている。また細川家史料には、「駿河様御丁場」の記載がある。文献上で確認できる丁場名は勝呂家文書「井田村ゟ御出シ被遊候御用石入札目録」に記載される、天至川原丁場と沢房丁場であるが、現在のところ場所の特定には至っていない。このほか文献の裏付けがないものの現地で高丁場と呼称される丁場がある。

図７　井田高丁場不動明王

1　（仮）高《たか》丁場

井田の集落から見上げるような高い位置に、切り立った岩盤が露出しており、高い場所にある丁場という意味で、このように呼称されている。海岸から八〇〇メートル近く離れた、標高二〇〇メートル付近の山腹に位置している。

現況は、柱状節理の発達した岩盤を切り崩して加工する採石場跡で、建築用材や積石の採石場として、戦後まで長い間利用されており、その作業丁場は広範囲に及んでいる。節理は場所によって特徴が異なり、厚みのある節理が発達している部分では、直接岩盤に矢穴を入れて大形の石を剝離した痕跡が認められるが、細かい節理が発達している部分では、前面に細かい石屑が積み重なっており、岩盤を破壊するようにして採石作業が行なわれていたようである。また、丁場から村に下る沢には、割石や矢穴がある転石も認められ、岩盤・転石の両方から採石されていたことがわかる。

現在、丁場から下った県道脇に不動明王の石像が祀られているが、かつては丁場内の切り立った岩盤の上に安置されていた。この石像の光背部分には銘文が刻まれ、それには「厳有院殿様御宝塔石従當山御出来奉以御同石作　伊奈兵右衛門□□」と記され、延宝九年（一六八一）、この丁場から四代将軍家綱の宝塔石を切り出しことが記されている。

三　江《え》梨《なし》村

同村には尾張徳川家と水戸徳川家の石丁場が確認されている。尾張徳川家は寛永年間の江戸城普請に際し伊豆各地に石丁場を設け、それ以降も随時丁場改めを実施するなど石丁場の管理に努めている。沼津市西浦地区では「豆州君沢郡五ヶ所石丁場」として、寛永期の江戸城普請以降、江梨村・久料村・足保村・古宇村の各村名主連名で丁場の管理を委ねられてきた。徳川林政史研究所には「相州・豆州・駿州　三ヶ所御石場御預り主差出候證文帳」という史料が残されており、尾張藩が行なった石丁場改めの際に作成された各丁場の目録と付属の絵図面が保管されている。江梨村の加藤家にも同史料の村方控にあたる、西谷・田ノ輪各丁場の絵図が二枚ずつ残されている。このうち「西谷丁場絵図」には、西谷丁場に接して水戸藩の大久保丁場があることも記載されている。また江梨区有文書「石書上状」には、大西谷、西山、東崎の丁場名が記載されている。細川家史料「伊豆石場之覚」には「駿河様御石場」の記載や、同史料の「伊豆相模之内細川越中守組へ相渡申石場之覚」には、東崎と大くぼの丁場名も記載されており、亥年（寛永十二年）に細川組の立花飛騨守・有馬左衛門佐・山崎甲斐守・戸川土佐守・稲葉淡路守に割り当てられたとされる。

1　西谷丁場

尾張徳川家の丁場の一つである。江梨集落に流下する二本の沢の内、西側の西川の沢に位置する。海岸から三〇〇メートルほどの距離で、標高は一五メートル前後である。加藤家文書と徳川林政史研究所所有の西谷丁場絵図には、沢から山の斜面にかけて石丁場が展開し、その境界にあたる五ヵ所の石には「尾之字切付置」と記入されている。尾張徳川家のほかの丁場絵図にも、同様に境界の石に「尾」の字を刻んだことが記されている。現地を再調査した結果、

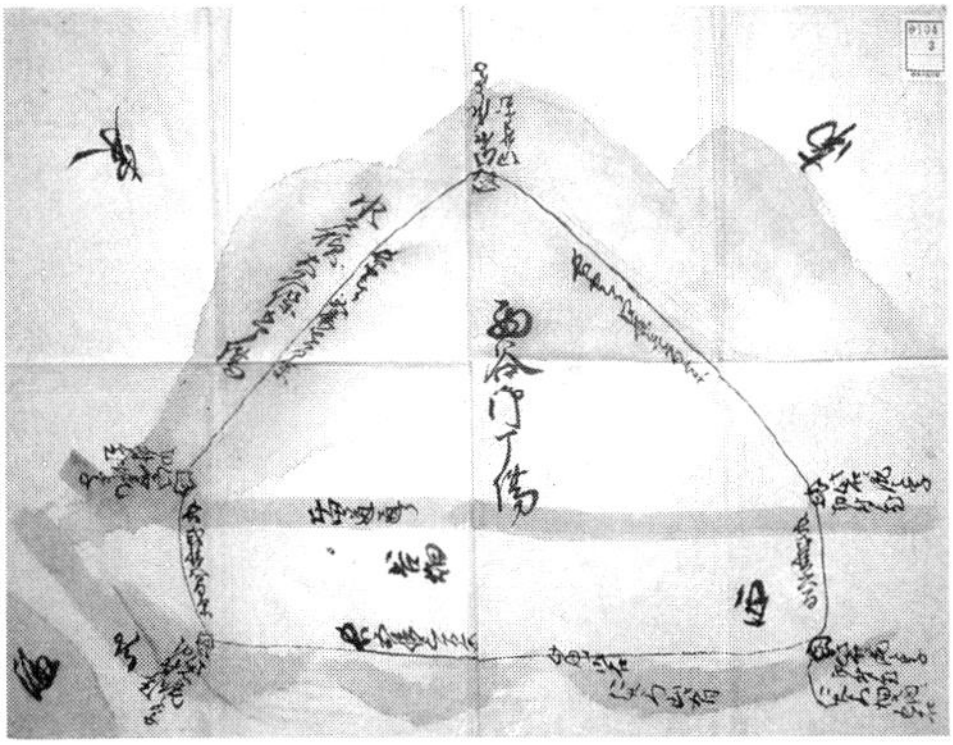
図８　江梨西谷丁場絵図

図９　江梨西谷丁場境界石

丁場の境界を示す「尾」の字が刻まれた石を一つ確認した。

斜面の転石はあまり多くはなく、道路の開削工事により岩盤が露出しているところもあるが、矢穴の残る石はあまり見られない。洪水の復旧の際に、積み石として残されていた割石が使用されてしまったといわれている。

2　大久保丁場

「西谷丁場絵図」よりその位置が判断できるほか、加藤一男家文書、寛延四年（一七五一）「江梨御石丁場お尋ねにつき申上状」より、寛永十三年に水戸徳川家から石丁場を預かっていることが記されている。細川家史料には、同一と思われる「大くぼ」の丁場名が記され、寛永六年時点では渓川であったが、亥年に新たに開発されて細川組の立花飛騨守に渡されたとされ、水戸徳川家と立花家の丁場が隣接していた可能性も考えられる。

小字地名として江梨村の東を流れる河川である中川の谷の両側に、大久保、前大久保、向大久保の字名が残る。丁場跡は江梨集落に流れる江梨中川の洞の西斜面に位置している。西谷丁場の反対側に位置し、同一の岩脈から切り出していることになる。沢を挟んだ向かい側斜面の蜜柑畑の石垣にも矢穴が見られ、この付近まで丁場が及んでいたことも考えられる。

丁場は海岸から三〇〇メートルほどの距離にあり、標高は四〇メートル前後の急斜面で、現在は荒れた竹林となっている。谷からの比高差はあまりなく、斜面の裾部には石が露出している。石には矢穴痕が残されており、周囲が掘り窪められた作業丁場となっている。このように転石を掘り出した作業丁場が数ヵ所確認できる。急斜面であるためか、新しい時期の矢穴や削岩機の跡は見られず、後世の開発が少ないため、比較的良好な残存状況を示している。

3　田《た》ノ《の》輪《わ》丁場

江梨集落の東に張り出した尾根の内側に、字田ノ輪、上田ノ輪、下田ノ輪の字名が残されており、この地が尾張徳川家の田ノ輪丁場に比定される。田ノ輪地区は沢の東西両側を山が取り囲む盆地状を呈している。この窪地を囲む急斜面には蜜柑の段々畑が造成され、その石垣の中には矢穴痕を残すものが確認できる。

東側斜面では、畑の途切れた上方に数個の割石が積み重なっているほか破片状の矢穴石も確認され、田ノ輪丁場絵図に記された方角などの情報と一致する斜面である。しかし、反対の西側でも標高一〇二メートルの頂上付近に作業丁場が三ヵ所残されており、矢穴を穿った転石が見られる。蜜柑畑の脇と頂上手前の作業丁場には、角石が一個ずつ残されていて、大きさは前者が面二尺八寸四方、控一間余、後者が面二尺九寸四方、控一間余である。この西側斜面は田ノ輪丁場絵図と一致しないことから、古文書に記載される東崎丁場の可能性もある。なお、この山の海側斜面にも、作業丁場や刻印が刻まれた築石の集積が見つかっている。

4　（仮）来海《くるみ》丁場

江梨集落の西方、来海崎の西に位置する。大瀬《おせ》に至る海岸沿いの道と沢の交差する付近である。現在は県道のショートカット工事で完全に埋没しているが、以前は谷の中央部に大きな矢穴が縦横に残された石があり、丸に十文字の刻印が残されていたが、現在は確認されていない。

四　久《く》料《りょう》村

地元の久保田家文書中には、寛永十三年（一六三六）の「石丁場預ヶ置状」があり、同年に久料村の石丁場が、阿波蜂須賀家より久保田家に預けられたことがわかる。同文書中「御目見帳」によれば、丁場預りとして長期にわたって丁場の管理を行ない、蜂須賀家当主への謁見を賜っていた。また、丁場の位置は村絵図にも描かれている。細川家史料「伊豆石場之覚」には「巳年　駿河様御丁場、本多伊勢守殿・松平主殿殿丁場有」と記されていることから、寛永六年に開発された丁場が、寛永十三年の江戸城普請の際に蜂須賀家に引き渡されたと考えられている。

1　仲洞丁場

文政十三年（一八三〇）、阿波藩からの丁場預りについての問い合わせに回答した「乍恐以書付奉申候御事（御石場預り年号等お尋ねにつき返答書）」に仲洞丁場と記載されている。久料の海岸から一五〇メートルほど久料川に沿って遡った地域に、小字名として中洞の名称が残されているが、河床には丁場の痕跡は見られない。村絵図から見ると久料川から分岐した沢の一帯を示しており、その位置には、矢穴の残された転石がいくつか散在する。久料川のさらに三〇〇メートル上流付近で、近年「卍」の刻印が刻まれた石が再発見された。蜂須賀家の家紋と一致することから、ここも仲洞丁場の一部と考えられる。

五　足《あし》保《ぼ》村

同村内には尾張徳川家の丁場として林丁場、阿波蜂須賀家の丁場として朝日丁場がある。細川家史料には、「巳年駿河様御丁場」と記されている。

1　林丁場

図10　足保村刻印石

江梨加藤家文書の「尾張藩豆州君沢郡五ヶ所石丁場預ケ帳」では、五ヶ所丁場の預かり石の半分以上をこの丁場が占めており、西浦で最も重要な丁場であったと考えられる。足保集落から足保川の谷を七〇〇メートルほど遡った右岸に、字林の地名が残されており、この地が丁場跡に比定される。

全体が檜林で、長さ四〇〇メートルほどの範囲に岩脈と転石が露出している。最上部には二ヵ所の大きな作業丁場があり、前面には加工砕片が多量に見られる。間知石の採石遺構と思われるが、大きな矢穴と小さな矢穴が共存している石もある。おそらく、近世初頭に大きく割られていた残石を間知石に加工したものと見られる。

丁場の最も下方は標高五〇メートル付近で、道路脇の矢穴石とその背後に作業丁場が残り、それから上には何ヵ所もの作業丁場がある。谷を越えて字下坂ノ面の東斜面裾から谷底までも掘り窪められた作業丁場が及んでいる。

なお、本丁場に比定される地点よりも下流であるが、斜面に露出する大形の石二点に、「卍」の刻印が刻まれている。

2 朝日丁場

文政十三年の久保田家文書中に、朝日丁場の名称が記されている。史料には、三〇間口で海岸から六町半であることが記されている。現地に地名は残されていないが、この地域では朝日の当たる斜面すなわち、東向の場所を朝日と呼んでいることから、足保川の左岸に所在したと考えられている。

現在朝日丁場に比定されている場所は、林丁場の向かい字下坂ノ面地内である。谷に面した東斜面に新しい採石場があり、その中に矢穴の残る割石が見られる。付近には削岩機のドリル孔が残されている石も多く、戦後も採石が続けられていたと見られる。

3 小足保海岸

海岸の転石に矢穴痕が多く見られ、石垣積み石中にも残されている。岬の下に露出している岩盤を利用していると考えられる。間隔を置いて平行に鏨を入れた、すだれ状の整形痕のある割石が二点見られる。

六 古《こ》宇《う》村

江梨加藤家文書の「尾張藩豆州君沢郡五ヶ所石丁場預ヶ帳」には「古宇村二ヶ所　高丁場　高畑丁場」と記されて

いる。細川家史料には、久料村と同じく「駿河様御丁場、本多伊勢守殿・松平主殿殿丁場有」と記されている。

1　高丁場・高畑丁場

地名が残されておらず、現地の特定が難しい。足保林丁場の尾根を越えた東側斜面に当たる、字平戸の標高一〇〇メートル、海岸からは一キロメートル程の距離にある林の中に複数の作業丁場が残っている。周辺の蜜柑畑には、矢穴の残る割石が掘り出されており、石垣にも矢穴が残されたものがかなり見られる。古宇村内でここ以外に丁場跡と考えられる場所は見られないことから、この地が高丁場と推定される。

七　立保《たちほ》村・平沢村

細川家史料には、両村とも「駿河様御丁場」と記載されており、駿河大納言忠長の丁場があったとされるが、現地ではそれらしい丁場跡は発見されていない。

八　重《しげ》寺《でら》村

細川家史料には、「あわ嶋　石は悪候へ共、石場能御座候、駿河様御丁場、高力摂津守殿、松平高松殿丁場有」と記載されており、駿河大納言ほか諸大名の丁場があったものと考えられる。地元の室伏家文書には、天和年間に江戸の町人請負、寛永六年（一六二九）頃に駿河徳川家、寛永十二年（一六三五）頃に越前宰相、享保十四年（一七二九）「村

図11　重寺村大洞丁場刻印石

差出し」などから駿府城・久能山・江戸城の御用石を商人請負で切り出していたことがわかっている。

1　淡島丁場

淡島は重寺集落の沖にある急峻な崖で囲まれた周囲一・五キロメートル、標高一三五メートルの島で、全域がレジャーランドとなっており、山頂には淡島神社が祀られている。北西方向を軸として稜線が延び、島全体が柱状節理の発達した安山岩系の岩盤となっており、特に南東端部には岩盤が露出し、北西海岸には柱状節理が扇状に広がる扇石がある。東側海岸には付け島があり、かつての建切網の網渡場（漁場）となっていた。

淡島神社の参道から遊歩道を少し下った中腹部には、広く岩盤が露出している。展望台のすぐ下の標高七〇メートル前後の地点では、御中道と呼ばれる散策路の脇に、節理のある岩盤に矢穴を穿ち、石を剥離した痕跡が残されている。また、淡島神社の登り口から扇石にかけての磯にも、矢穴石が見られる。

2　（仮）大洞丁場

金桜山から西に延びる尾根に入り込んだ大洞川の谷の支谷分岐点付近と推定される。海岸からは五〇〇メートル、標高八〇メートル前後の場所に位置し、現在は蜜柑畑が造成されている。上方には岩盤の露頭が見られ、近代の採石の跡が見られるが、その下方の転石や割り石に矢穴が残されている。また、農作業小屋の後方には小形の「卍」の刻印が確認されている。矢穴がうたれた石の質は、あまりよいとは言えない。史料によれば淡島以外の重寺の地より石を切り出した記録があるため、本丁場跡がこれに該当すると思われる。

九　徳《と》　倉《くら》　村

尾張藩の史料には、駿州駿東郡沼津の徳倉山に尾張徳川家の大谷田丁場があることが記されている。久保田家文書「徳倉山石切出し仕様控帳」にも安政五年（一八五八）に徳倉山から石を切り出した記録があるが、丁場名は記されていない。

1　大谷田丁場

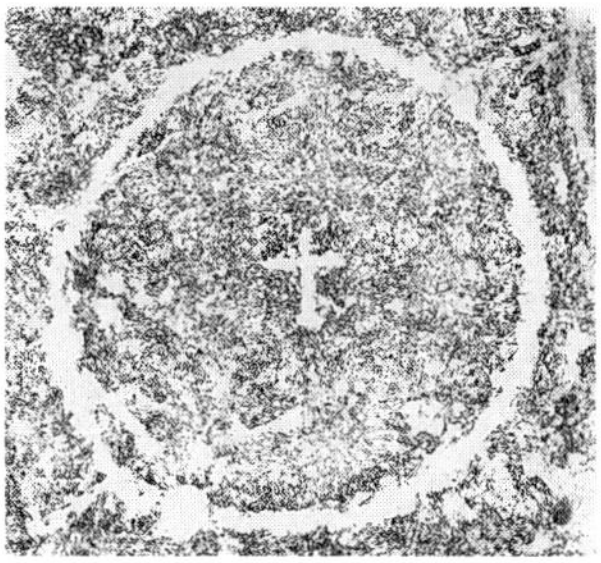

図12　本城山刻印

尾張徳川家の丁場であり、「相州・豆州・駿州　三ヶ所御石場御預り主差出候證文帳」には、あわせて二五〇本の預り石があったことが記されている。付録の絵図には狩野川沿いの丘陵に「尾」の字が切り付けられた境界石が三ヵ所設置されていることが記されている。この絵図と周辺の踏査の結果、本丁場の位置を駿東郡清水町の本城山と推定している。現在山頂は公園として整備され、頂上付近は整地されてしまっているが、尾根付近には角石状に整形された切石や矢穴石が見られ、山頂の公園付近には直径二〇センチメートルの○に小さい十字の刻印の入った石も残されている。

〔引用参考文献〕

熱海市教育委員会　二〇〇九　『熱海市内伊豆石丁場遺跡確認調査報告書』
伊東市教育委員会　二〇一〇　『静岡県伊東市伊豆石丁場遺跡・確認調査報告書』
伊東市教育委員会　二〇一〇　『伊東市史　史料編　近世Ⅰ』
江戸遺跡研究会　二〇一〇　『江戸遺跡研究会第24回大会（発表要旨）江戸城・城下と伊豆石』
大阪史談会　二〇〇九　『大坂城と東六甲の石切丁場』
関西学院大学考古学研究会　二〇〇七　「徳川大坂城東六甲採石場甲山刻印群E地区調査報告」『関西学院考古』一〇
北原糸子　一九九五　「伊豆石丁場と都市江戸の構築」『江戸城外堀跡　赤坂御門・喰違土橋』地下鉄7号線溜池・駒込間遺跡発掘調査報告書
高本浅雄　一九八一　「重寺村の石切文書」『沼津市歴史民俗資料館紀要』五
高本浅雄　一九八二　「西浦地区の石切文書」『沼津市歴史民俗資料館紀要』六
高本浅雄　一九八九　「戸田村の石切文書」『沼津市博物館紀要』一三
古川久雄　二〇〇七　「徳川大坂城東六甲採石場甲山刻印群の概要」『関西学院考古』一〇
村上行弘　一九七〇　『大坂城の謎』学生社
静岡県　一九九四　『静岡県史　史料編11　近世三』
原田雄紀　二〇一二　「戸田の石丁場―大浦丁場の調査―」『沼津市史だより』二二
原田雄紀・鈴木裕篤　「沼津の石丁場調査報告（一）戸田石丁場群南西部」『沼津市博物館紀要』三八
清水町史編さん委員会　一九九八　『清水町史　資料編2　考古』
沼津市教育委員会　一九九九　『沼津市史　史料編　漁村』
沼津市教育委員会　二〇〇七　『沼津市史　通史別編　漁村』

伊豆下田の石丁場群

……増山順一郎

はじめに

伊豆半島のほぼ先端部に位置する下田は、古くから東西海上交通の要衝として栄えた港町であった。戦国時代の軍事的緊張が色濃く残っていた江戸時代前期には、幕府によって下田湾近郊に船改番所（御番所）が設置され、上り下りの廻船の全てが検問を受けるために寄港し、下田湊は「出船入船三千艘」といわれる繁栄を謳った。享保年間に番所は浦賀に移転し、伊豆浦々に点在する風待港のひとつとなったが、幕末に締結された日米和親条約によって即時開港すると、米国ペリー艦隊やロシア使節プチャーチンが来港し、米国総領事ハリスが駐在するなど、日本初の開港場として内外から注目されることとなった。そして、維新以降も南伊豆地方の政治経済の中心的役割を果たしながら今日に至っている。

港町下田には、海路によってさまざまな物資がもたらされる一方で、下田からは薪炭や石材、天草、鮑、活魚などが船積みされ各地に送られた。特に石材は建築・土木資材として近郊の山や海岸から盛んに切り出され、近世・近代を通じてこの地域を代表する産業に発展した。

現在、下田を含む南伊豆地方において、近代以前から続く伝統的な石材業は途絶えてしまったが、石を切り出した作業場の跡である石丁場跡は、自然崩落や転用、改変されながらも、この地方の各所に今日でも数多く残存している。しかしながら、学術的な手法により石丁場跡が調査された事例はなく、調査・保存の両面とも取り組みが遅れているといわざるを得ない状況にある。

いまだ実態が詳らかでない南伊豆地方の石材生産ではあるが、この地方で産出され、江戸・東京に荷揚げされた石材は膨大な量を記録しており、近年の都市考古学の進展とともに、巨大都市江戸・東京を構築した石材として、産地よりもむしろ消費地方面からの関心が高まっている。このようななか、本稿では南伊豆地方における主要な石材生産地のひとつだった下田の状況について述べることとする。

一　石材の名称と質

伊豆半島において、山や海岸から切り出された石は一般的に「伊豆石」と呼ばれている。伊豆石は江戸城築城の折、主に石垣構築に供された安山岩系のいわゆる「堅石」と、凝灰岩系の「軟石」に大別され、同じ伊豆石と呼ばれながらも、時代によってまったく違った岩質の石材を指していた可能性が指摘されているが（金子一九九五）、当地における伊豆石は後者にあたる。

凝灰岩系の伊豆石は、青石や白石などと呼ばれ、その特徴として安山岩に比べ加工が容易で、白石は耐熱性に優れるという。石材としての流通形状は、現存する歴史的建造物への使用例や、石丁場跡の遺構、文献史料などからみて、角柱状・厚板状・正方形板状などの切石に加工され、建築・土木資材としての需要が主体的であったと考えられる。従って城郭の石垣構築を目的として切り出された安山岩系の伊豆石とは、その生産技法、用途、形状とも明確に異なるものである。

下田の石材業については、近世から近代にかかる地場産業として、主に郷土史研究の中で触れられてきた。松本龍雄氏は下田の石丁場について、石工の体験談をもとに石材の呼び方や石丁場内の様子、採石方法について記録しており（松本一九六六）、土屋恭一氏は下田市内の石丁場の所在地と岩質について記載し、同地における石丁場研究の基礎的資料を提供している（土屋一九八〇）。南伊豆地方に視野を広げれば、平山喜代一氏が南伊豆町下流の宜宝山における石材業について調査し、石工の道具や採石要領、石材の規格寸法について言及しているほか（平山一九八二）、金子浩之氏は下田の石材業者の体験談を記録し、近代の姿も含めて伊豆石の位置付けを行なった（金子一九八八）。また、鈴木健作氏は河津町田中での石丁場経営について、採石の様子や運搬方法を当時の社会情勢を交えて述べている（鈴木一九八九）。こうしたなか、文献史学の立場から南伊豆地方の石材業の全体像に触れたのが高橋廣明氏であり（高橋一九九四、二〇〇二）、加藤清志氏による河津沢田石に関する論考などによって（加藤二〇一〇）、ようやく南伊豆地方の石材生産についての研究が途に就いた感がある。しかし、依然として石丁場跡の詳細な分布状況の把握や、遺構に関する調査研究は未着手の分野となっているのが実情である。

二　下田の石丁場跡の分布状況（図1）

現在に至るまで下田を含む南伊豆地方において、石丁場跡の分布調査は実施されていない。多くはこの地方の特徴

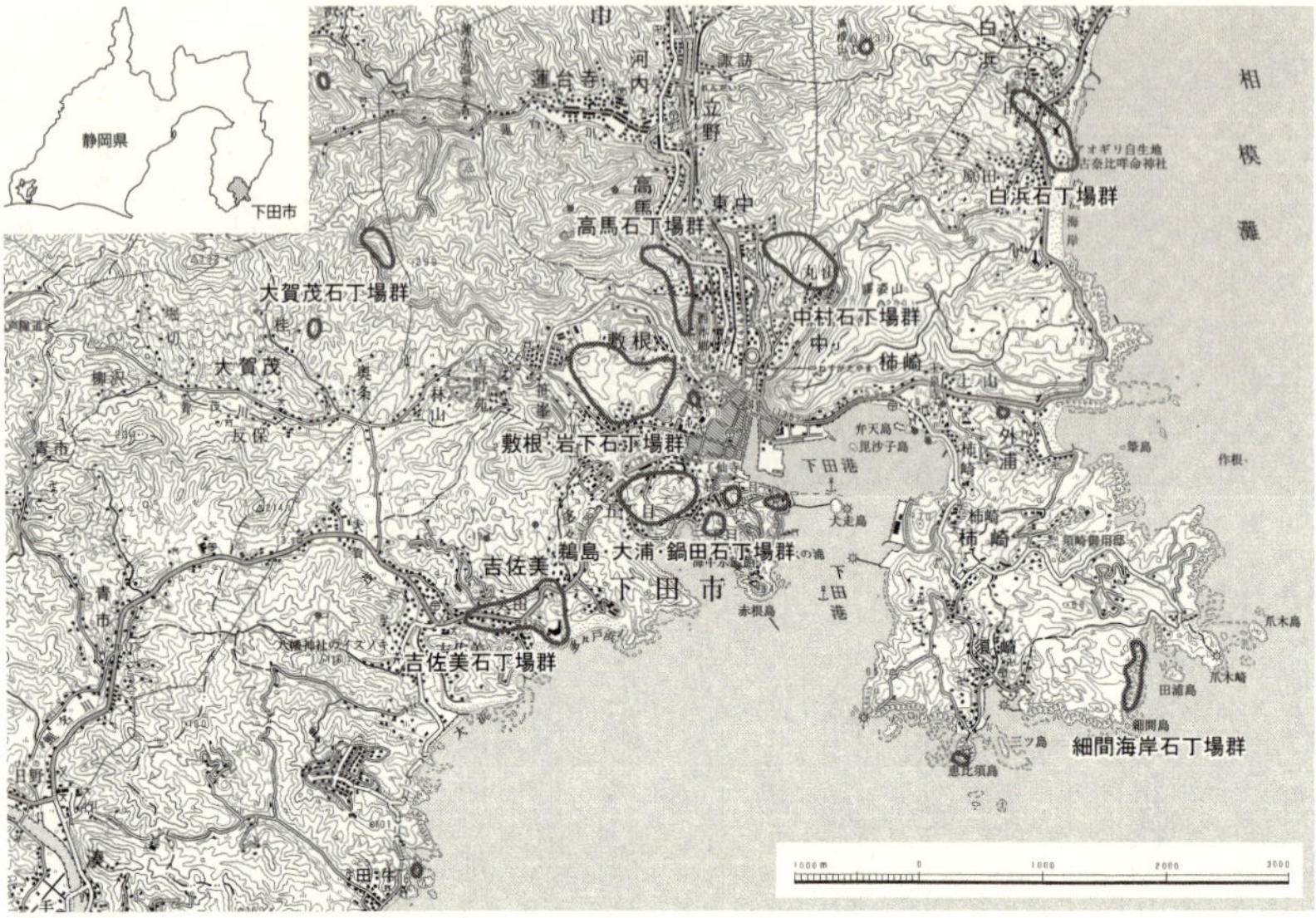

図１　下田市内石丁場分布図

である複雑に入り組んだ海岸線と、低いながらも急峻な山々が連なる山中に所在し、位置や範囲の把握が困難だが、ここでは下田における石丁場跡の分布状況について、比較的まとまって存在する地点を便宜的に群として捉え、その概略を示すこととする。

敷根・岩下石丁場群（図2、3）

下田旧市街地の西側、敷根・岩下地区に所在し、通称「敷根山」と呼ばれる丘陵と、その周辺に集中している。採掘形態はさまざまで、露呈している岩盤に溝を入れて切り出した単純で小規模なものから、隧道状に採石したもの、山腹を掘り込み、内部に部屋状の空間を複数構えるもの等がある。作業道も残存しており、切石を敷いた箇所や、残滓を再利用した土留も見られる。採掘されたのは、いわゆる房州石に似た縞模様（斜交層理）の外観をもつ火山礫凝灰岩や、白味が強く流紋岩質のもの、明るい灰色を呈す凝灰岩等で、見た目も質も一様ではなく、採石地点によって異なっていたことが看取される。採掘の開始・終了時期は明らかでないが、文久四年（一八六四）元日に将軍家茂が海路上洛の途次に観覧したのは敷根石山であり[1]、幕末期には下田を代表する石丁場として認識されていた。現況は山林および畑地であり、付近には白岩山や石山などの小字名がある。

鵜島・大浦・鍋田石丁場群

下田の旧市街地と鍋田・大浦湾に挟まれた丘陵と、下田湾に張り出した通称「鵜島」と呼ばれる小半島に点在している。鵜島には戦国時代末期に後北条水軍の拠点城郭として下田城が築かれていたが、秀吉の小田原攻めによって廃城となった後は、江戸幕府の御林として維持されていた。下田町人は、この御林を厳重に管理し、たび重なる請負人

図２　敷根地区の石丁場跡
柱を残しながら採掘された石丁場

図３　敷根・岩下地区の石丁場跡
房州石に似た縞模様の石材が採掘された.

からの石切願に対し、魚付林の保護等を理由に領主である韮山代官所に不許可を申立て、近世を通じて採掘を許さなかった。(2) 明治二年(一八六九)に初点灯した石造洋式灯台である神子元島燈台の構築石材は、鵜島恵比須崎から切り出され、(3) 現在でも同地に採石遺構が残っているほか、大浦八幡宮の裏山には隧道状に採掘された遺構が残存している。鵜島の西側には石丁場跡を利用して三十三観音(旧理源寺三十三観音)が安置されており、文政十二年(一八二九)の年号をもつ石塔があることから、同年以前に採掘が行なわれたとみられる。そのほか旧市街地西側の海善寺裏には採掘によって丘陵斜面が垂直になった石丁場跡が残っている。

高馬石丁場群

市内高馬地区の西側丘陵斜面に点在する。この石丁場の岩質は硬く安山岩質であるといい、幕末期、下田に来港したペリー艦隊にワシントン記念塔用の石材として幕府が贈与したのは高馬産の石材である可能性があるという。(4)

中村石丁場跡群(口絵、図4)

市内中村地区に所在する。字丸山の石丁場跡には、丘陵斜面が採掘によって垂直面となった遺構や、横穴を穿ち丘陵内部を複数の部屋状に採掘した遺構、切通し状の作業道が残る。また、柱を残しながら丘陵斜面を採掘したことにより生じた大きな空洞がある。この種の遺構は敷根・岩下石丁場群でも見ることができる。

細間海岸石丁場群(図5)

下田湾に張り出した須崎半島の東側海岸に所在し、海岸線の岩礁地帯とその周辺がおよそ二キロメートルにわたって断続的に採掘されている。採掘によって生じた階段状の遺構は汀線部分にまで及んでおり、波浪によって円磨され不明瞭な箇所もあるが残存状態は良い。

大賀茂石丁場群(図6)

図4　中村石丁場跡

㈧丁場と刻まれた石丁場

図5　細間海岸の石丁場跡

波打ち際まで採掘された海岸

図6　大賀茂柱の石丁場跡

採掘によって垂直面となった山の斜面

市内大賀茂の標高約二八〇メートルの丘陵地帯に所在する。特に尾根部に開かれた石丁場跡は丘陵内部に柱を残しながら複雑に採掘されており、切通し状の作業道が残っている。また、周辺には丘陵斜面に横穴を穿って採掘し、内部に採光用の小窓をもつ石丁場跡や、採掘により丘陵斜面が垂直となった遺構もある。

白浜石丁場跡群

市内白浜の白浜神社（伊古奈比咩命神社）周辺に所在する。三釜海岸で採掘された石材は凝灰岩質砂岩で、神社社殿の基礎石に利用された。また、長田集落西側の高根山（標高三四三メートル）の八合目付近には堅石（石英安山岩）を産した石丁場跡がある。

吉佐美石丁場跡群

市内吉佐美の入田浜周辺に点在している。入田浜とその東側の多々戸浜の境となる奈古山には、かつて丘陵斜面を掘り込んだ大規模な遺構があったが、建設工事によって一部を除き消滅した。

三　石丁場跡の分布と遺構の形態、採石技法（図7～10）

下田における石丁場跡の分布状況を巨視すれば、沿岸部や河川周辺と、町や集落の周辺、それに近接する山中に大別されるが、集落から離れた標高三〇〇メートル近い丘陵頂上付近に営まれた例もあり単純ではない。

採掘形態は、露出した岩盤から採掘した単純なものから、露天で丘陵上部から下方に降るかたちで採掘したもの、丘陵斜面に横穴を穿って採掘し、内部に部屋状の遺構が連なるもの、柱を残しながら山腹を採掘したもの、坑道を設けて採掘したものなどさまざまで、その組み合わせによってさらに複雑な様相を示している。

図８　採石遺構
横筋状に見えるのが採石痕

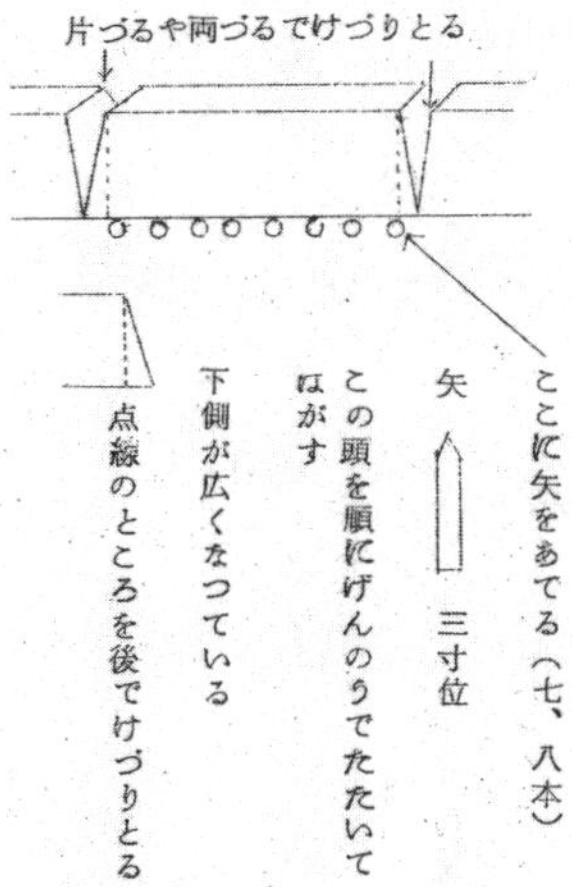

図７　切石生産の技法（松本龍雄　1966より転載）

図10　採石遺構
切石は岩面に溝を刻み，矢で割り剝がす技法によって生産された.

図９　切通し状の遺構
採石作業場につながる作業道

多くの遺構で区画されたノミ痕が明瞭に認められ、区画の幅や向き、ノミ痕の方向や大きさ等に差異があることが観察される。採石技法については、作業中途で停止された遺構から、あらかじめ岩面に溝を刻んだ後、下底面に数本の矢を打って割り剝がす技法で切石を生産していたことが看取される。

生産された石材については、文献史料にみられる青石や白石といった基本的な名称のほかにも、石材業に携わった人々の間には独自の呼び名があった。たとえば敷根・岩下地区からは「伊豆御影」の別名をもつ「ほんやま（本山）」や、「まだら」、「しまめ」など、同じ石山から数種の石材が生産されており、ほかにも「さくら石」、「みやさん（宮石）」、「とぐら」、「がじ石」などの産地や色調の違いによる名称があった（松本一九六六）。実際、下田の旧市街地に残る明治・大正期の建造物に用いられた地元産石材は色調や質感において多彩であり、下田産石材を考えるうえで、見た目や岩質の異なる石材が混在し、かつ同一地区の石丁場において複数種の石材を生産している例があることに留意する必要があるだろう。

四　下田における石材生産

下田町は、近世を通じて三回の大きな地震津波の襲来を受けている。特に安政元年（一八五四）の安政東海地震による津波の被害は甚大で、全壊流亡八〇〇余戸という大惨事だった。この津波によって幕末期以前の史料の多くが流失し、当地における近世研究を困難にしている面があるが、石切に関する史料をいくつか紹介し、下田における石材生産の概観を追ってみたい。

下田での石切史料の初見は、寛政十一年（一七九九）十二月の「了仙寺戸倉山石切出運上金取為替証文」に遡る。(5)

石山を有した下田町了仙寺が運上金を受け取った証文で、一〇ヵ年分が二〇〇両だったことを示している。続く文化三年（一八〇六）には、江戸南本所の伊豆屋四郎左衛門（式守伊之助）が下田町浦賀屋を仲間として御林（鵜島）における出石転石切出願を韮山役所に提出している。(6) この出願は町の反対によって実現しなかったが、同史料には、過去の事例として寛政十一年に江戸築地秋広屋平六が畑新開と称して御林における石切を計画し、差止めとなったことが記されており、江戸商人が下田に注目し、石切出を願い出ていることは、寛政年間に江戸で下田産石材の需要が見込まれた（あるいは需要があった）ことを示しているといえよう。

寛政年間には、下田だけでなく伊豆半島の各地で石材生産が行なわれていた。秋山文蔵（富南）により寛政十二年（一八〇〇）に編纂が完了した伊豆全域の地誌『豆州志稿（伊豆志）』の條石（キリイシ）の項には、(7) 産地として江間・堈ノ上・戸澤・寺家（現伊豆の国市）、井田（現沼津市）、八木澤・柳崎・菅引・中原戸（現伊豆市）、上多賀（現熱海市）、新井・富戸（現伊東市）、澤田（現河津町）、吉佐美（現下田市）、一条・加納・二條・岩殿・下小野（現南伊豆町）が列挙され、特に本郷式寧山（現下田市敷根）、上賀茂・下賀茂（現南伊豆町）は産出量が多く、石質に硬軟精粗があり、色調に青白があること、また、岡方星谷山（現下田市岩下）の石材は、堅くきめ細かいことから伊豆御影と呼ばれていたことや、大沢村（現下田市大沢）の石材も良質だったことなどが記されている。このことから、寛政十二年の段階で下田を含む南伊豆地方が切石生産地としてすでに認知されており、生産量も多かったことがわかる。

発掘調査の事例としては、平成二十年に実施された国指定史跡了仙寺の山門解体修理事業に伴って実施された山門基礎の調査があり（静岡県伝統建築技術協会二〇〇九）、主柱を支える礎石の下部構造として、下田産切石を井桁状に組んだ遺構が確認されている。山門の建立は寛政十一年（一七九九）であることから、寛政年間に切石生産が行なわれていたとする文献史料に符合するといえる。また、石切は境界問題に発展することがあり、文政十一年（一八二八）には、

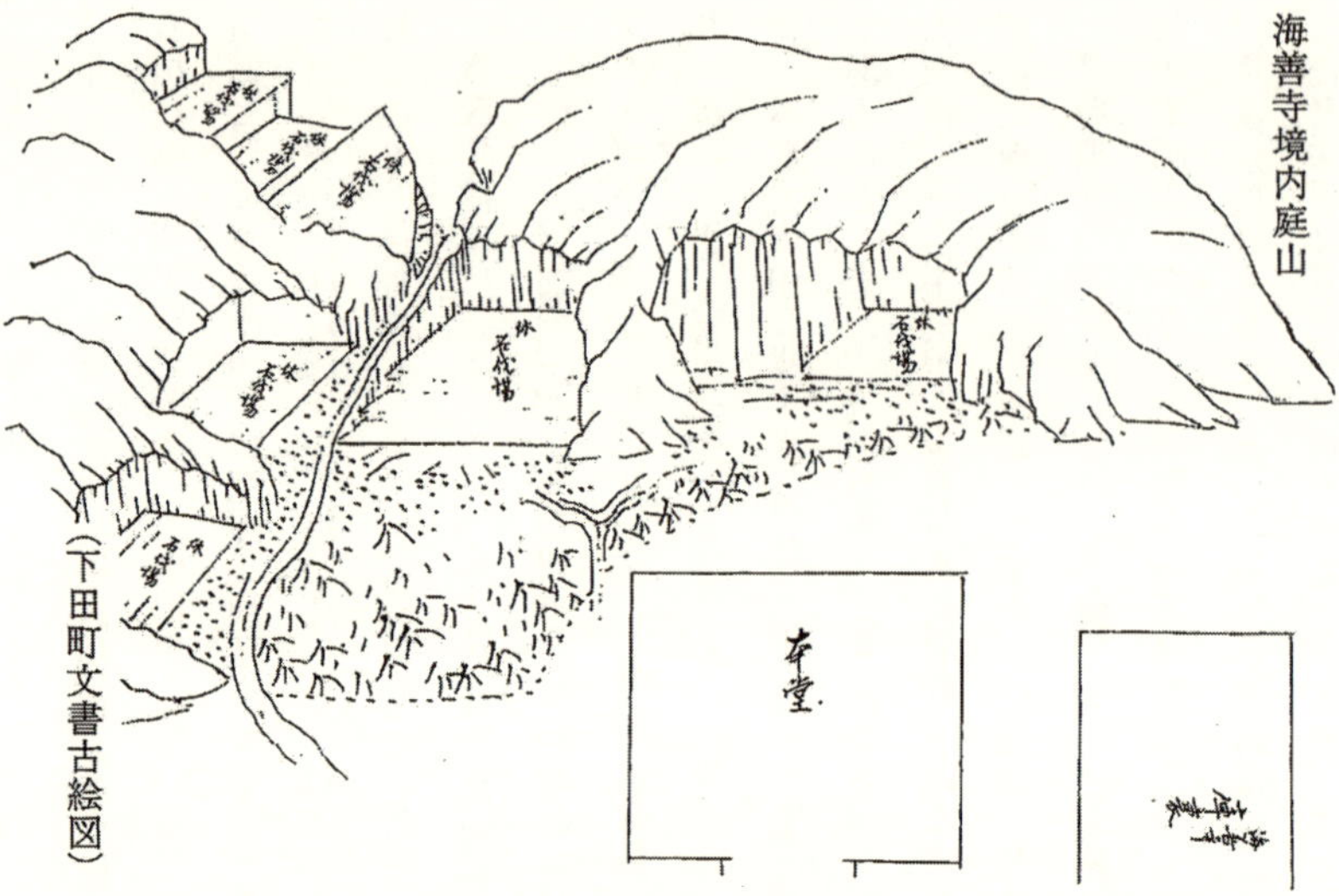

図 11　海善寺山石丁場絵図

（下田市教育委員会『下田市史　資料編二　近世』（平成 14 年）所収　史料番号 206「本郷村七平請負海善寺山内石伐出一件書留」より転載）

下田町海善寺裏の石切り出しが、御朱印地であった八幡神社境にかかり紛争となっている[8]（図11）。

幕末期の史料としては、外国船に欠乏品を売り込む商人の選定にあたり、幕府が下田の豪商であった綿屋吉兵衛の身元調査した記録がある[9]。吉兵衛は回漕業を営む傍ら、石山一四ヵ所を有し、石材業や林業などを行なっていたことが記されており、石山経営と回漕業が結びついていた点で注目される。

地元史料に下田で産出された石材の総量を示すものは残っていないが、安政三年（一八五六）付けで、江戸へ入津した運送船の積荷を書き上げた「重宝録」[10]には、一〇ヵ年平均の一年分として、各地から七〇万本弱の入荷があり[11]、この内、三〇万三四〇〇本が豆州下田町山手産であったことが記されている[12]。豆州手石産品（現南伊豆町手石港積出品）として、九万四〇〇〇本と板石三万九五〇〇枚の入荷が併記されていることから[13]、嘉永・安政年間に江戸に入荷した石材の多くが南伊豆地方の生産品であったと考えられる。下田産石材が江戸に運送されたことは、地元史料にもみられ、元治元年（一八六四）に請負人が下田町会所に届け出た史料には二〇三三本を江戸に送り、二八六七本が船積みを待って川岸に積み置かれたことが記されている。[14]

下田の石材業は、近世から維新を経て明治・大正期までは有力な地場産業であったとみられ、明治十九年（一八八六）の「伊豆圖幅地質説明書」（西山一八八六）には、伊豆の採石場五〇余ヵ所の多くが凝灰岩を産出し、下田町を含む南伊豆地方に多くの石丁場があったことが記されている。続く大正三年（一九一四）に発行された「静岡県産建築石材試験報文」（農商務省一九一四）の加茂（賀茂）郡の項には、近年大谷石のために販路が浸食されているとしながらも、下田町、南中村（現南伊豆町）、下河津村（現河津町）を主要産地として郡下で広く生産されていたことが記されており、特に下田町については、明治四十三年度から大正元年にかけて年産五万切を超えるこの地方最大の生産地であったことが記録されている。

明治政府は近代国家の樹立に心血を注ぎ、貪欲に西洋技術の導入を図った。石材は、煉瓦とともに近代工業技術によって扱われるようになり、都市建設や軍事・工業施設の建築に欠かせない資材として需要が拡大すると、下田産の石材もその需要に大いに応えたようである。いまだ集成作業の途にある下田の近代史料で出荷先が明確なものは横浜外国人居留地[15]などわずかだが、近年の消費地側の調査研究によって、明治五年（一八七二）に開業した新橋停車場駅舎とプラットホームに下田産石材が用いられたことや（福田一九九八）、横須賀製鉄所に用いられたことが明らかになっている（安池二〇一一）。南伊豆地方全体に目を転ずれば、沢田産（現河津町）の石材が皇居造営や帝国京都博物館（現京都国立博物館）、学習院幼年生寄宿舎、紙幣寮、横浜銀行や横浜ドック等に利用されたといい[16]、南伊豆町下流の石材は、浅草仲見世敷石や、成田山新勝寺に使用されたという（平山一九八一）。これら国家事業を含む数々の建設事業に採用されたことは、当時、南伊豆産の石材が、建築・土木資材として有用であったことを示していると言えよう。

明治期に近代建築・土木事業に多用され、下田における地場産業として確固たる地位を築いた石材業だったが、その隆盛は長く続かなかったようで、明治末から大正期にかかると次第に衰退し、昭和初期にはほとんどの石丁場が閉じられたという。衰退の理由としては、コンクリートの普及や、産地が東京に近い大谷での採掘が本格化し、鉄道によって簡便に移入されるようになったこと等が挙げられている。(17) 史料が乏しく衰微の過程は定かでないが、昭和十六年(一九四二)の段階で、すでに山に石切職人は一人もいなかったという証言がある(金子一九八八)。

おわりに

以上、史料や調査成果が少ないなかではあるが、下田の石丁場跡について述べてみた。

下田における石材業の背景には、切石生産に適した岩石が地質的に豊富だったことはもちろんだが、同地が江戸時代初期より活発化した西国―江戸・東京航路の要衝にあったという地理的要因が大きいと考えられる。下田湊には常に多くの廻船が寄港し、回漕が容易であったことに加え、消費地の情報が得られやすく、市場に敏感に反応できたことも盛行の一因であろう。巨大都市に成長した江戸の需要に応えるかたちで増産し、維新後も近代国家建設の礎を築いたが、やがて、船舶装備の近代化により海上運輸の姿が変容したことや、陸上交通の整備が進んだこと、それに伴い下田産石材に替わる建築素材の出現によって終焉に至った。下田の石材業は、まさに海運に支えられた産業であったと言えるのではないだろうか。

注

（1）下田市教育委員会『下田市史　資料編二　近世』（二〇〇二）所収、史料番号三〇〇「将軍家茂上洛覚書」。

（2）下田市教育委員会『下田市史　資料編二　近世』（二〇〇二）所収、史料番号二〇二「伊豆屋四郎左衛門下田町御林内出石転石切出願一件書留」。

（3）下田町役場文書「明治二年　諸御用向日記留」下田市教育委員会蔵。

（4）下田市内エビス（恵比須）崎の可能性もあるという。土屋恭一「下田の石丁場と石材」『伊豆の自然』（第三十号、一九八〇）による。

（5）下田市教育委員会『下田市史　資料編二　近世』（二〇〇二）所収、史料番号二〇一「了仙寺戸倉山石切出運上金取為替証文」。下田町における石切の開始時期は明らかでないが、明治八年九月に吉佐美村（現下田市吉佐美）副戸長が足柄県令に提出した「石山取調書上」（吉佐美区有文書）に、同地では寛政元年頃より採石されたとある。

（6）注（2）に同じ。

（7）高橋廣明監修『豆州志稿　復刻版』（羽衣出版、二〇〇三）、戸羽山瀚修訂編纂『増訂　豆州志稿・伊豆七島志』（長倉書店、一九六七）など。

（8）下田市教育委員会『下田市史　資料編二　近世』（二〇〇二）所収、史料番号二〇六「本郷村七平請負海善寺山内石切出一件書留」。

（9）国立国会図書館蔵『下田取計一件』「下田中原町綿屋吉兵衛身元糺」。

（10）東京都『東京市史稿　市街篇　第四十四』（東京都、一九五七）所収、「重宝録」。

（11）「重宝録」に記された「本」・「枚」と数えられる石材の合算。板石や隅石、間地石を含む。

（12）「重宝録」の記載数量を元に筆者が合算した。本山と新山が産地となっており、石材規格に「尺角」、「尺三」、「七寸」、「五寸」があったことがわかる。

（13）板石には「三尺板石」と「大板」があり、下田町山手産品には無い規格である。

（14）下田市教育委員会『下田市史　資料編二　近世』（二〇〇二）所収、史料番号二一二「下田町石材切出届」。

(15) 静岡県『静岡県史　資料編十六』(一九八九)所収、史料番号五十三「居留地用石に付下田町宛韮山県達」。

(16) 河津町史編さん審議会・河津町史編さん委員会『歴史の郷　かわづ』(河津町教育委員会、一九九九)による。そのほか印刷局、農商務省、参謀本部、江戸橋郵便局(小山一九三一)、東京府庁舎、奈良帝室博物館、日本銀行本店などにも使用されたという(日本石材振興会一九五六)。また、三井銀行の化粧煉瓦は南伊豆町上賀茂の立棒石を焼いたものという(小山一九三一)。

(17) 下田史談会『伊豆下田(明治百年史料)』(一九六六)、同『下田の民俗』(一九七三)など。地元古老からの聞き取りによれば、関東大震災で伊豆石を使った建物の多くが崩壊したことにより、建材としての商品価値が著しく低下し、多くの石丁場が生産を中止したという。

〔参考文献〕

小山一郎　一九三一　『日本産石材精義』龍吟社

加藤清志　二〇一〇　「伊豆石と澤田石」伊豆歴史文化研究会編『伊豆歴史文化研究』第三号

金子浩之　一九八八　「伊豆下田の石材加工業―山岸長吉氏に聞く―」伊豆歴史文化研究会編『伊豆歴史文化研究』創刊号

金子浩之　一九九五　「生産遺跡―伊豆・石切場」『季刊考古学』第五三号

静岡県伝統建築技術協会　二〇〇九　『国指定史跡了仙寺山門及び本堂保存修理工事報告書』法順山了仙寺

鈴木健作　一九八九　「洞峠の丁場」『風土誌川津』№24　河津町教育委員会

高橋廣明　一九九四　「東豆海岸と石材業」『静岡県史の窓』(資料編十一　近世三)　静岡県

高橋廣明　二〇〇一　「江戸の城と町をつくった伊豆石」仲田正之編『伊豆と黒潮の道』(街道の日本史二二)　吉川弘文館

土屋恭一　一九八〇　「下田の石丁場と石材」『伊豆の自然』第三〇号

西山正吾　一八八六　『伊豆圖幅地質説明書』農商務省

日本石材振興会　一九五六　『日本石材史』

農商務省　一九一四　「静岡県産建築石材試験報文」『地質調査所報告第五十一号』

平山喜代一　一九八一　「下流の石山」『南史』№6　南伊豆町南史会

福田敏一　一九九八「記録に残された新橋停車場の建設―建築資材と造った人々―」『龍野藩江戸屋敷の生活』龍野市立歴史文化資料館
松本龍雄　一九六六「石切り丁場」『伊豆下田』創刊号　下田史談会
安池尋幸　二〇一一「幕末維新期横須賀製鉄所内の工場建築「鍛冶所」について」『横須賀市博物館研究報告（人文科学）』第五十六号　横須賀自然・人文博物館
臨時議院建築局　一九二一『本邦産建築石材』大蔵省臨時議院建築局

江戸城および城下の建築物に使われた伊豆石の岩相と産地同定

……石岡智武

はじめに

建築石材としての伊豆石は、伊豆半島の付け根にあたる真鶴町に産する小松石を代表として、江戸城および城下の構築物（以下では江戸城・城下と記す）に大量に使用されている。真鶴町では現在でも年間二〇万トン以上の小松石が採掘され、割栗石、間知石などに広く利用されている。小松石は建築用石材として長期間利用されてきた良質な石材といえる。慶長期に始まる公儀普請では、小松石のみならず伊豆半島のさまざまな採石地から石材が切り出されている。江戸城・城下への石材の調達事情は複雑であったため、石垣に利用された石材の採石地を突き止めることは難しく、調査の進んだ現在でも採石地の判明した事例は少ない。

石材が切り出された伊豆半島・箱根地域の地質・岩石に関する情報は、近年、さまざまな研究者の調査・分析により精度が向上している。それに伴い、顕微鏡鑑定や、化学分析の成果から、近世の石垣に使われた石材の産地が徐々に明らかになりつつある。小稿では、自然科学分析による石材の産地同定について、石丁場が所在する地質の情報を交え、具体的に解説する。本書を読まれた方々が、実際に都内に広く分布する江戸城外堀石垣などを見て、産地をイメージできるようになれば幸いである。ただ、本書の内容の性格上、岩石学的な専門用語が、多々使われることについてはご容赦頂きたい。

一　伊豆石の岩相

伊豆石の産する伊豆半島や箱根地域には、火山性の岩石が広く分布している（図1）。基盤は、玄武岩—安山岩質の火山噴出物を主体とする、二〇〇〇万～二〇〇万年前の下部中新統～鮮新統（仁科層群、湯ヶ島層群および白浜層群）から構成され、第四紀の火山噴出物がこれらを覆っている。第四紀の火山噴出物は、一五〇～三〇万年前に活動した主に玄武岩—安山岩質の成層火山を形成する火山由来の噴出物と、主にそれより若い単成火山の噴出物に大別される。主要な火山としては、箱根火山、伊豆半島の東側に分布する多賀火山、宇佐美火山、東伊豆単成火山群、天城火山および同半島の西側に分布する井田火山、達磨火山、棚場火山、長九郎火山、猫越火山、蛇石火山などが挙げられる（図2）。

ここでは、（1）箱根地域・伊豆半島東側の火山に由来する石材、（2）伊豆半島西側の火山に由来する石材および（3）基盤岩の湯ヶ島層群・白浜層群に由来する石材という三種に区分し、これらの記載岩石学的な性質について述べる。

1　箱根火山および伊豆半島東側の火山に由来する石材

江戸城や大名屋敷の石垣に使われる築石は、安山岩を主材料としており、主に箱根や伊豆半島の東側の火山分布域より切り出されている。江戸城・城下で認められる箱根・伊豆半島東側地域に由来すると推定される安山岩類・玄武岩類は、構成物および組織の特徴から、真鶴系安山岩、宇佐美—多賀系安山岩、東伊豆系安山岩というタイプが主要な石材として識別されている（千代田区教育委員会二〇〇一など）。このほか、現在のところ検出数は少ないが、伊東市に分布する汐吹崎玄武岩類、東伊豆単成火山群の玄武岩・玄武岩質安山岩などに由来すると推定される石材も確認されている。

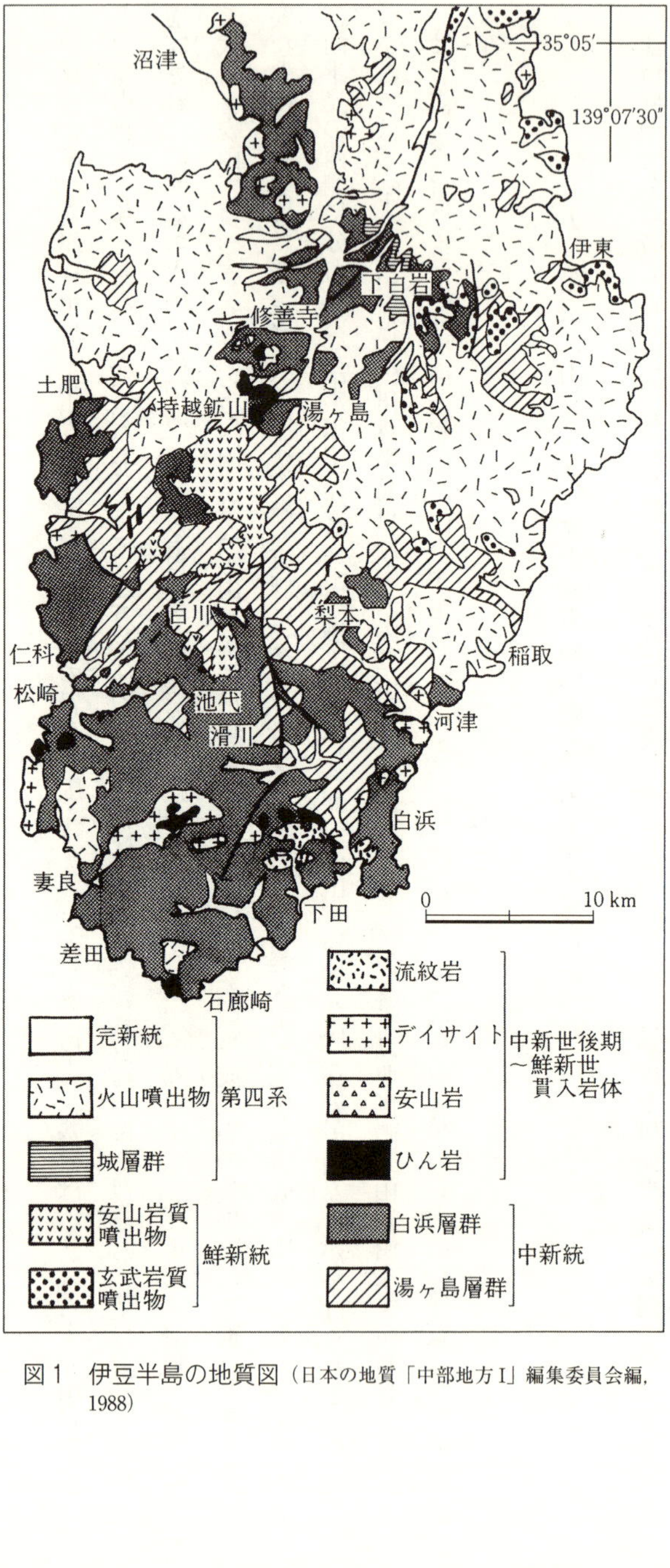

図１　伊豆半島の地質図（日本の地質「中部地方Ⅰ」編集委員会編，1988）

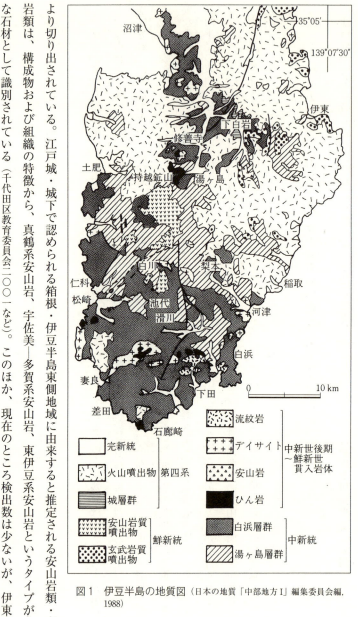

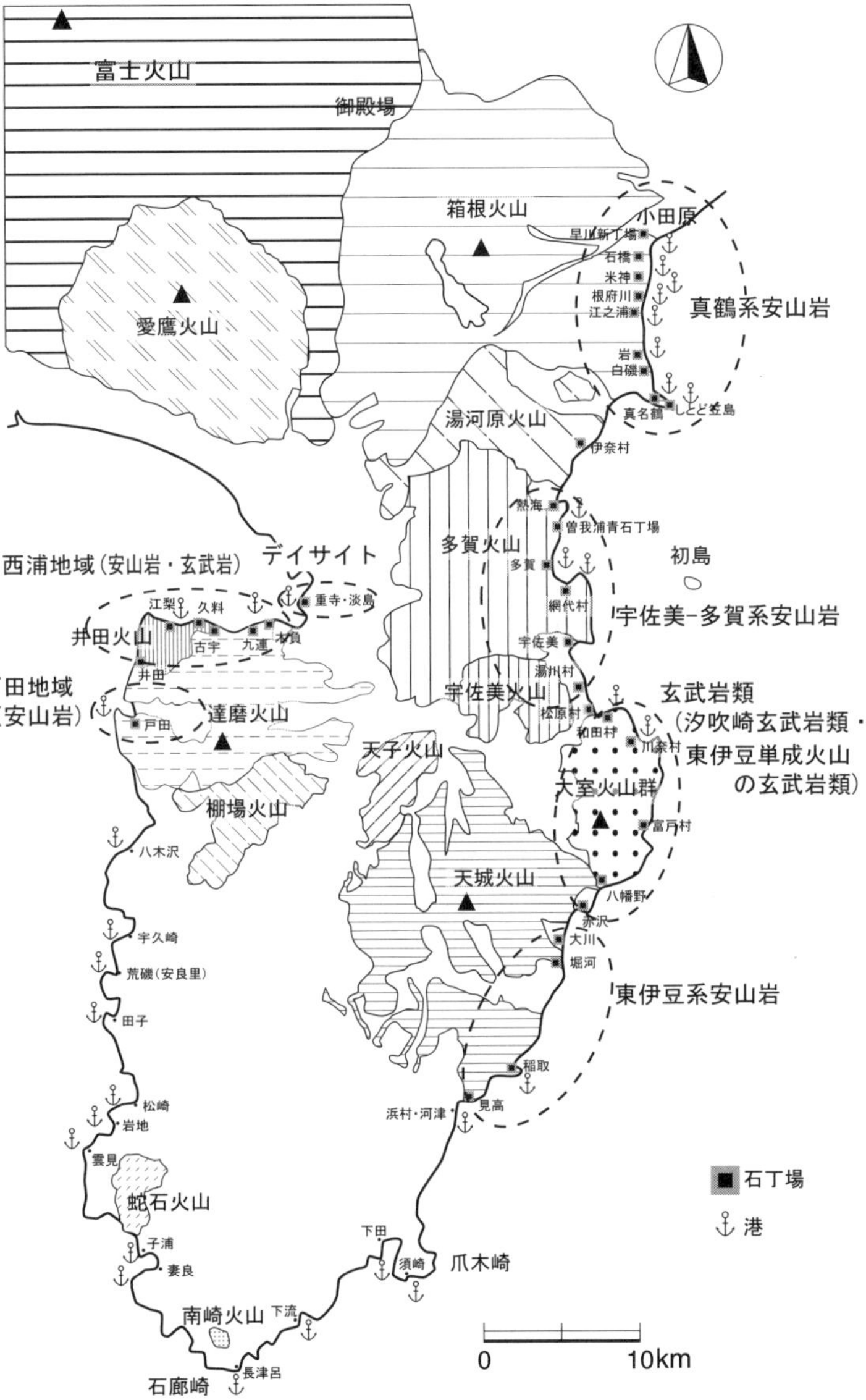

図２　伊豆半島の第四紀火山および石丁場の分布図

（第四紀火山の分布は日本の地質「中部地方Ⅰ」編集委員会編（1988）による．石丁場の分布については細川家文書「伊豆石場之覚」を基にした北原（1955）に従っており，一部，丁場を加筆している．）

・真鶴系安山岩

真鶴系安山岩は、当時石山六ヶ村と称された、現在の神奈川県足柄下郡真鶴町〜小田原市根府川に至る範囲を中心とした箱根火山の外輪山に由来する石材である。箱根火山は中期更新世より活動している火山であり、分布面積が広く、多数の溶岩グループが存在するため、岩相も一様ではない。真鶴系安山岩は、二七万〜一三万年前に噴出した安山岩・デイサイトの溶岩（長井・高橋二〇〇八）に由来する石材であり、いわゆる小松石が代表的なものである。小松石は、現在の呼び名では本小松石、新小松石に分けられるが、江戸城・城下においては真鶴半島に産する新小松石が圧倒的に多く使われている。特に、震災で崩れた石垣の新補材として多量に投入されることが多いようである。新小松石は多孔質・多斑晶質であり、稀に流理構造を有するものや、赤褐色に酸化した岩相を示す（写真1—1）。真鶴系安山岩の主要な岩相としては、An：安山岩（輝石斑晶が少ない）、AnP：安山岩（輝石斑晶が目立つ）、AnV：多孔質安山岩、AnF：安山岩（流理構造あり）（写真1—3）およびAnA：変質安山岩というタイプが識別されている。この産地の安山岩を特徴づける重要な点は、孔隙中に晶出した楔状〜板状を呈するトリディマイト（SiO_2）が散見されるということである。有色鉱物の斑晶は単斜輝石＋斜方輝石という組合せであり、後述するかんらん石斑晶を含む宇佐美—多賀系安山岩や東伊豆系安山岩とは、斑晶鉱物の組合せからも区別することができる。

このほか、石山六ヶ村のなかの根府川村には、玄蕃石またはへゲ石と呼ばれている板石が産する（写真1—5）。斑晶が少なく、堅硬緻密質な安山岩であり、板状に割れる性質から、庭の飛び石、墓石、碑石などに利用されている。このほか、箱根火山噴出物に由来する石材としては、小田原市風祭に産する溶結凝灰岩も有名である（写真1—6）。黒色のガラスレンズを包有する独特な岩相を示し、石垣に関連する水道石、縁石などとして利用されている。

・宇佐美—多賀系安山岩

宇佐美―多賀系の安山岩は、前期～中期更新世に活動した宇佐美―多賀火山群に由来する玄武岩質安山岩～玄武岩が主体となっている。熱海市から伊東市北部にかけての地域に石丁場が分布する。岩相は塊状でやや多孔質であり、かんらん石の斑晶を微量含むことが多く、真鶴系安山岩と比較して斜長石斑晶の粒径が不均質な特徴を有する。

熱海市内においては、熱海市教育委員会（二〇〇九）により、各石丁場の岩石学的な特性が明らかにされている。熱海市内の上多賀北部石丁場群、白子石丁場群および中張窪・瘤木石丁場では、灰色～淡灰色を呈し、塊状でやや多孔質な岩相を示す安山岩が産出する（写真1―7）。岩相は、多賀火山の北方に分布する湯河原火山起源の安山岩にも類似している。褐色に風化したかんらん石を散含しており、顕微鏡下においても褐色化したかんらん石斑晶を確認することができる（写真2―4）。上多賀北部石丁場群および中張窪・瘤木石丁場においては、径五ミリメートル以上の粗粒な斜長石斑晶をごく微量含む特徴があり、この地域の安山岩を識別する手掛かりとなっている。これに対し、朝日山石丁場、大西洞石丁場、弘法滝石丁場などに産する石材は、黒灰色塊状、緻密質な岩相を示し、きわめて硬質な岩質を有する玄武岩質安山岩または玄武岩からなる。

伊東市内においては、伊東市教育委員会（二〇一〇）による石丁場の調査により、多賀火山、宇佐美火山、汐吹崎玄武岩類などの地質を有する二一の石丁場群が認められている。また、慶長九年（一六〇四）から寛永十四年（一六三七）の江戸初期三三年間が、伊東市における採石の中心期間とされており、石丁場の大規模な稼働は慶長年間二回、寛永年間二回の計四回であったとされている。岩質については、多賀火山および宇佐美火山を原石とする安山岩や玄武岩は緻密質であり（写真1―8）、かんらん石の斑晶をおおむね三パーセント以下で含むという傾向が示されている。鏡下においては褐色化したかんらん石斑晶に加え、孔隙の壁に晶出したクリストバライトが確認できる（写真2―5）。

・**東伊豆系安山岩**

東伊豆系の安山岩は、中期更新世に活動した天城火山の安山岩溶岩に由来するものであり、大川から稲取に至る地域の転石が利用されている。大材として角石などに使用されることが多く、大川の「ぼなき石」や、稲取の畳石などの残石は有名である。材料とする溶岩は、淡灰色で、非常に緻密質であり、かんらん石輝石安山岩が主要な岩相となっている。東伊豆系安山岩は、捕獲斑晶として石英（写真2—8）や、黒色不透明化（オパサイト化）した角閃石を伴ったり、数センチメートル〜数十センチメートルの捕獲岩を散含すること（写真1—12）、鏡下においてクリストバライトが観察されることなどが重要な特徴となっている。小野・角（一九五九）による五万分の一地質図幅「稲取」を参考にすると、稲取付近では浅間山溶岩、大川付近では北川溶岩・熱川溶岩に由来する石材が利用されたものと考えられる。浅間山溶岩は、石英かんらん石含有角閃石輝石安山岩からなり、北川溶岩・熱川溶岩は、ともに石英含有輝石安山岩から主に構成されている。

2　伊豆半島西側の火山に由来する石材

箱根地域や伊豆半島東側の火山に由来する安山岩類は、江戸城やその城下に使用された築石の多くを構成しているが、伊豆半島の西側の火山に由来する石材も少なからず使用されている。伊豆半島の西側においては、沼津市の内浦重寺・淡島、西浦地域、戸田・井田地区などに多数の石丁場が確認されている（高本一九八一・一九八二など）。

・**内浦重寺および淡島の丁場**

内浦重寺および淡島では、新第三紀鮮新世に活動した内浦安山岩類に属する輝石安山岩、デイサイトなどが分布する。重寺村における石切出しは、正保三年（一六四六）年以前から行なわれていると推定されており、切出し先は全体の五〇パーセント以上が駿府城関係で、次が久能山、江戸城、浅間神社の順とされている（高本一九八二）。駿府城においては、安政地震（一八五四）の際に積み直された三ノ丸堀の石垣などにおいて、この地域の安山岩やデイサイトが多用される傾向があり（静岡市教育委員会二〇〇五など）、特に角石、角脇石などに用いられることが多い。

この地域に産するデイサイトは、塊状緻密質であり、淡灰色～淡灰白色を呈し、石英、輝石、角閃石、斜長石などの斑晶を含んでいる（写真1―13、2―9）。石基は結晶質で珪長岩状組織を示すものが多い。安山岩も同様に淡灰色系の石基を有し、輝石斑晶を散含している。デイサイト・安山岩はともに、砂岩や、半深成岩～深成岩類の捕獲斑晶を含むことがこの産地の特徴となっている。

・西浦地域の丁場

西浦地域には、江戸時代に尾張家、水戸家、阿波松平家の預かり石丁場があり、旧村名の古宇村、足保村、久料村および江梨村からは安山岩が切り出され、寛永年間の初期には江戸城にも使用されていたと推定されている（高本一九八二）。この地域の地質は、基盤岩類の若松崎安山岩類、第四紀火山噴出物の達磨火山噴出物、大瀬崎火山噴出物および井田火山噴出物から構成されている。地質・岩石については、白尾元理（一九八一）により詳細が明らかにされており、以下、これに従う。

江梨村では、田ノ輪丁場、大久保丁場・西谷丁場および来海丁場が認められており、それぞれの丁場では、田ノ輪丁場に若松崎安山岩類が、大久保丁場・西谷丁場に井田火山噴出物が、来海丁場に大瀬崎火山噴出物が分布している。若松崎安山岩類の岩質は、斜長石とかんらん石の微斑晶を稀に含む無斑晶質安山岩である。井田火山の溶岩流の岩質は、かんらん石安山岩質玄武岩である。斑晶として径二～四ミリメートルの斜長石を含み、石基の輝石は単斜輝石である。大瀬崎火山の溶岩流の岩質は、かんらん石含有斜方輝石単斜輝石安山岩質玄武岩である。

久料村の仲洞丁場および足保村の林丁場・朝日丁場には達磨火山噴出物が分布している。また、石丁場の位置が明らかとなっていない古宇村においても同様に達磨火山噴出物が分布している。西浦地域に分布する達磨火山噴出物は、後期溶岩流および山麓噴出物である。後期溶岩流の岩質は斜方輝石単斜輝石安山岩であり、一部にかんらん石の斑晶を含むものもある。

・戸田・井田地域

戸田地域には、柳ヶ窪丁場、上野丁場、みの王丁場など一三の丁場が認められており、このうち五箇所が紀州藩の管理丁場といわれている（高本一九八九）。上野丁場からは、一〇代将軍家治の御宝塔石も切り出されたとされている。みの王丁場を除く、その他の丁場は達磨火山前期溶岩流および後期溶岩流の分布域にある。前期溶岩流は、緻密な溶岩流からなり、やや変質して暗緑ないしは灰色を呈する特徴がある。岩質は単斜輝石斜方輝石安山岩であり、径一〜二ミリメートルの斜長石斑晶を含むが、変質しているため肉眼では目立たない。大久保丁場や砥石平丁場がこの前期溶岩流の分布域にあたり、その他は、後期溶岩流が分布する石丁場である。井田地域の丁場は、所在不明の丁場が多いものの、地質的には井田火山噴出物の分布域にあたる。上記のみの王丁場も井田火山噴出物の分布域にあたり、かんらん石を含む安山岩質玄武岩などが切り出されたものと考えられる。

戸田地域における達磨火山溶岩は、有色鉱物の斑晶が単斜輝石＋斜方輝石という組合せを示す。有色鉱物の斑晶組合せは箱根火山のものと類似するが、当地域の石材は粘土鉱物、緑簾石、炭酸塩鉱物などの変質鉱物が生じており、変質鉱物をほとんど伴わない箱根火山起源の安山岩類とは性格を異にする（写真1—14、1—15）。鏡下においては、輝石類は粘土鉱物化して仮像となっているものが多く、斜長石はセリサイト、炭酸塩鉱物によって交代されている（写真2—10）。この地域に産する石材は、駿府城三ノ丸石垣などに散見されるが、丁場により岩相変化があるため、江戸城や城下における築石では見落とされている場合も多いものと思われる。

3　湯ヶ島層群・白浜層群に由来する石材

湯ヶ島層群および白浜層群は、伊豆半島の基盤をなす地質であり、伊豆半島の各所に分布し、特に伊豆半島南部地域に広く分布する。箱根地域においては、白浜層群に対比される早川凝灰角礫岩が分布している。湯ヶ島層群や白浜層群に由来する火山礫凝灰岩・凝灰角礫岩は、緑色〜灰色で斑状を呈する石材であり、江戸時代には水道石、囲炉裏、竈の縁石などに利用されている。特に箱根地域の鮮新統早川凝灰角礫岩より採石されたとされる相州桑石や、熱海市上多賀の曽我石（青石）が有名である。下田を中心とした伊豆半島南部に産する火山礫凝灰岩は、元禄以降には江戸城を始めとして諸大名の石垣の修理にも用いられたとされており（五十嵐二〇〇六）、旧浜離宮庭園などにおいては護岸石組の間知石としても利用されている。伊豆半島南部の賀茂郡南伊豆町、下田市、賀茂郡河津町における火山砕屑岩類の採石は、幕末から明治時代に最盛期を迎え、沢田石を始めとして各種の石材が切り出されている（写真1—16、1—17）。

石材として利用される火山礫凝灰岩や凝灰角礫岩は、正確には海底火山活動に関連するハイアロクラスタイトが主体であり、火山岩片を多量に含んでいる。一地域における岩相変化は多様であるため、構成鉱物や岩片の種類からの産地の特定が困難な石材の一つとなっている。現在のところ、曽我浦青石丁場における曽我石については、鏡下観察データが出されており（熱海市教育委員会二〇〇九）、玄武岩質火山礫凝灰岩という岩石名で、玄武岩岩片を多量に含み、変質鉱物としてプレーナイト、パンペリー石を伴うという特徴が認められる。他の地域における火山礫凝灰岩や凝灰角礫岩などのいわゆる斑石についての鏡下観察データは十分ではないため、原産地石材のデータを増やしていくことが今後の課題である。

湯ヶ島層群および白浜層群からは、火山砕屑岩類を主に切り出していたが、このほかに湯ヶ島層群からは安山岩類も切り出している。湯ヶ島層群の変質安山岩の分布する静岡県駿東郡清水町の本城山からは、矢穴のある石材が認められており、採石が行なわれていたと推測されている。

二　江戸城築城に使われた伊豆石の産地同定

江戸城・城下において使用される伊豆石には、前述のような地質背景があり、おおむね火山ごとに岩相変化が認められる。また、各火山の溶岩流のユニットによっても特有な岩相を示す産地もあり、石丁場を特定できる石材も存在する。江戸城・城下の石材および伊豆石の原産地石材の肉眼観察・薄片観察による成果から、現在のところ図2の破線で囲まれた地域間の識別が可能となっている。各産地の石材は、おおむね前節で述べたような岩相を示すが、以下に写真を交えて具体的に同定のポイントを示す。なお、肉眼による石材の鑑定は、一〇～二〇倍程度のルーペを使用するため、写真はルーペで実際に観察される程度の倍率とした。また、写真は石材内部の新鮮な破断面であり、実際の石垣の石材では欠けの部分に新鮮な破断面を観察することができる。

・真鶴系安山岩

真鶴系安山岩を代表する新小松石の外観は、多孔質であり、白色鉱物（斜長石）の散在する岩相が一般的である（口絵）。他の火山にもこのような安山岩類は存在するため、この特徴だけでは新小松とは判定することはできず、これに加え、写真1—3にみられるような赤茶けた酸化による縞模様や、有色鉱物の斑晶が輝石のみであること、孔隙中に晶出したトリディマイトという板状の鉱物（写真3―1）の確認などにより、同定することが可能である。ただし、ここに示した特徴がすべて確認されることは非常に稀であり、いずれかの組合せとなる。トリディマイトについては、数十石に一石認められる程度である。一方、本小松石は、新小松石よりも斜長石斑晶や孔隙が目立たず（口絵）、キメの細やかな上質材であり、築石のみならず、将軍、正室、側室の墓石などにも使用されている。有色鉱物の斑晶は新小松石と同様に柱状を呈する輝石であり（口絵）、孔隙にトリディマイトを伴うことが多い。鏡下においては石基に石英を含み、化学組成的にはデイサイトに分類される石材であるため、色調も明るく、淡灰色系を示す傾向がある。

・宇佐美―多賀系安山岩

宇佐美―多賀系安山岩は、玄武岩質安山岩～玄武岩が主体であり、斑晶としてかんらん石斑晶を伴うことが真鶴系安山岩との相違点となっている。白色の斜長石斑晶が多含され、孔隙が発達するものも多く、一見した外観は新小松石にも類似するが、かんらん石斑晶（口絵、写真3―2）を必ず確認することができる。また、斜長石斑晶の粒径が不均質であることも、真鶴系安山岩と異なる点となっている。熱海市網代周辺の朝日山石丁場、弘法滝石丁場などにみられる玄武岩は、暗灰色できわめて堅硬緻密質な岩相を示す特徴があり、かんらん石斑晶もごく微量であるが、大粒のため、しっかりと確認することができる（写真3―3）。

・玄武岩類（汐吹崎玄武岩類・東伊豆単成火山群の玄武岩類）

伊東市の南東部の海岸沿いの石丁場では、一五万年前以降に形成された東伊豆単成火山群噴出の安山岩―玄武岩溶岩から採石されている。東伊豆単成火山群に由来する安山岩―玄武岩は、暗灰色で緻密質であり、斜長石斑晶は少な目で、オリーブ色のかんらん石を散含する特徴がある（口絵）。東伊豆単成火山群は、伊豆半島の火山の中でも非常に新しい火山であるため、風化の進みやすいかんらん石がオリーブ色の新鮮な状態で観察されるのが特徴となっている。

鏡下においてもほとんど未風化のかんらん石斑晶を確認することができる（写真2—7）。川奈の北方に位置する汐吹崎周辺の新井石丁場群では、東伊豆単成火山群の溶岩とは対照的にやや古い時代の鮮新統の汐吹崎玄武岩類が採石されている。岩相は、暗灰色、緻密質であり、粒径の不均一な斜長石斑晶を散含している。斜長石斑晶は白色を呈し、径五～一〇ミリメートル大の肉眼でも十分に観察できる大型斑晶をごく微量含む特徴がある。

・東伊豆系安山岩

東伊豆系安山岩は、角石に使用されることが多い石材であるため、角石で暗灰色の石材が確認された場合、この産地がまず疑われる。肉眼的に捕獲岩（写真1—12）を含むことが多く、斑晶にかんらん石と石英の組合せが確認できる（口絵）。石英斑晶の量は非常に少ないが、粒状で透明な鉱物であるため、風化面でも丹念に観察すると発見することができる。

・内浦重寺のデイサイト

内浦重寺の大洞丁場などに産するデイサイトは、時代が下るに従って多く利用されるようになる石材である。白色系の色調を示し、大粒の石英を散含するため、一見、花崗岩にも見間違えるような岩相を示す（写真1—13、口絵）。花崗岩との違いは、大型の鉱物の粒間を埋める部分が細粒になっている点である。有色鉱物の斑晶としては、角閃石、輝石類を含むが、変質粘土鉱物によって交代され、褐色～緑褐色に変色している（口絵）。変質粘土鉱物は斑晶のみならず、全体に広がっているものもあり、それらは帯緑色の岩相を示す。また、径数ミリメートル～径十数センチメートルの捕獲岩片を随伴することが多く、ルーペを使用せずに風化面においても確認することができる（写真1—13）。

江戸城においては、半蔵濠鉢巻石垣や、二重橋濠沿いの石垣において間知石として三パーセント以下程度で使用されている。半蔵濠鉢巻石垣において検出されたデイサイトには石英閃緑岩の捕獲岩が確認されている（千代田区教育委員会二〇〇一)。

・**戸田地域、西浦地域の安山岩類**

戸田地域に分布する火山岩は、達磨火山溶岩に由来する安山岩であり、有色鉱物として柱状の輝石斑晶を散含する。この地域の安山岩類は、少なからず変質を被っているため、暗紫色、暗緑灰色などに不均質に変色した岩相を示すのが特徴である。肉眼でも孔隙を充填する緑色粘土鉱物や、白色の炭酸塩鉱物が確認できるものも存在する。また、緑色に変質した捕獲岩片を含むものも認められる(写真3―4)。

西浦地域に産する火山岩は、安山岩~玄武岩であり、有色鉱物として輝石斑晶のほかに、かんらん石斑晶をわずかに伴う。柱状の輝石斑晶は肉眼で観察することは可能であるが、かんらん石は微斑晶として含まれるため、確認できない場合が多い。かんらん石斑晶が確認できないため、一見、真鶴系安山岩にも類似しており、輝石安山岩と誤鑑定されることもしばしばあると考えられる。しかし、新鮮な真鶴系安山岩に比べ、変質が進んでおり、斑晶が褐色に粘土鉱物化しているものなどが確認できる(写真3―5)。

戸田地域、西浦地域の石丁場の石材は、丁場間で岩相変化が大きいため、肉眼のみでの産地同定は難しく、鏡下観察によって裏付けを行なうことが肝要である。

・**伊豆石以外の石材**

江戸城・城下には伊豆石以外の石材も使用されている。代表的なものは、瀬戸内海産の花崗岩類、三重県尾鷲産の花崗斑岩などである。尾鷲産の曽根石は、灰白色の色調を示し、粗粒な斑晶を散含している(写真1―18)。斑晶は、灰色透明な石英、白色厚板状の斜長石、褐色に弱風化した有色鉱物であり、その周囲は細粒相で埋められる(写真3―6)。また、灰色の捕獲岩をしばしば伴う傾向が認められる。構成鉱物は粗粒なため、ルーペなしで容易に判別が可能であり、江戸城の中之門や名古屋城の各所において確認することができる。お立ち寄りの際には、ぜひ鑑定して頂きたい石材の一つである。

三　課題と今後の展開

肉眼による産地ごとの判別指標を示したが、肉眼による石材の鑑定は石材分析の中でも精度の低い手法である。肉眼鑑定のみで岩石名を付され、産地同定された石材については誤鑑定されているものが少なからず含まれていると考えられ、今後、再検証が必要になると思われる。地質・土木分野の技術者は、岩石の名称を正確に特定する際には必ず顕微鏡を用いた薄片観察を行なうことが通例である。石材の種類によっては、蛍光X線分析による化学組成分析値や、X線回折分析による鉱物同定などを併用して岩石名を決める場合も多々見受けられる。しかし、江戸城・城下における石垣石材の鑑定は、簡便さから肉眼による観察が主流となっており、薄片観察、化学組成分析を併用する調査事例は多いとは言えない。伊豆半島、箱根地域における火山岩の化学分析値は、近年、多産されており（長井・高橋二〇〇七、伊東市教育委員会二〇一〇など）、原産地のデータは整いつつある。このような原産地の化学組成データは、江戸城・城下において出土した石材の産地の検証において大いに活用されることが望まれる。ただし、化学組成値は、主要成分元素において火山が別でも重複するものが多数存在するという難点があり、黒曜石の産地同定のような簡単な判別ができないというのが現状である。微量成分元素を含めた判別図の開発などが今後の課題である。これらの課題解決も含めて伊豆石の産地同定精度が向上すれば、その結果に基づいた江戸遺跡の調査研究の進展に貢献できるものと期待される。

1-1. 真鶴系安山岩　新小松石
輝石安山岩

1-2. 真鶴系安山岩　番場海岸
新小松石 輝石安山岩

1-3. 流理構造のある真鶴系安山岩
新小松石　輝石安山岩

1-4. 真鶴系安山岩　本小松石
輝石デイサイト

1-5. 真鶴系安山岩　根府川石
無斑晶質安山岩

1-6. 小田原市風祭産の溶結凝灰岩

写真　伊豆石の外観（1）

1-7. 宇佐美-多賀系安山岩　中張窪丁場
輝石かんらん石玄武岩質安山岩

1-8. 宇佐美-多賀系玄武岩　宇佐美北部石丁場群
御石ヶ沢Ⅱ丁場　輝石かんらん石玄武岩

1-9. 曽我石 曽我浦青石丁場
火山礫凝灰岩

1-10. 東伊豆単成火山群の安山岩
富戸石丁場　輝石かんらん石玄武岩

1-11. 東伊豆単成火山群の安山岩 赤沢石丁場
輝石かんらん石玄武岩質安山岩

1-12. 東伊豆系安山岩　東伊豆町 大川丁場
石英含有かんらん石輝石安山岩

写真　伊豆石の外観（2）

1-13.　沼津市内浦重寺　大洞丁場
輝石角閃石デイサイト

1-14.　達磨火山の輝石安山岩
戸田地域　田代山丁場

1-15.　達磨火山の輝石安山岩
戸田地域　戸田丁場

1-16.　白浜層群の火山礫凝灰岩
南伊豆町下加茂　日詰丁場

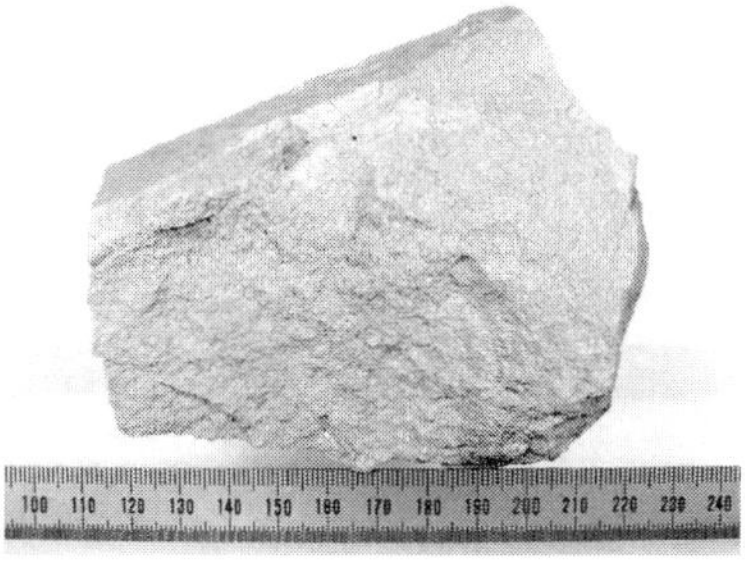

1-17.　河津石　緑色凝灰岩

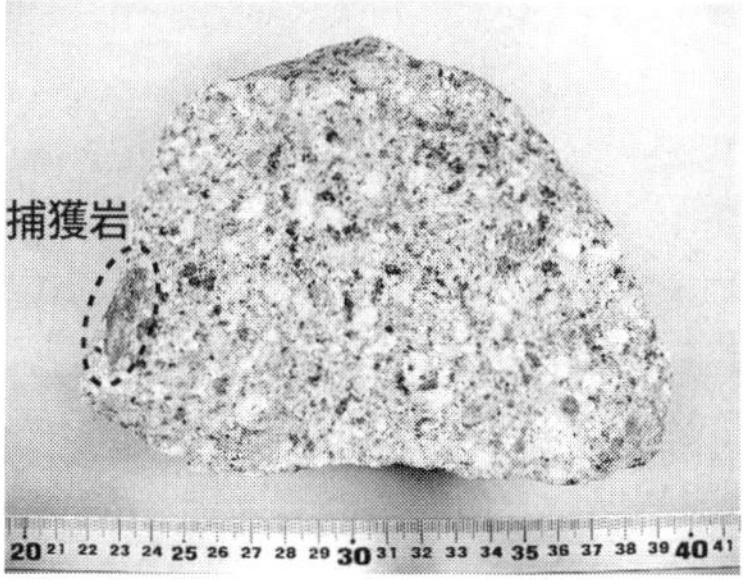

1-18.　伊豆石以外の石材
三重県尾鷲産の花崗斑岩

写真　伊豆石の外観（3）

2-1. 真鶴系安山岩　新小松石　真鶴半島南岸　斜方輝石単斜輝石安山岩

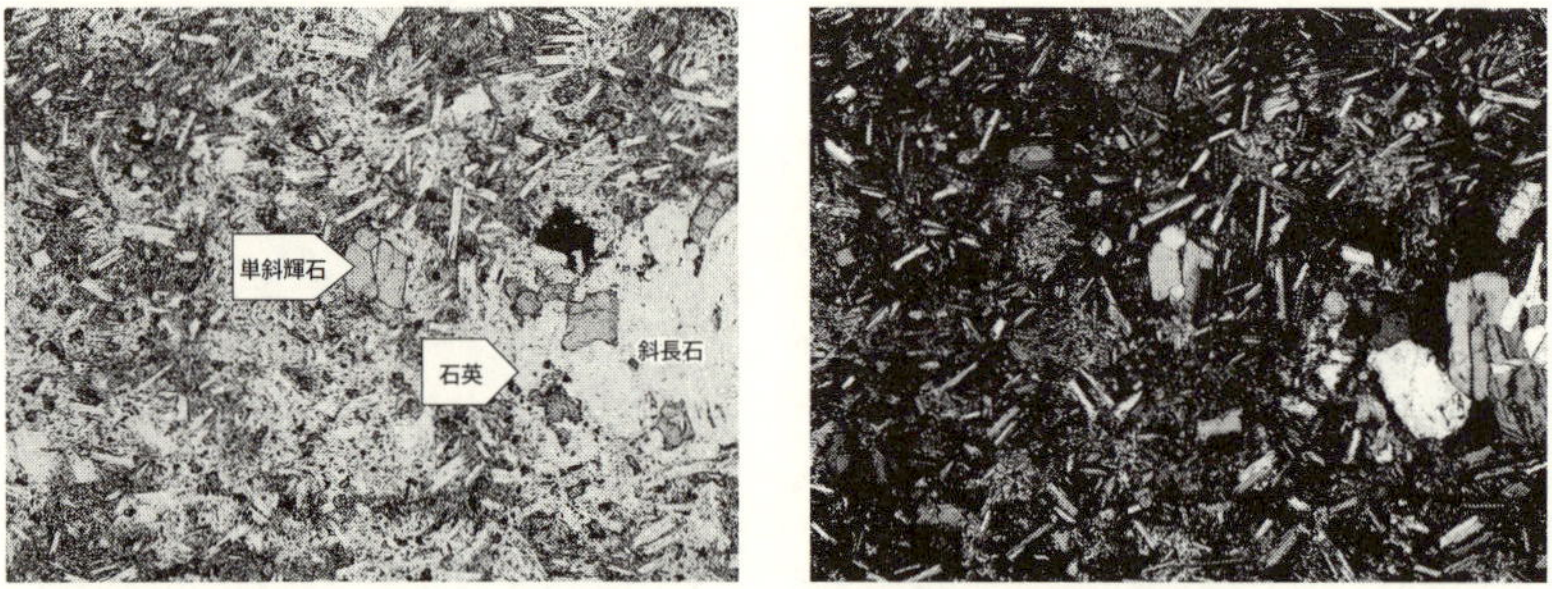

2-2. 真鶴系安山岩　本小松石　真鶴駅北西　斜方輝石含有単斜輝石安山岩

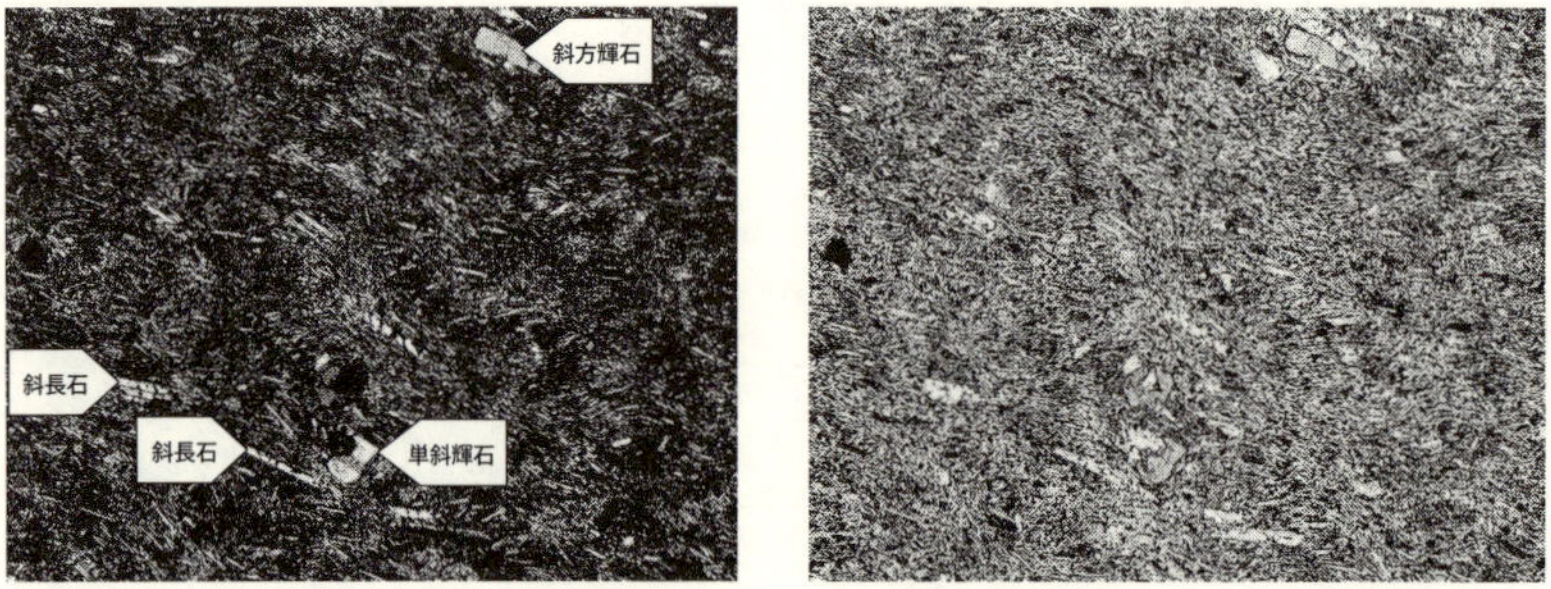

2-3. 真鶴系安山岩　根府川石　小田原市根府川　斜方輝石含有単斜輝石安山岩

0.5mm

※写真左列は下方ポーラー、右列は直交ポーラー。

写真　伊豆石の顕微鏡写真（1）

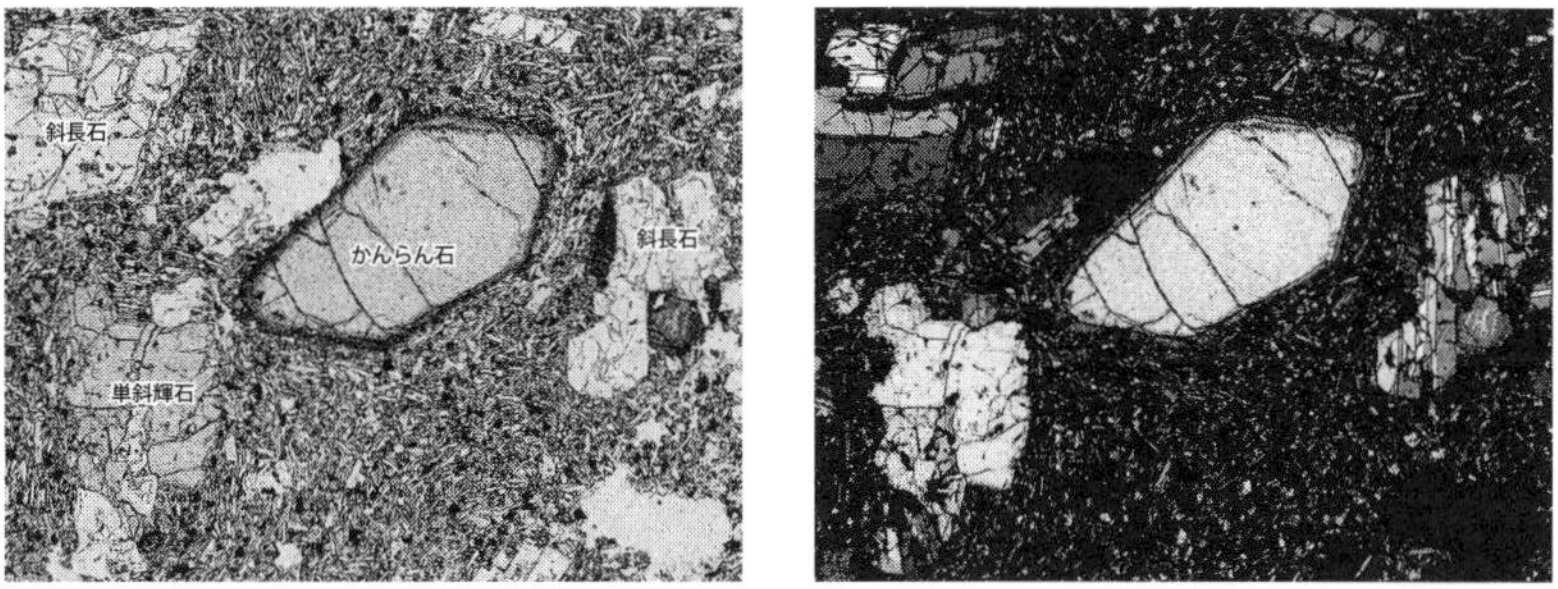

2-4. 宇佐美-多賀系安山岩　熱海市 中張窪石丁場 単斜輝石かんらん石玄武岩質安山岩

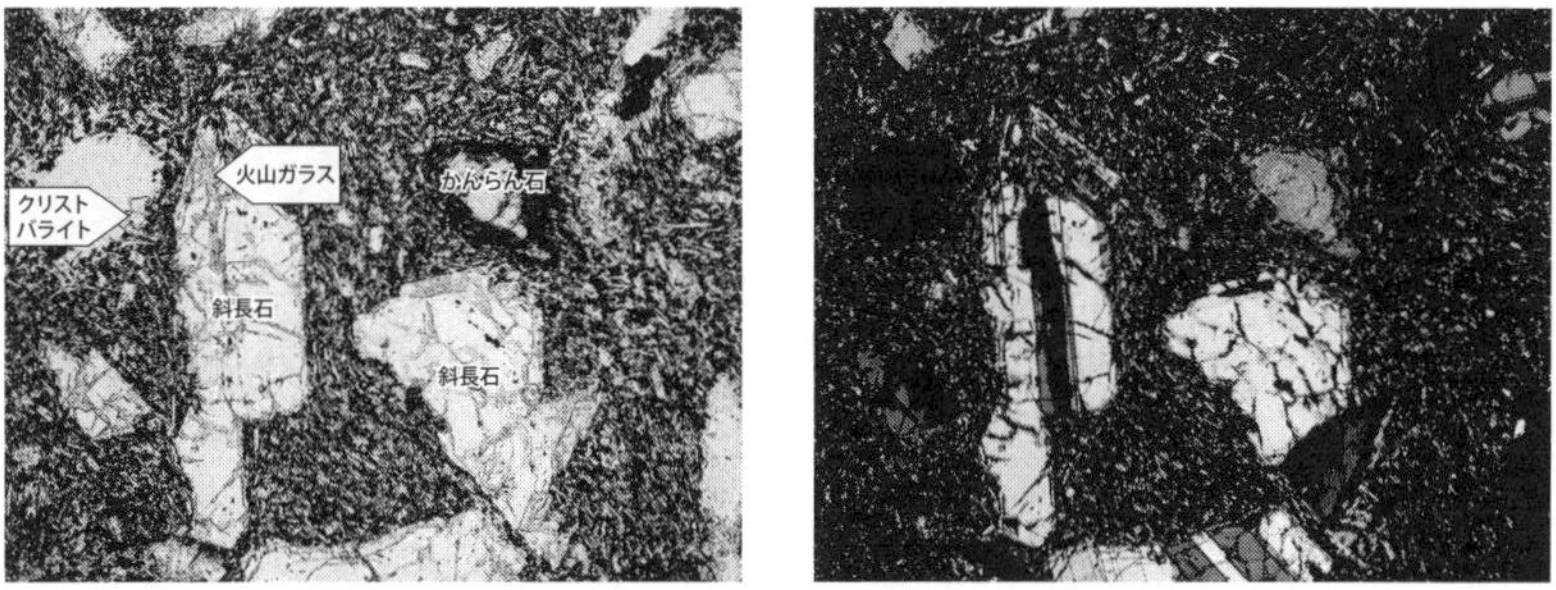

2-5. 宇佐美-多賀系玄武岩　伊東市 宇佐美北部石丁場群御石ヶ沢Ⅱ丁場
単斜輝石かんらん石玄武岩

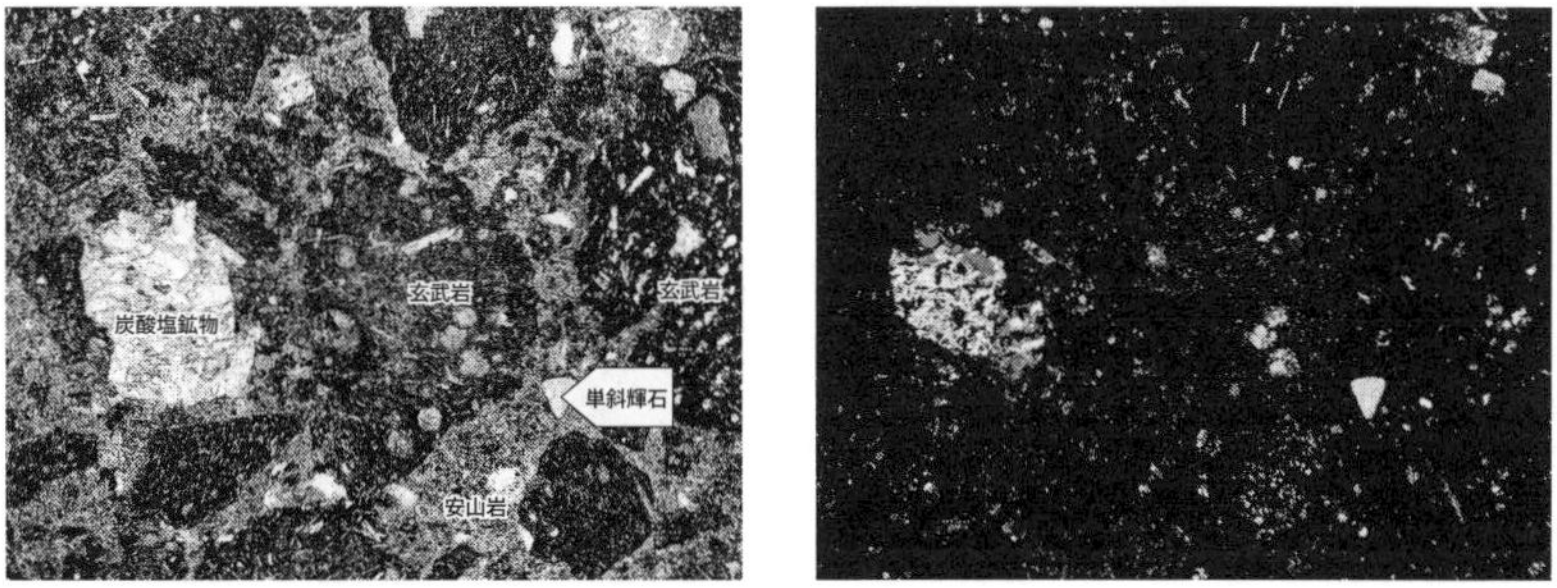

2-6. 曽我石 熱海市　曽我浦青石丁場　玄武岩質火山礫凝灰岩

※写真左列は下方ポーラー、右列は直交ポーラー。　0.5mm

写真　伊豆石の顕微鏡写真（2）

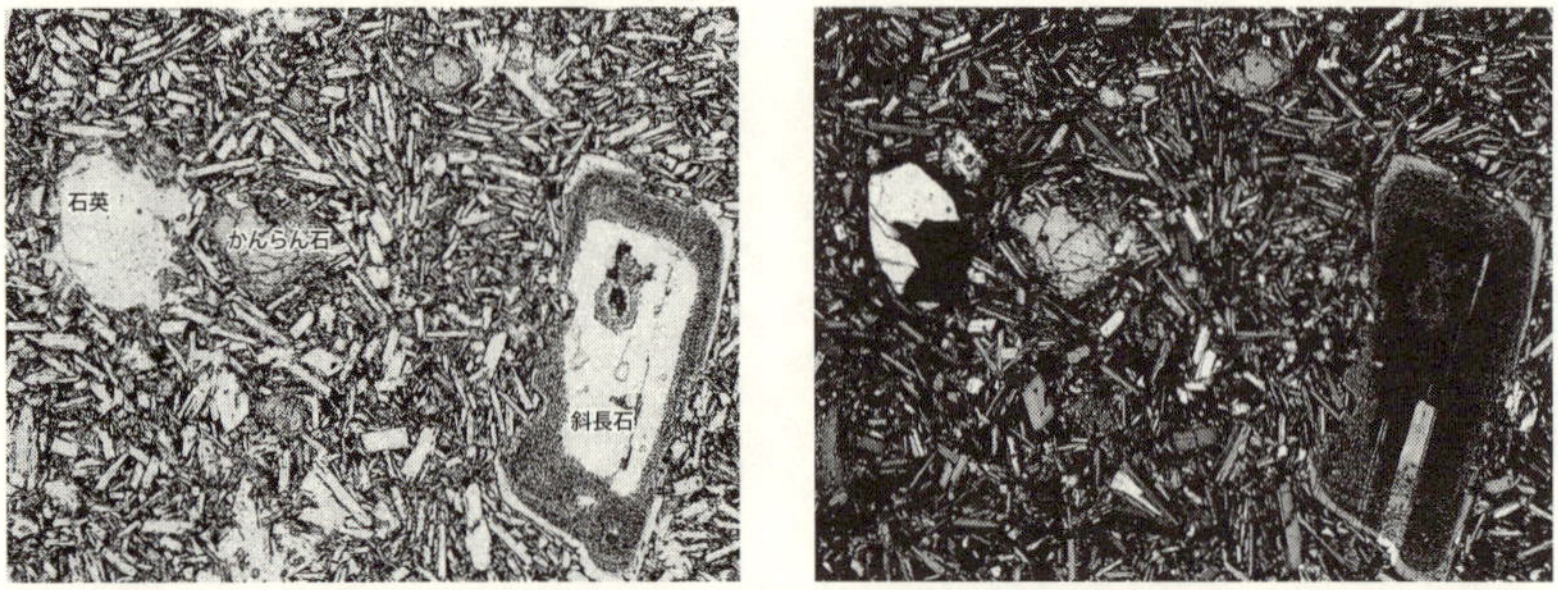

2-7. 東伊豆単成火山群　伊東市　富戸丁場　かんらん石玄武岩質安山岩

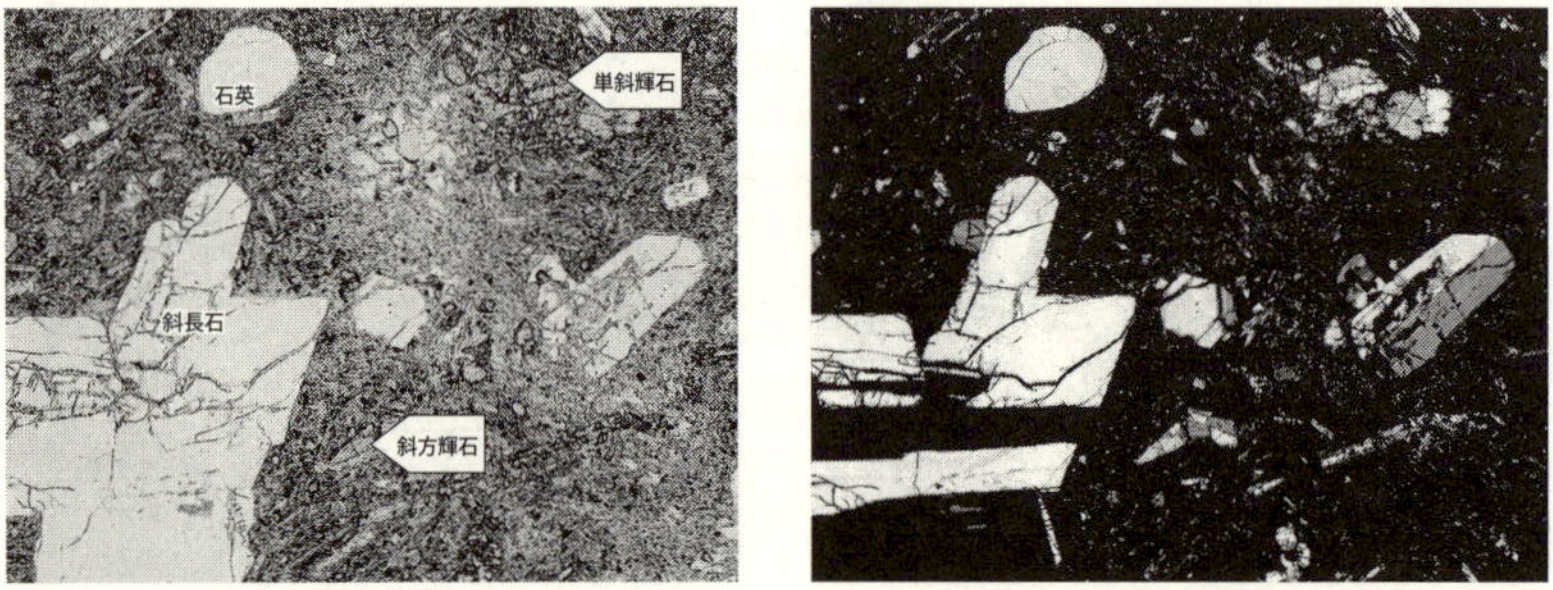

2-8. 東伊豆系安山岩 東伊豆町 大川丁場 石英かんらん石含有斜方輝石単斜輝石安山岩

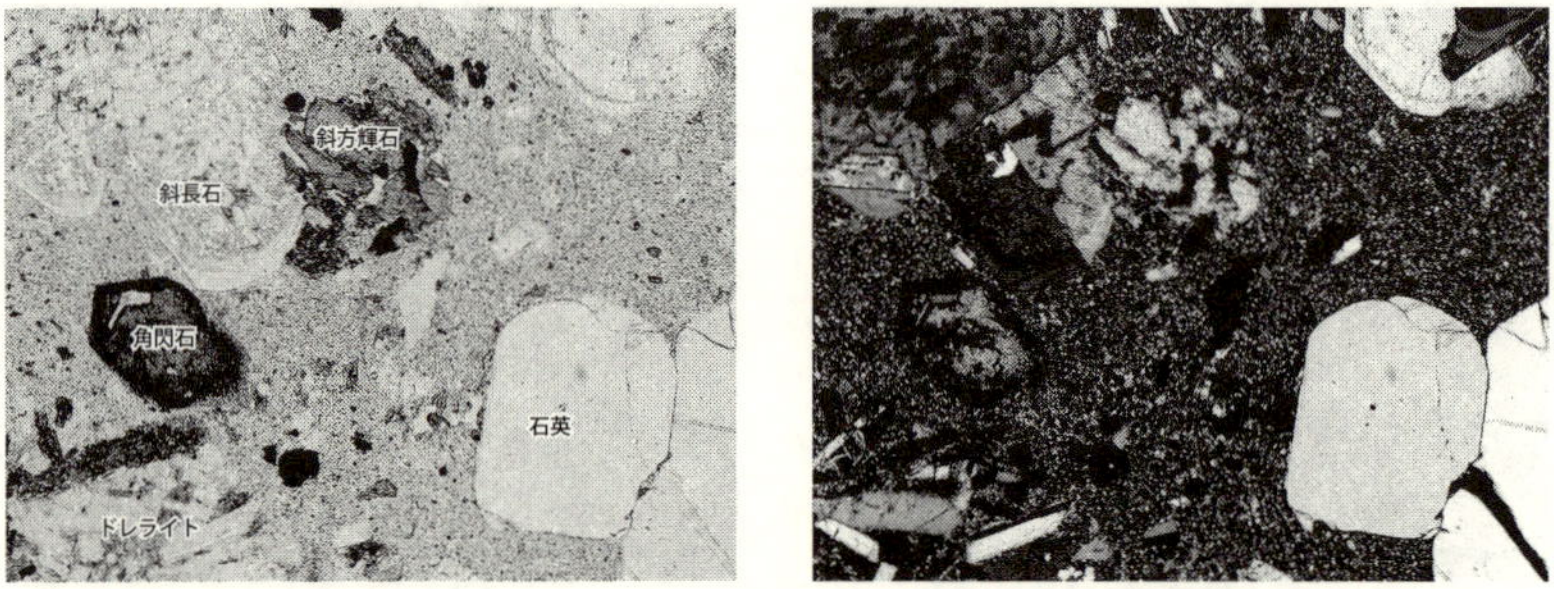

2-9. 内浦安山岩類 沼津市内浦重寺　大洞丁場 単斜輝石含有斜方輝石角閃石デイサイト

※写真左列は下方ポーラー、右列は直交ポーラー。　0.5mm

写真　伊豆石の顕微鏡写真（3）

2-10. 達磨火山　沼津市戸田地域　戸田丁場　斜方輝石単斜輝石安山岩

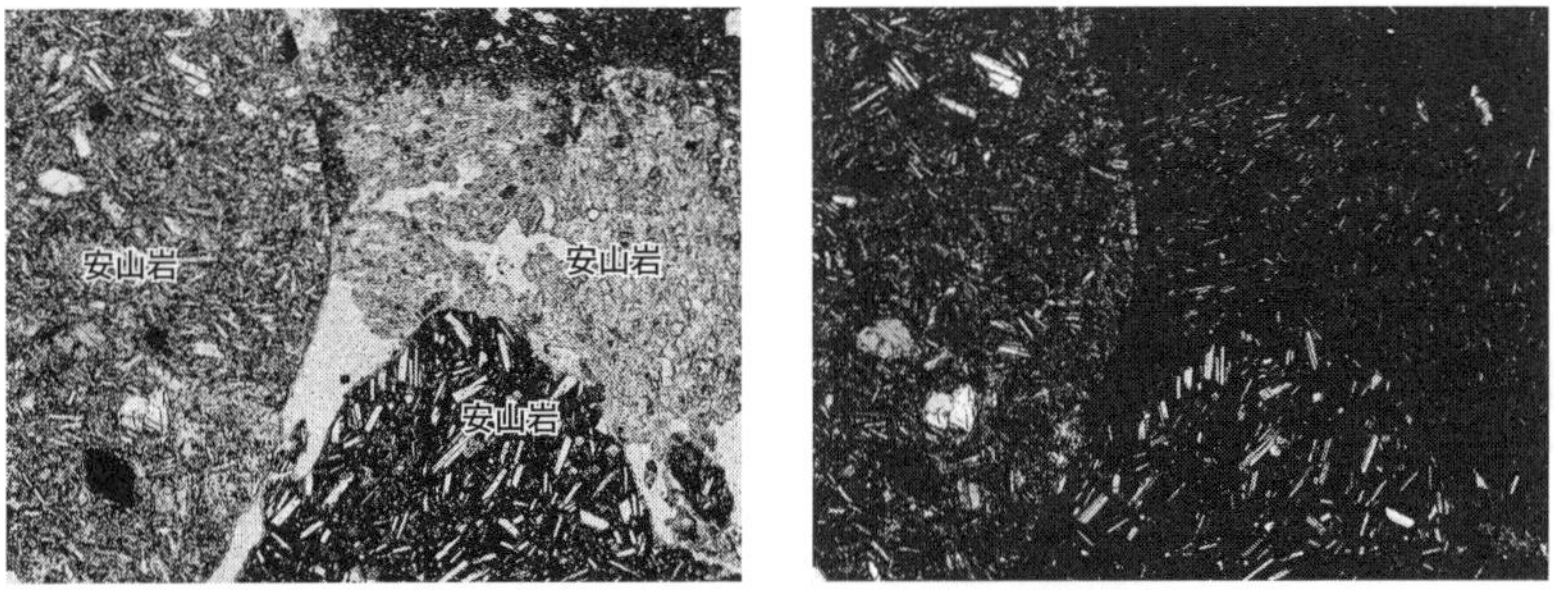

2-11. 白浜層群の斑石　南伊豆町下加茂 日詰丁場 安山岩質火山礫凝灰岩

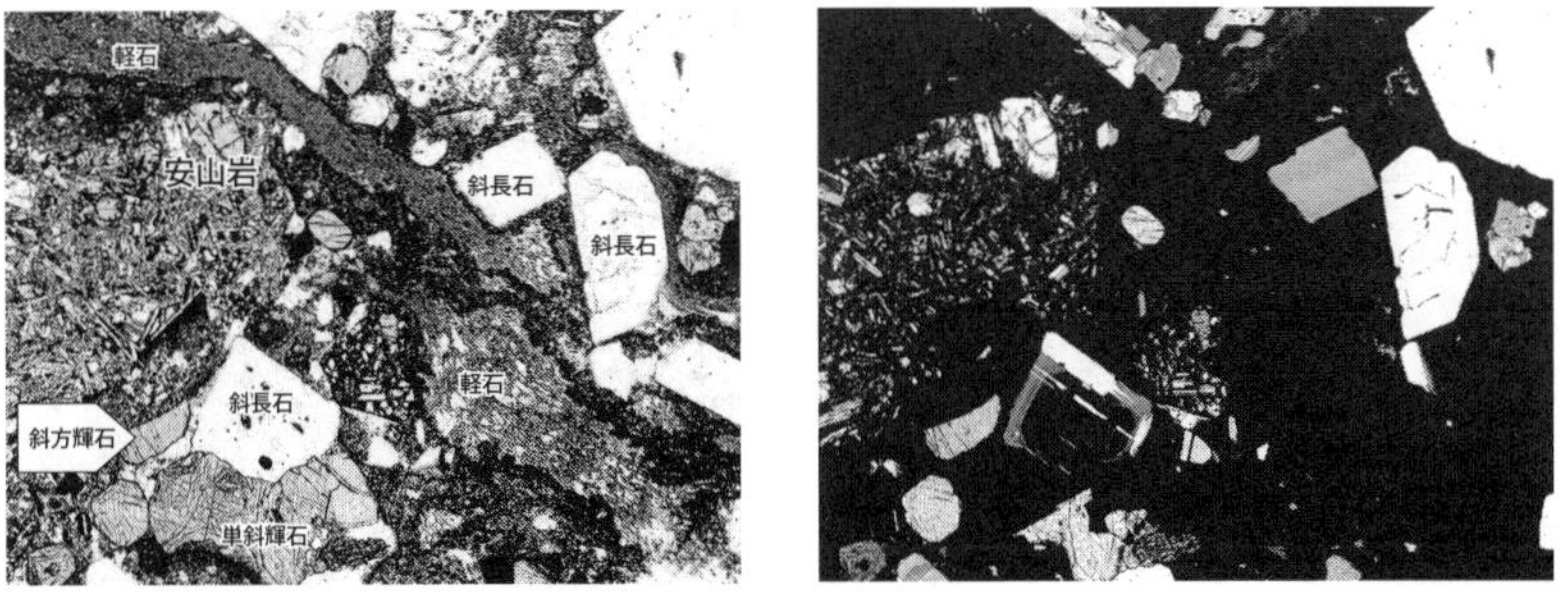

2-12. 小田原市風祭の水道石　溶結軽石質凝灰岩

※写真左列は下方ポーラー、右列は直交ポーラー。

0.5mm

写真　伊豆石の顕微鏡写真（4）

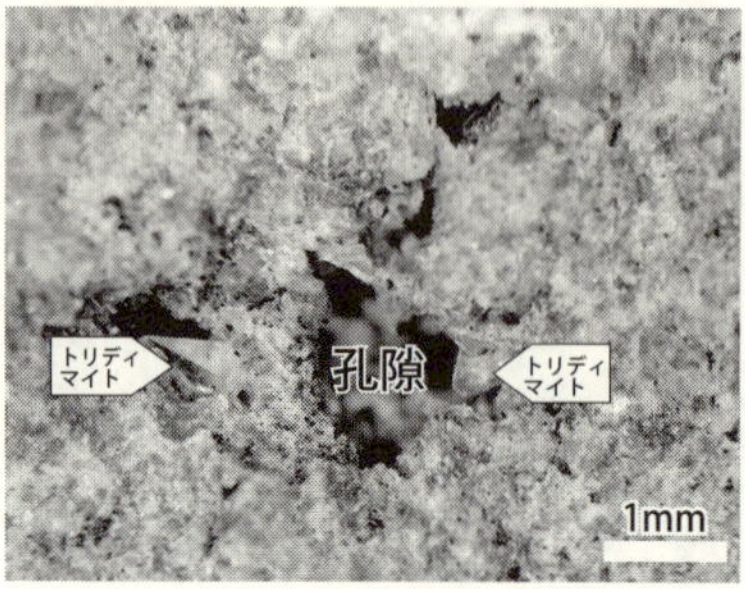

3-1. 真鶴系安山岩　新小松石
孔隙に晶出したトリディマイト。

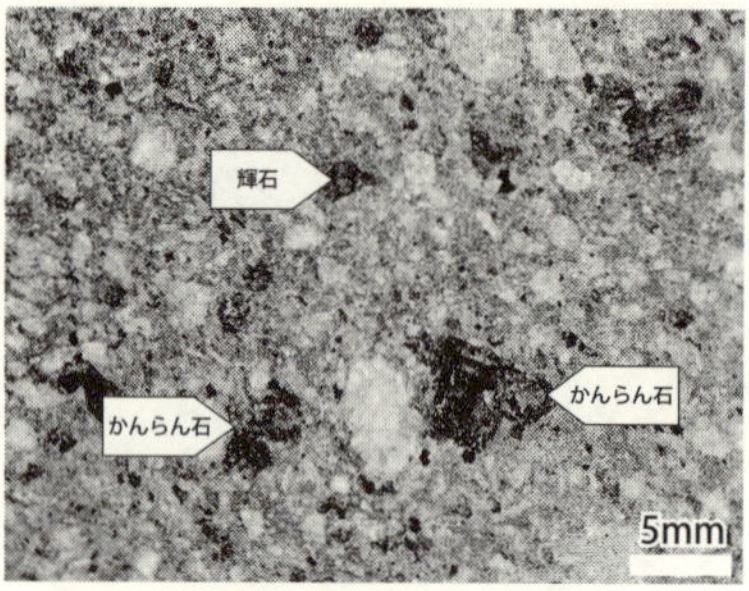

3-2. 宇佐美-多賀系安山岩　江戸城内郭

3-3. 宇佐美-多賀系安山岩　弘法滝石丁場
暗灰色、堅硬緻密質な玄武岩である。

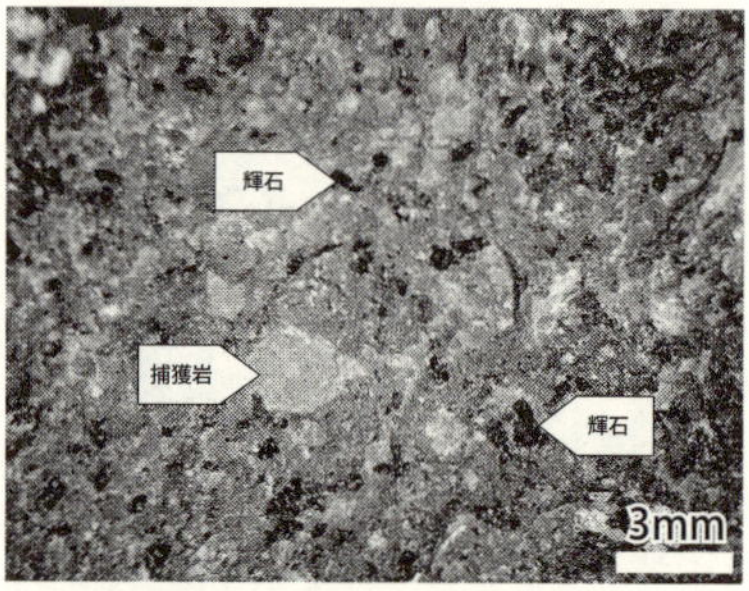

3-4. 戸田地域　田代山丁場
捕獲岩や基質は変質して淡緑色を帯びる。

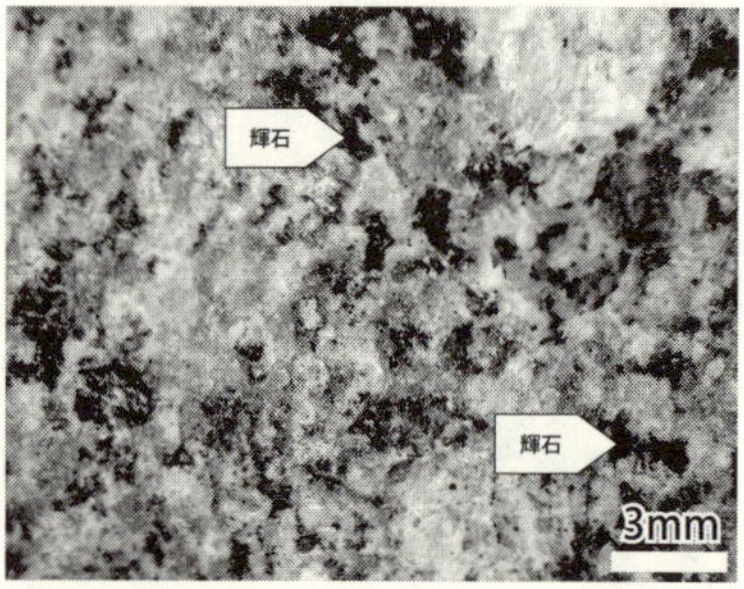

3-5. 井田地域　高丁場
輝石斑晶は粘土鉱物化が進んでおり、褐色化している。

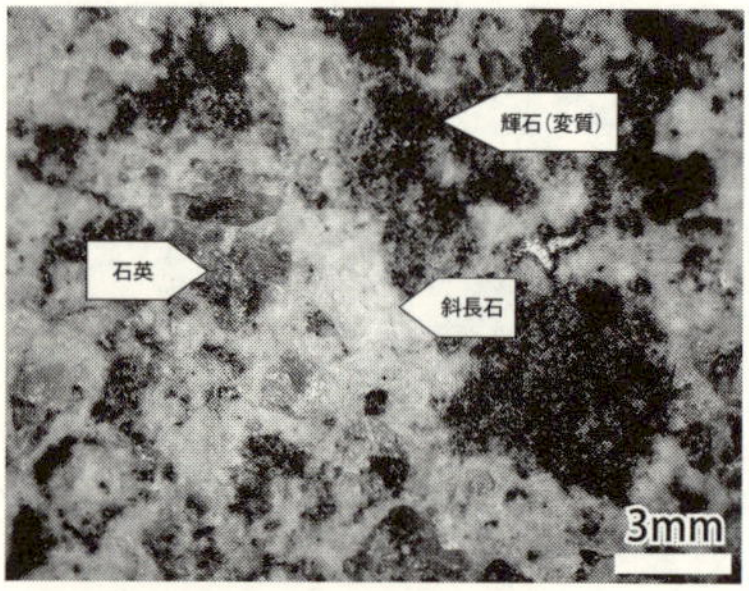

3-6. 伊豆石以外の石材　曽根石
三重県尾鷲市の花崗斑岩

写真　伊豆石の肉眼鑑定

〔参考文献〕

熱海市教育委員会　二〇〇九　『熱海市内伊豆石丁場遺跡確認調査報告書』熱海市教育委員会
千代田区教育委員会　二〇〇一　『江戸城の考古学―江戸城跡・江戸城外堀跡の発掘報告―』千代田区教育委員会
五十嵐俊雄　二〇〇六　『考古資料の岩石学』パリノ・サーヴェイ株式会社
伊東市教育委員会　二〇一〇　『静岡県伊東市伊豆石丁場遺跡確認調査報告書』伊東市教育委員会
北原糸子　一九九五　「伊豆石丁場と都市江戸の構築」地下鉄7号線溜池・駒込間遺跡調査会編『地下鉄7号線溜池・駒込間遺跡発掘調査報告書3　江戸城外堀跡赤坂御門・喰違土橋』帝都高速度交通営団　地下鉄7号線溜池・駒込間遺跡調査会
長井雅史・高橋正樹　二〇〇七　「箱根火山外輪山噴出物の全岩主化学組成」日本大学文理学部自然科学研究所研究紀要四二
長井雅史・高橋正樹　二〇〇八　「箱根火山の地質と形成史」神奈川県立博物館調査研究報告（自然科学）一三
日本の地質「中部地方Ⅰ」編集委員会編　一九八八　『日本の地質4　中部地方Ⅰ』共立出版
小野晃司・角　清愛　一九五九　『5万分の1地質図幅「稲取」及び説明書』地質調査所
白尾元理　一九八一　「伊豆半島達磨火山周辺の地質」『地質学雑誌』八七
静岡市教育委員会　二〇〇五　『静岡市埋蔵文化財調査報告　駿府城跡Ⅳ（三ノ丸堀・私学会館地点発掘調査報告書）』静岡市教育委員会
高本浅雄　一九八一　「重寺村の石切文書」沼津市歴史民俗資料館紀要五
高本浅雄　一九八二　「西浦地区の石切文書」沼津市歴史民俗資料館紀要六
高本浅雄　一九八九　「戸田村の石切文書」沼津市博物館紀要一三

江戸城修築にかかる神奈川県西部域の石丁場

三瓶裕司

はじめに

神奈川県下における石丁場遺跡の分布やその内容に関する把握は、伊豆半島内の石丁場遺跡の資料に比べ少ない。しかしながら本県においてもこれまでの研究で、大島慎一氏の金石文発見（大島一九九九）の報告や内田清氏を中心とした文書・刻印資料・絵図などの研究（内田二〇〇一）、中根賢氏による文献史料からみた寛永五年頃の各大名による小田原城修築にかかる石丁場確保の動向に関する研究（中根一九九三）がある。

本稿では、これまでの研究の成果、石丁場遺跡の発掘調査によって得られた成果、発掘調査を契機に新たに開始された分布調査や水中調査によって得られた成果についてまとめる。

前半では、これまでの調査・研究によって明らかとなってきた遺跡から現在も見て回れる石丁場遺跡についてそれぞれの概要を紹介する。後半では、それぞれの遺跡で見られる遺構の様相を紹介し、見えてきた石丁場遺跡というものについて生産地・陸上運搬・海上運搬・消費地に分け、それぞれの在りようについてまとめることとする。

一　石丁場遺跡の分布

江戸城修築時に石垣用材確保のために開発された石丁場は、神奈川県内では箱根外輪山麓（安山岩を主体とする溶岩により構成）に展開する。

現在の行政区域でいうと北側から南足柄市・小田原市・箱根町・真鶴町・湯河原町が該当する。

これらの地域の中で石丁場が立地する傾向としては、後にも詳しく述べるが、山間部では主に河川によって開析された谷筋に沿って点在する転石、海岸部では岩壁や海岸に点在する転石を利用していたことがうかがえる。岩盤から直接切り出すといった例はあまり認められない。

次項に紹介する資料には、内田清氏により長年にわたる分布調査が行われた成果（内田二〇〇一）も含めている。刻印名称等についても、以降、内田氏による資料集成により報告された名称を踏襲していることをお断りしておく。

1　石丁場の傍示刻印・銘文

①銘文「此石カキ左右　加藤肥後守　石場」（小田原市早川字梅ヶ窪「石垣山一夜城内」所在）

大島慎一氏により、石垣山一夜城内の大手道で発見されたという銘文資料が紹介されている（大島一九九九）。銘文の刻まれた石材は原位置が失われ、文字が天地逆位となるような状態で所在している。

②傍示刻印「三つ葉柏」・銘文「此尾北《ママ》　南谷川切、水　たり　下原まで　北ハ大峰　いり　舟帰口ノ北　かの村山切　いりを下　松平土左《ママ》守いし者（場）」（南足柄市塚原所在）

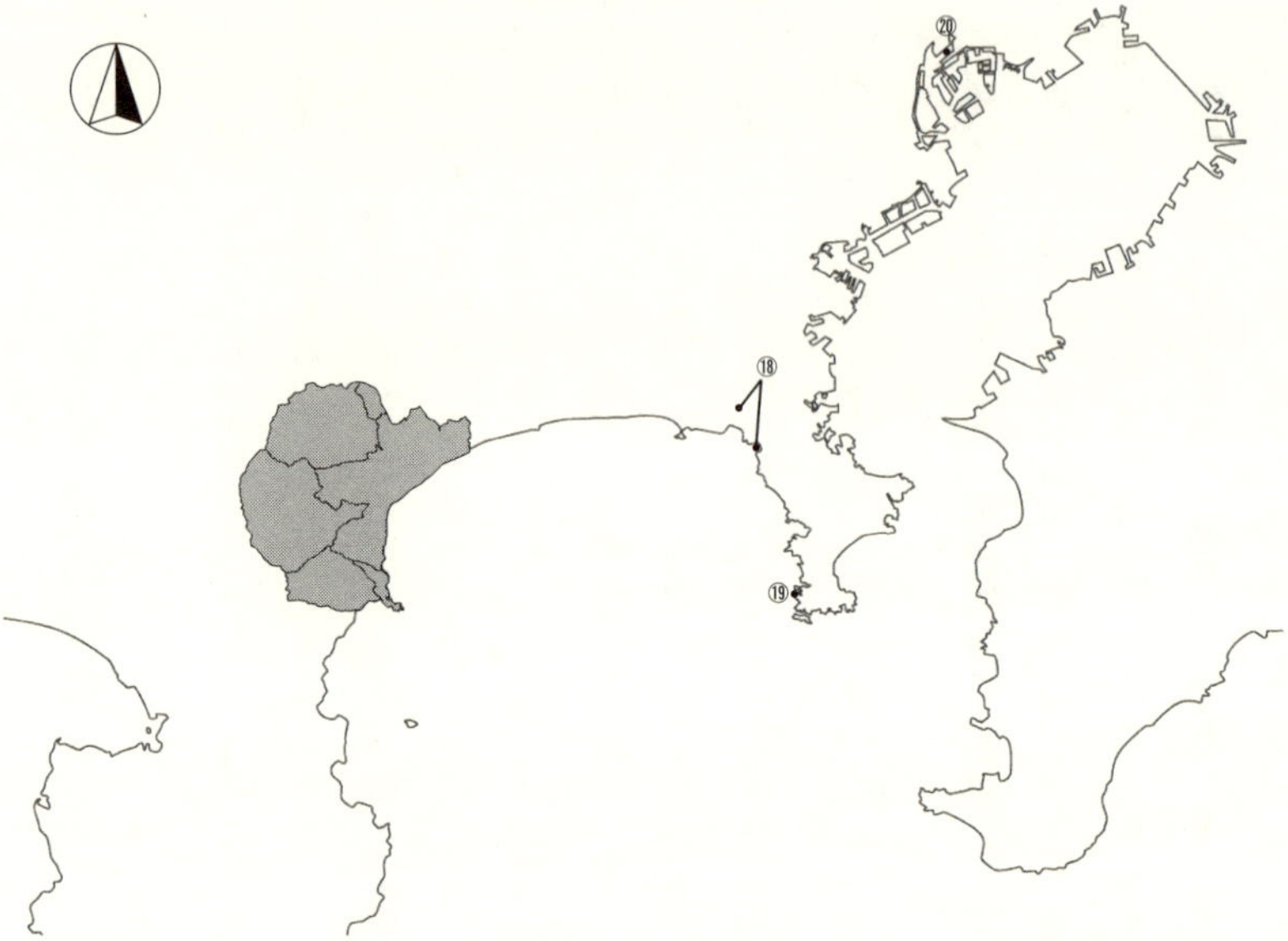

図１　石丁場遺跡の所在領域と海浜に打ち上げられた石垣用材

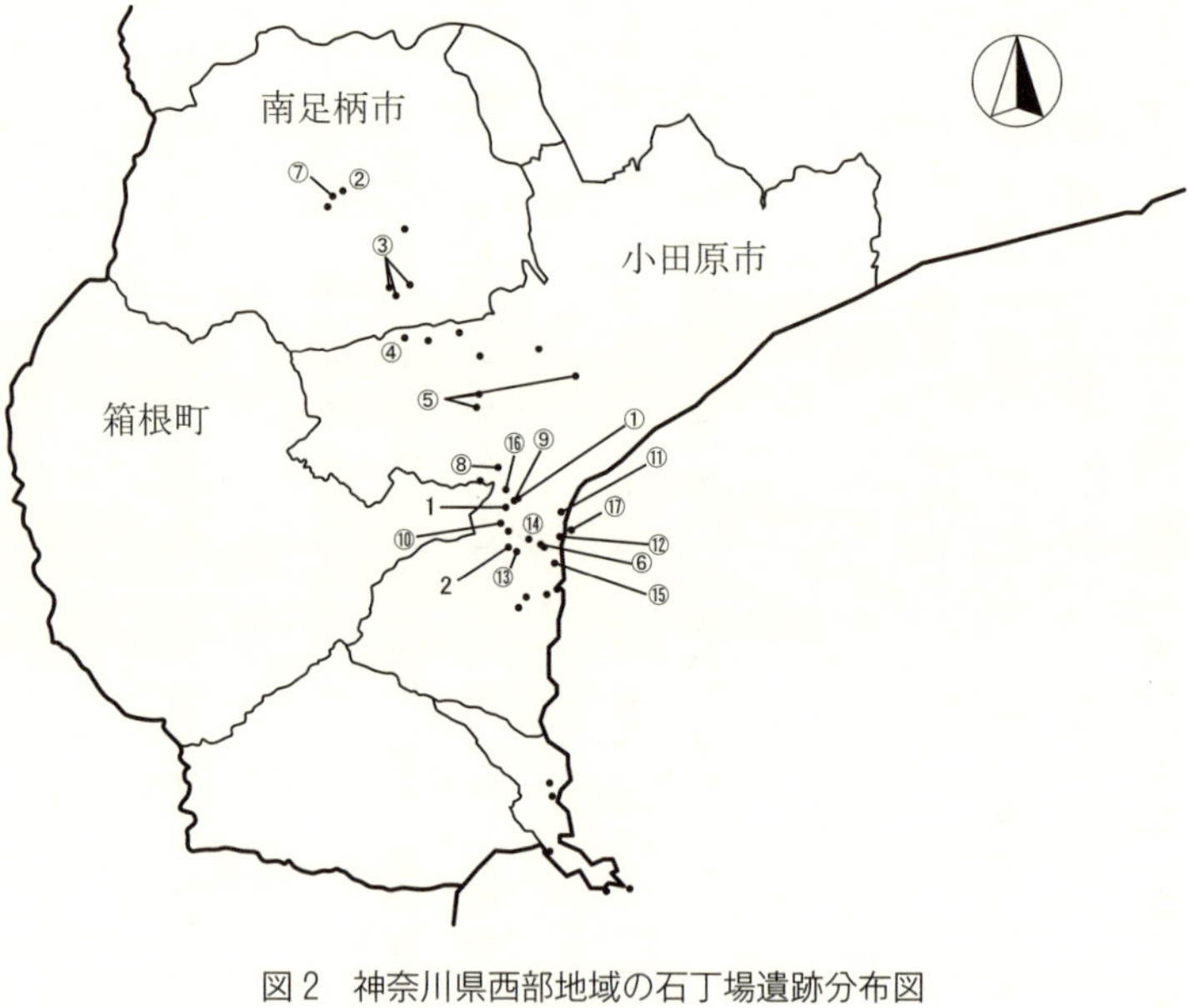

図２　神奈川県西部地域の石丁場遺跡分布図

両者は近在して所在しており、②は石材を打ち剝がした面に刻まれている。

③傍示刻印「おでん印」・矢穴（南足柄市矢佐芝所在）

路傍の矢穴の穿たれた母岩に刻み込まれている。

本資料は、矢穴痕の様相から母岩からすでに一本以上の石垣用材が切り出されている。刻印は下部が矢穴によって失われており、石が切り出される以前に刻まれたことが理解できる。近隣に同様の刻印が複数例確認されている。

また、本刻印の所在地から川を挟んだ対岸には、矢穴の穿たれた母岩に傍示したものと考えられる刻印「二重丸」が刻まれている。これはあたかも③傍示刻印「おでん印」に対峙するかのようである。川を挟んで丁場の管理領域が異なっていることを示しているものと考えられよう。

④傍示刻印「三つ葉柏」・矢穴・銘文「つるまき山いりから　沢切　くほ入まて　松平土佐守　石者（場）」（小田原市久野所在）

内田氏によると、本資料群は②の資料群と同様、山内家の『忠義公記』に記載されており、両者の石丁場の開設年代も寛永五年と特定でき、目的も江戸城修築用ではなく、小田原城改築用であったとしている。

⑤傍示刻印「一丸扇形」（小田原市久野所在、図3・4）

現在のところ久野の山中には、近年発見された一例を加え二点が近在して所在する。そのほか、民家の庭石に移設された「一丸扇形」資料があるが、こちらの原位置については不明となっている。

⑥傍示刻印「ヒョウタン形＋一」・矢穴（小田原市石橋所在、図5・6）

畑中に矢穴の穿たれた母岩が三ヶ所点在。うち最も大きな母岩はすでに一本以上の石垣用材が切り出されており、さらに石垣用材を切り出すべく新たな矢穴が穿たれている。矢穴列の間隔を測ってみたところ、これから切り出そう

図4　刻印拓影（S＝1/10）

図3　刻印「一丸扇形」近景

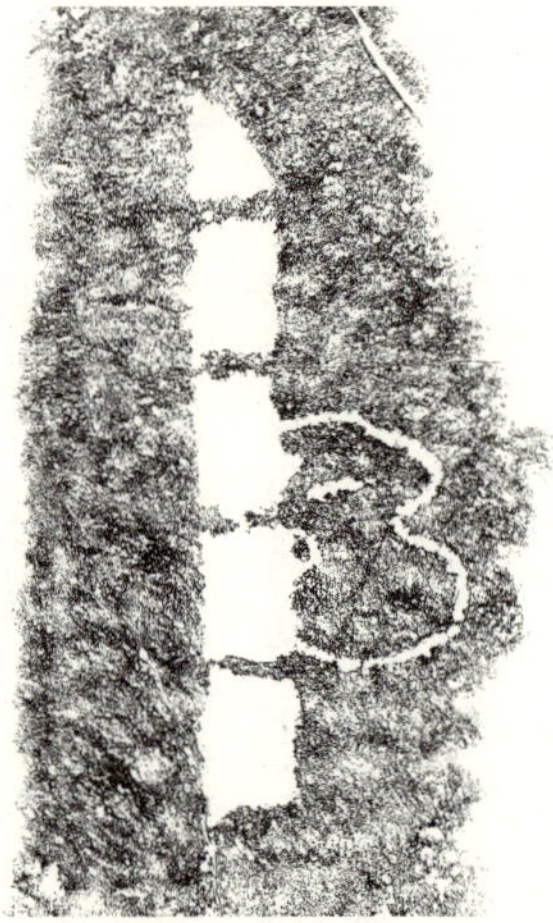

図6　刻印拓影（S＝1/10）

図5　刻印「ヒョウタン形＋一」近景

とする石垣用材の小口の大きさは約一メートルを示す。

本母岩は矢穴を穿つ作業が途中で放棄されていることが観察される。この矢穴列の特筆は、一直線に並ぶべき矢穴が途中で途切れ、一定間隔を開けた位置から改めて穿たれている点があげられる。このことは、矢穴を穿つ作業が一列の矢穴列を複数名の手によって同時並行的に行われていたことが示唆され、当時の作業の様子を考える上で貴重な資料といえる。

傍示刻印は刻印の一部が矢穴によって失われており、石が切り出される以前に刻まれたことが理解できる。

また当該地は一八世紀初頭の尾張徳川家の絵図によると「小廉久保御石丁場」として描かれており、時代はやや下るものの、「御献上作り石五拾本」がまだ留め置かれてあるとする。

図7　石丁場「丸太の森公園内」近景

⑦石丁場・石垣用材・矢穴石（南足柄市広町「丸太の森公園内」所在）

公園内を流れる上総川支流沿いに内田氏の論考の中でも取り上げられている「仏石」が所在する。この「仏石」のある支谷には大規模な石丁場が見られ、一メートル四方の小口を持つ石垣用材を多数見ることができる。傍示・個体毎の刻印等は認められない。

⑧石丁場・石垣用材・矢穴石（小田原市入生田「入生田北側」所在）

吾性沢を中心に石垣用材や矢穴石がが多数認められる。一メートル四方の小口を持つ築石や角石を含む。傍示・個体毎の刻印等は見られない。

⑨石丁場・矢穴石（小田原市早川「石垣山一夜城内西側」所在）

石垣山一夜城西側の崖線に素材となる安山岩の岩脈帯が見られ、矢穴列が観察される。小田原市教育委員会により確認調査が行われており、調査報告書の刊行が期待される。

⑩石丁場・石垣用材・傍示刻印・矢穴石（小田原市早川「早川石丁場南側」所在）

後述する発掘調査を行なった早川石丁場群関白沢支群の調査範囲からさらに関白沢を上流に遡った右岸域の山の斜面に展開している。

現況では、A．山の斜面上位の範囲では、巨大な母岩に対して縦横に矢穴列を穿ち、一度期に五本の石垣用材を切り出そうとしている様子や、B．Aの範囲の下位では、平坦地を作り分割した石垣用材を整形している様子、C．さらに斜面下位の範囲では、整形を終えた石垣用材を出荷するまでの間、まとめて留め置いている様子など、それぞれ

図8　石丁場「早川石丁場群南側」母岩近景

図9　石丁場「早川石丁場群南側」石垣用材集積近景

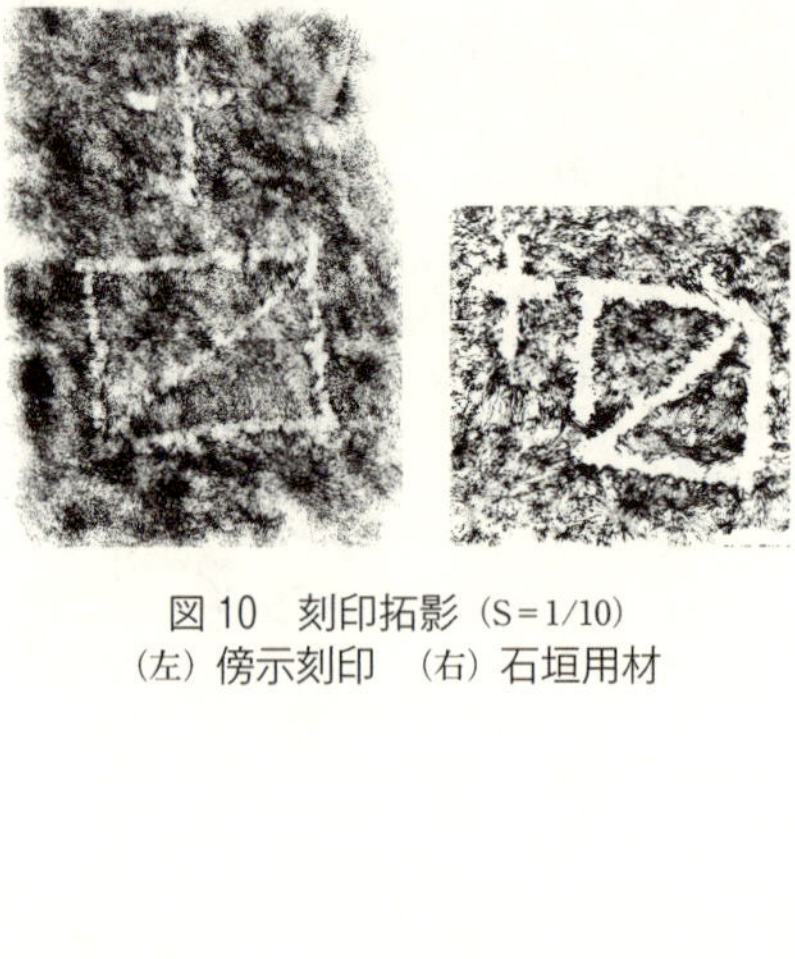

図10　刻印拓影（S＝1/10）
（左）傍示刻印　（右）石垣用材

の範囲で異なる様相を呈していることがみてとれる。

各石垣用材の大きさは不揃いながら約一メートル四方の小口を意識した大きさで揃えられている。

さらにこの石丁場の刻印の刻み方には、周囲で見られる刻み方とは異なる様子が観察された。本石丁場では、石垣用材個々に刻まれる刻印は小口面を中心に刻印「+」と刻印「⧄」の二種が刻まれている（図10）。しかしながらこれをさらに観察すると、石垣用材の「切り出し作業」を行なった範囲では刻印「+」のみが確認される。それに対し、斜面下位の「整形作業」を施した範囲や完成した石垣用材を留め置いている範囲では、刻印「+」の脇に「⧄」を追加して刻み込んでいることが観察される。このことは「切り出し」と「整形」の二つの作業が異なる担い手により協働されていたことが想起される。

図11　石丁場「玉川河口」近景

傍示刻印は、石垣用材が山積みされている範囲とさらに下位に位置する石曳道を思い起こさせるような道との境界付近に石垣用材を目立たせるように配置されている。そしてこの石垣用材は道へ控面を向けており、その控面に傍示刻印が刻まれている。

⑪石丁場・矢穴石（小田原市早川所在）

前出の『早川磯丁場・小廉久保御丁場絵図』に記載されている「早川磯御丁場」の位置にあたる。国道一三四号線建設時にも消失したものと考えられるが、歩道脇には矢穴が穿たれた巨大な母岩が認められる。ここで穿たれている矢穴入口幅は一一センチメートル前後と小田原近在で見つかっている矢穴に比べ、やや大きいことが観察される。

図 12　傍示刻印「井」近景

図 13　傍示刻印「矢ノ根石」近景

図 14　刻印拓影（S＝1/10）

⑫石丁場・矢穴石（小田原市石橋（玉川河口）所在）

玉川河口の海岸線沿いに大小の矢穴石が点在する。時期は特定できないものの、さまざまな矢穴のタイプが観察されており、後世まで採石していたものと考えられる。

⑬石丁場・傍示刻印・矢穴石（小田原市石橋所在）

後に述べる発掘調査を行った石橋石丁場群玉川支群から南側へ一つ尾根筋を越えた谷に所在する。矢穴が穿たれた母岩が認められ、傍示刻印と考えられる「井」が点刻されている（地権者教示）。

⑭石丁場・石垣用材・矢穴石（小田原市石橋所在）

玉川流域に両岸に矢穴の穿たれた母岩や切り出された石垣用材、矢穴石等が点在。刻印等は確認できない。土地所有者によるとこの周辺は大量の土砂で埋め立ててミカン畑の整備を行ったため、地下に埋蔵されているとのこと（地権者教示）。

⑮石丁場・傍示刻印・銘文（小田原市米神所在）

小田原市石橋と米神の境界付近に所在。本資料は一一八〇年（治承四）平氏打倒のため、源頼朝が挙兵し石橋山の合戦をした際に佐奈田与一が射抜いた石『矢ノ根石』として伝承されており訪れる人も多い。この石材の表面には二種の傍示したものと考えられる刻印「□」と「四つ目」が刻まれる。さらにそのかたわらには銘文が刻まれる。銘文についてはさらに左へ文言が続き、二行目以降は土中へ埋もれている。この銘文についてどのような文面であるのかは、風化も激しく判読が難しい（図12・13・14）。

図 15　関白沢河床検出角石

2　点在する石垣用材

⑯石垣用材（小田原市早川所在）

箱根登山鉄道の入生田駅から石垣山一夜城へ向かう関白沢沿いの道路に石垣用材が二点屋外展示されている。

これは関白沢の改修工事の際、河床より引き上げられたものとのこと。おそらくかつて石曳道が近在し、これらの石垣用材が運搬される中、沢へ転落したものと想起される。

石垣用材は流水による摩耗が見られるものの、丁寧に整形が施されており、わずかに矢穴の痕跡が観察される。双方とも刻印は刻まれていない。

⑰石垣用材（小田原市石橋海岸（海底）所在）

石橋海岸の沖、水深二〜八メートルの範囲に石垣用材や石製品が点在する。

現在筆者らは、この付近にいわゆる石舟へ石垣用材を積み込んで出荷した港湾施設があったものと想定し、分布調査を行なっている。

こうした港湾施設は浦ごとに設置されていた可能性が高く、石丁場から石曳道を伝い下ろされた石垣用材は、海岸の集積地に集められ出荷していたものと考えている。

さらに一つの浦と山中の石丁場の間には、すべて同じ石工集団とまでは言わないものの、一定の関連性もしくは協働関係がある可能性を有すると考えている。

現在見られる海底に点在する石垣用材や各種石製品は、石舟に積み込み作業を行なった際、誤って海底に没したものと考えている。

⑱石垣用材（逗子市新宿五丁目沖合所在（不如帰碑））

高養寺浪子不動の沖合に、徳富蘆花の小説『不如帰』を記念し、昭和八年（一九三三）「高養寺」（浪子不動）前の海

図 16　石橋海岸海底所在石垣用材

図 17　逗子市不如帰碑石垣用材

図 18　三浦市初声海岸「天神丸」石垣用材

中の岩場に建立された石碑。

この石碑に使われた石材は佐賀鍋島藩が切り出したものとする伝承があり、切り出した石垣用材が江戸への運搬中、石舟が沈没し近在の小坪の海岸に打ち上げられたとされる。他に同様な海揚がりの石垣用材だとする伝承資料として、鎌倉市に所在する鶴岡八幡宮境内の流鏑馬通りの西端、公衆トイレの前に「やじべ石」がある。

⑲石垣用材（三浦市初声海岸所在）

三浦市相模湾側の初声海岸に「サンコロ石」・「天神丸」と伝承される石垣用材が打ち上げられている。ともに角石二本と角脇石一本という単位で密接に所在しており、それぞれの集まりが石舟一艘分の積荷である可能性が考えられる（図18）。サンコロ石のうち石垣用材一点については近年の工事によって失われてしまっている。

角石と角脇石、計測可能なそれぞれの法量は、角石が小口一・二～一・四メートル・控三・一五～三・四メートル、角脇石が小口一・三～一・五メートルの範囲で非常に大きい（三瓶二〇一一）。

⑳石垣用材（東京都江東区越中島〈東京海洋大学越中島キャンパス〉所在）

神奈川県下ではないが、東京都江東区に所在する東京海洋大学越中島キャンパスには、数多くの石垣用材が点在し、その一部は石碑や彫刻に転用されている。近在に「古石場」という地名も残っていることから、この地周辺も江戸湾へ運び込まれた石垣用材を荷揚げし集積した施設の一つがあったものと考えられよう。

二　発掘調査を行なった石丁場群

これまで小田原市内では、平成十七～十八年（二〇〇五～〇六）に早川石丁場群関白沢支群、平成二十二年（二〇一

図19　発掘調査を行なった石丁場（航空写真）

〇）に石橋石丁場群玉川支群の発掘調査を行なった。以下、それぞれの調査成果について概要を記す。

1　早川石丁場群関白沢支群
（小田原市早川字箕ヶ窪所在）

本遺跡は箱根登山鉄道入生田駅の南方、約一・二キロメートルに所在する標高一八〇から二五〇メートルの箱根外輪山の山腹に立地する。地形的には、早川に注ぐ関白沢によって深く開析された谷を形成する北向きの急斜面上に立地する。

調査では、数多くの石丁場を検出し、盛んに江戸城向けの石垣用材の切出しを行なっていた様子が観察された。それぞれの作業場はいずれも作業途中で放棄したかのような様相を呈している。

また、切り出した石垣用材を搬出する石曳道と考えられる道状遺構を検出した。

図20　早川石丁場群関白沢支群保存地区（発掘調査時の検出状況．神奈川県教育委員会所蔵）

石丁場の様相

（1）保存地区（図20）

本丁場が位置する地形は地形的に大きく窪んだ形状をなしている。これはかつて、この辺りに石垣用材の母岩となる多くの転石があり、これらの転石を山肌から掘り出していくにしたがい、結果的に山肌を幅約三〇メートル、高低差約二〇メートルにわたって大きく削り込んだものと考えられる。

この丁場で観察された主な作業の痕跡は、A．母岩に矢穴を穿ち切り出し待ちの状況。B．母岩から素材を切り離し、石垣用材へ向けて分割を行った状況。C．分割した石材を整形し、石垣用材に仕上げための作業場および石材の整形状況。D．仕上がった石垣用材を一ヶ所にまとめ、留め置いている状況。これらの作業の様子がコンパクトにまとまった状態で検出した。

この調査範囲は蓑ヶ窪橋の橋下に検出状況のまま保存され、小田原市によって公開されている（図20）。

（2）巨大な角石を切り出そうとした石丁場

一点の母岩から一本の角石を丁寧に切り出そうとしている様子が観察された。母岩中から不必要な範囲を何段にも矢穴列を配して割り取り、改めて小口一・一六×一・一五メートル、控三・六二メートルを測る角石を切り出そうとする意志が見て取れる。残念ながら角石の中央にヒビが入ってしまったことから、石垣用材の獲得は断念したようである。

（3）様々な石垣用材を効率よく切り出そうとした石丁場

母岩の上に角石を目的としたであろう石垣用材が三本、切り出されたままの状態で検出した（図21）。切り出された石垣用材の規模は小口が〇・九一～一・一二メートル×〇・八一～〇・九四メートル、控二・六五～三・九四メートルとほぼ同規模の小口を持っている。（2）で紹介したような一点の母岩から角石を切り出す方法と、本例のように効率よくいくつもの角石を切り出す方法などバリエーションが認められる。また本例では角石を切り出す前段階において、四本の石垣用材が切り出されていることが観察された。これらの築石は斜面の下位に展開している（図22）。

図21　石垣用材切り出し状況（神奈川県教育委員会所蔵）

図22　石垣用材切り出し状況

石曳道の様相

もう一つ早川石丁場群関白沢支群を特色づける遺構として石曳道がある。

調査範囲の西側において山体に沿って緩やかなカーブを描く様に設置されていた（図23・24）。

図23　石曳道検出状況（神奈川県教育委員会所蔵）

図24　石曳道検出状況

急斜面な山体に対し、斜めに切り込む溝状の掘り込みを持ち、その掘り込み方も急傾斜の部分は浅く、緩斜面の範囲は深く掘り込むことによって、比較的石曳道の傾斜を緩やかにする工夫が見られる。

　路面の傾斜角は一部一八・六度を測る急峻な範囲もみられるものの、おおむね一一・八～一五・三度で平準化が試みられており、平均の角度は一三・七度を測る。石曳道の路面幅は一・二一～一・五七メートルを測る。

　路面には轍《わだち》と考えられる二条の溝状の掘り込みが観察された。それぞれの溝の幅は〇・二三～〇・五七メートルを測り、深さは〇・一一～〇・二五メートル、轍（溝と溝の間）間の距離は〇・六七～〇・八九メートルを測る。各溝の覆土中には、小礫やコッパ様の石材などが混入している。

傍示刻印・刻印・銘文

傍示刻印したものと考えられる刻印は「八」と「十」の二種が石材の自然面に刻まれている事例を確認した。

図25　各種刻印検出状況

図27　傍示刻印「此左□」
（神奈川県教育委員会所蔵）

図26　傍示刻印「此左□」近景

一方、個々の石垣用材に刻まれた刻印は、「㊉」、「(寸)」、「□」の三種である。これらの刻印は概ね石垣用材の小口面に刻み込んでいることが観察されている。

調査範囲内では「㊉」や「(寸)」については、普遍に見ることができたが、「□」については調査範囲内でたった一例のみであり、近隣にも同刻印を見ることはできなかった。山からふもとへと運びおろす過程で放棄された可能性が考えられる。

また調査範囲内からは、「(寸)」と刻まれた石垣用材の小口がノミによって打ち消すかのように削り取られ、その後「⊕」を新たに刻み込んでいる事例が数例確認されている。「(寸)」と「⊕」の刻印には刻みつけた時期に違いがあることの証左であろう。またさらに「(寸)」と「⊕」の刻印を観察すると、「(寸)」の刻印は線刻が多く、「⊕」の刻印は点刻が多いことが見て取れる。また○部分の刻み方についても、「(寸)」は真円に近いのに対し、「⊕」では円がゆがんだものが多く見られる。

銘文としては、石垣用材の控の面（自然面）に「此左□」と刻んだ例が観察された（図26）。

この銘文は何らかの傍示刻印と考えられるが、母岩であった段階で刻まれたものか、石垣用材として切り出したのちに刻まれたものかどうかは不明である。銘文は「此左」まで刻み、三文字目に取り掛かった段階で途中放棄されている。切り出し作業によって文字が分割されているものではない。三文字目以降、何を刻もうとしていたのか、またなぜ刻みこむ作業をやめてしまったのかなどについては不明である。なお本資料は、出土位置に近接する道路脇に移設している。

そのほかに調査範囲の周辺からは、母岩に刻まれた刻印「十一」が発見されている。発掘調査で検出している刻印「八」との関連性を考える必要があろう。

2　石橋石丁場群玉川支群（小田原市早川・小田原市No.二七六）

本遺跡はJR東海道線早川駅の南西、約二・一キロメートルに所在する標高一九〇から二二〇メートルの山腹に立地する。地形的には、小田原市石橋地区を流下する玉川によって開析された谷を形成する北向きの急斜面上に立地する。石丁場が三ヶ所と、分割された石垣用材二本が放置されている範囲を一ヶ所検出した。

石丁場の様相

（1）母岩を三分割した石丁場

築石の小口面に刻印を刻んだ状態で放置された石丁場を検出した（図28・29）。

刻印が刻まれていることからこの丁場は、母岩の採掘から石垣用材獲得、刻印を刻み込み完成するまでの一連の作業工程が行われたことを示している。

（2）母岩を二分割しようとした石丁場

図28　母岩を三分割にした石丁場

図29　三分割にした石垣用材と刻印

図30　母岩を二分割にしようとする石丁場

図31　検出した刻印
（神奈川県教育委員会所蔵）

図32　検出した刻印

分割を試みたものの、矢穴の破損によって分割ができなかった母岩を検出した。矢穴に矢を差し入れ玄翁で敲いた際、矢の入口部が衝撃によってはぜる様な形に破損したものと考えられる。剝片が母岩の周囲から出土している。

傍示刻印・刻印

刻印は六点、「+」が刻まれている。石を割る以前に母岩の自然面へ刻みこむ傍示刻印と考えられるものと、各種石垣用材となった段階で刻みこまれる刻印、双方に「+」が確認されている。

三　分布調査や発掘調査を通してみた石丁場

以上、神奈川県西部地域の石丁場について概略を記した。

ここでは、分布調査や発掘調査を通して少ないながらも得られた資料から、他地域と比べて特筆できるのではと考

表１　早川石丁場群関白沢支群検出石垣用材法量

地区	石材番号	長辺（m）	短辺（m）	控長（m）	割石名称	刻　　印	備　　考
01区	1	0.945	0.797	2.795	調整石目的材		
01区	5	0.890	0.857	1.582	調整石目的材		
05区	1	1.239	1.005	3.293	調整石目的材		
05区	2	1.098	0.909	3.207	調整石目的材		
06区	1	1.083	1.041	2.637	調整石目的材		
07区	1	1.024	1.007	2.506	調整石目的材		
07区	2	1.019	0.901	1.778	調整石目的材		
09区	1	1.197	1.170	2.794	調整石目的材	刻印 30「寸⃝」	
10区	1	1.237	0.935	2.104	調整石目的材	刻印 43「寸⃝」	
10区	6	1.368	0.897	2.104	調整石目的材		
10区	9	1.483	0.850	3.226	調整石目的材	刻印 35「寸⃝」	
10区	12	1.007	0.954	2.042	調整石目的材		
10区	14	1.067	0.716	2.514	調整石目的材		
10区	19	1.065	0.738	1.458	調整石目的材		
10区	21	1.252	1.046	2.849	調整石目的材	刻印 47「寸⃝」	
10区	25	1.260	1.046	2.782	調整石目的材	刻印 50「⊕」	
10区	31	0.806	0.798	1.840	調整石目的材		
10区	32	1.040	0.941	2.297	調整石目的材	刻印 48「⊕」	
10区	33	1.199	1.118	1.810	調整石目的材		
11区	2	1.241	1.138	(1.629)	調整石（角石）		控長計測不能
11区	6	1.046	0.964	2.742	調整石目的材		掬い取り
11区	8	1.470	0.757	3.569	調整石目的材	刻印 24「寸⃝」	
12区	1	1.397	1.052	2.436	調整石目的材	刻印 33「？」	
14区	1	1.097	0.880	3.104	調整石目的材	刻印 36「寸⃝」	
15区	1	1.179	0.911	3.364	調整石目的材	刻印 37「寸⃝」 ・38「⊕」	
16区	1	1.008	0.881	3.016	調整石目的材	刻印 39「寸⃝」 ・40「⊕」	
16区	2	0.943	0.923	2.702	調整石目的材	刻印 41「□」	
16区	3	1.309	0.898	2.648	調整石目的材	刻印 42「寸⃝」	
16区	6	1.123	0.932	2.966	調整石目的材		
16区	7	1.093	0.862	3.283	調整石目的材	刻印 49「⊕」	

地区	石材番号	長辺（m）	短辺（m）	控長（m）	割石名称	刻　　印	備　　考
16区	9	1.028	0.937	3.739	調整石目的材	刻印44「⊕」	
16区	10	0.909	0.813	3.939	調整石目的材	刻印45「(寸)」・46「⊕」	
18区	1	0.463	0.389	1.817	調整石目的材	刻印25「⊕」	
18区	2	0.712	0.417	1.608	調整石目的材	刻印15「⊕」	
18区	3	1.374	0.945	2.688	調整石目的材	刻印14「⊕」	
18区	6	1.009	0.916	2.391	調整石目的材	刻印13「⊕」	
21区	4	0.884	0.828	2.610	調整石目的材	刻印17「⊕」	
21区	6	1.057	1.009	2.316	調整石目的材	刻印16「⊕」・51「此左□」	
22区	6	1.134	1.057	2.855	調整石目的材		
22区	8	0.897	(0.442)	2.440	調整石目的材		短編下半部計測不能
27区	1	1.131	0.912	2.504	調整石目的材		
28区	4	0.994	0.819	2.167	調整石目的材		
28区	5	1.354	2.124		調整石目的材		

表2　石橋石丁場群玉川支群検出石垣用材法量

	石材番号	長辺（m）	短辺（m）	控長（m）	割石名称	刻　　印	備　　考
	1	1.300	1.000	1.900	調整石目的材		
	2	1.200	1.100	(2.000)	調整石目的材		控長計測不能
	3	0.960	0.880	1.910	調整石目的材	刻印「十」	
	5	1.280	1.260	2.720	調整石目的材	刻印「十」	
	8	0.900	0.800	1.970	調整石目的材	刻印「十」	

えられる点についてまとめる。
①石垣用材の大きさ
石垣用材の大きさについて具体的に資料化したものは、発掘調査を行なった早川石丁場群関白沢支群および石橋石丁場群玉川支群のものしかない。

発掘調査で得られた資料は表1・2のとおりだが、分布調査から見ても⑥や⑦で紹介した石垣用材はおおむね同様な規模を持っており、築石の小口の長辺は三尺角という大きさ、角石に至っては四尺角以上という大きさを気にかけているように看取される。逆に江戸城の外堀や小田原城で多く使用されている二尺角という大きさを持った石垣用材については、同サイズの切り出しを行なっている形跡は今のところ認められない。二尺角を単位とした石垣用材の切り出しを行なった石丁場遺跡が多くみられる静岡県伊東市域とは対照的である。
②傍示刻印
現在確認されている傍示刻印を中心に石丁場の分布について概観してみると、村（集落）境を越えて同種の傍示刻印が認められたり、谷戸においても小河川の左右で異なる傍示刻印が認められるなどそれぞれの地域や石垣用材を切り出した集団によって千差万別であることが認められる。

さらには同じ山腹で隣接した石丁場であっても、少し離れただけで「八」・「十」・「十一」・「＋」と「〼」など多彩な傍示刻印が見られる石丁場群や、そもそも刻印を持たない石丁場の存在など、傍示刻印を持って石丁場群としてのまとまりを考えることは難しい。

一方、石丁場の境界を示すものであろうと先に紹介した⑤傍示刻印「第一・第二一丸扇形」例や、⑮石丁場・傍示刻印・銘文『矢ノ根石』例などは同一母岩に二種の傍示刻印を刻んでおり、それぞれ刻印「一丸」集団と刻印「扇形」集団、刻印「□」集団と刻印「四つ目」集団がお互いの領分を確認するためのものと考えられる。

③石垣用材個別の刻印

石垣用材個々に刻まれた刻印では、⑩の「早川石丁場南側」所在石丁場で観察された「作業工程を示す」と考えられる刻印について繰り返しになるが述べる。ここで見られる刻印は「＋」と「◸」の二種である（図10）。分布状況を見ると石丁場の斜面上方、石を切り出している範囲では、小口の部分に「＋」のみが刻まれ、斜面下方の切り出し後、整形を施した石垣用材に「◸」の刻印が刻印「＋」の傍らに追加していることが看取された。これまで刻印は「石丁場の管理・所有者」であったり、「石丁場に携わった作業集団の符丁」といった性格が論じられてきたが、「作業工程」によっても刻まれるという検討も今後必要となろう。

④矢穴の大きさ

神奈川県西部の石丁場においては矢穴口短辺（入口長）が四・五～五・五センチメートル、矢穴口長辺（入口幅）、奥行ともおおむね七～九センチメートルを測る矢穴が主体的に認められる。

しかし、少ないながら①早川石丁場関白沢支群例や⑪「早川磯御丁場内」例など矢穴口長辺が一一～一二センチメートル前後を測る矢穴も確認されている。

矢穴の大小が「年代の新旧をを示す」という議論であるならば、この一帯が一斉に石垣用材の切り出しを開始し、短期間で生産を終了したのだという仮定で矢穴法量のバラエティの乏しさも説明できるのかもしれない。一方、石丁場内における矢穴の大小のバリエーションが「石材の大割・小割によって矢穴の大きさを変えている」という議論では、当該地域の様相は議論に乗りにくい状況を呈している。

⑤陸運・水運

陸運の一部である石曳道の把握は、今のところ早川石丁場群関白沢支群の斜面を下る石曳道の検出例のみである。伊豆半島の分布調査例を見ると、斜面を下る石曳道は山肌を逆台形に掘り窪めて構築し、運搬速度を管理しようとしていることから、石垣用材の安全な運搬という見地から共通したものと考えられる。

この石曳道の構造をみると、多大な労力や技術によって堅牢に構築されている。そうして敷設された石曳道自体は当初の目的が完了した後も、山と麓を結ぶ道として今なお機能し続けている可能性が考えられる。現在、簡易舗装された農道等の道路となって現在に至っているものと考えたい。

水運では、三浦半島や湘南地域に座礁した石舟に関係するものと考えられる石垣用材が点在することが観察されている。また、⑰の小田原市石橋海岸では、石舟に載せて運びだそうとして海中へ落としたものと考えられる石垣用材が海底に点在している。当概地では港湾施設等は見つかっていないものの、各地の浦を精査することにより新知見や様相の解明が期待されよう。

おわりに

生産地（石丁場）から消費地（江戸・江戸城下）へ至るまでの石垣用材の流れを考えた場合、まず①質の良い石はどこにあるのかを探す。これには事前に綿密な石材の産出ポイントの掌握と地元民との交渉が必要となる。運よく石丁場を運営できる場を確保したら次に②切り出した石垣用材を効率よく山から降ろすために、どのような石曳道を構築するかを考えるだろう。おそらく重量物を曳いて尾根を越えたり、回り道をするということは考えにくい。石曳道の発掘調査成果からは、路面の傾斜をある程度緩くすることによって石垣用材の曳き降ろしにはかなり丁寧な扱いをしていることが想定される。

石丁場遺跡が立地する山自体が後世の大規模な改変がない限り、調査者も産出地と麓までの地形を観察することによってかなりの確度で石丁場遺跡の把握ができるのではないだろうか。また同様に、海岸部における石垣用材の積み出しについても、「石垣用材は尾根を越えない」という前提で立つならば、石丁場遺跡から石曳道をつたい、積み出す石垣用材をストックしておく空間や積み出しをしたであろう浜辺、簡単な港湾施設など想定するのはさして難しくないのではと期待している。

〔引用・参考文献〕

内田　清　二〇〇一「足柄・小田原産の江戸城石垣石―加藤肥後守石場から献上石図屛風まで―」『小田原市郷土文化館研究報告』三七

大島慎一　一九九九「史跡石垣山一夜城跡発見の加藤肥後守銘金石文について」『小田原市郷土文化館研究報告』三五

大塚健一他　二〇一一『石橋石丁場群玉川支群』かながわ考古学財団調査報告二六六　財団法人かながわ考古学財団

中根　賢　一九九三「大御所徳川秀忠の小田原隠居所計画―第一次・第二次番城時代の検討を通じて―」『小田原市郷土文化館研究報告』二九

三瓶裕司他　二〇〇七『早川石丁場群　関白沢支群』かながわ考古学財団調査報告二一三　財団法人かながわ考古学財団

三瓶裕司　二〇一一「サンコロ石・天神丸―神奈川県三浦市初声海岸に打ち上げられた石垣用材―」『神奈川考古』第四七号

伊豆石丁場遺跡群における人名が刻まれた石について

――栗木　崇

はじめに

平成二十二年十月に開催された江戸遺跡研究会第二四回大会『江戸城・城下と伊豆石』において「熱海市内の石丁場遺跡について」という題で報告する機会をいただいた。伊豆の石丁場遺跡群の特徴の一つに大名の人名などの文字を彫った刻印石が多数存在することが挙げられるが、特に熱海市内の場合は人名や年号、方角などが彫られた刻印が最も多く現存すること、中でも、「中張窪《ちゅうばりくぼ》・瘤木《こぶぎ》石丁場遺跡」ではその刻印が丁場の境界を示すように確認できることなどを指摘した（栗木二〇一〇）。

今回の論集は、できるだけ研究会およびその後の成果も盛り込み、単なる遺跡の紹介ではなく論考として成り立つものを求められたこともあり、本稿においては伊豆地域の石丁場に残された大名家にかかわる人名が刻まれた石である「人名刻印」(1)について考えてみたい。

一　標識石と境界石

石丁場内で確認される文字の刻まれた石は、1．丁場の中央を示す、2．丁場の境界を示す、3．江戸へ運ばれる製品に付与された文字、4．記念碑的な意味（金子二〇〇九）に大きく分類されるが、およそ1が標識石、2が境界石または牓示石、3が献上石、進上石に相当する。

しかし、標識石と境界石については、研究者によって考え方が異なる。野中和夫氏は標識石を大名や家臣、あるいは藩を特定できる名を刻んだものとして、それに範囲や距離などの事項を加え境界を明示しているものを境界石としているが、島田冬史氏などは記号的な刻印に対して、石に刻まれた文字が文として意味を成すものを刻文（刻字）とし、標識石をこうした文字等によって丁場と所有大名をあらわしたもの、境界石は文字、刻印、またはこの両者によって丁場の境界を示すとみられるものとしている（野中二〇〇七・伊東市教育委員会二〇一〇）。端的に言えば、野中氏は標識石を大名家関連の人名があるもので、境界石はそれに位置情報が加わることによって境界を設定している石と考えており、島田氏らは、標識石はほぼ同様の意味ととれるが、境界石は位置情報に規定されるもので、文字のない刻印も含まれるということになる。

また、標識石と境界石の定義ついては刻まれた文字情報の問題だけでなく、それが周囲の石の占有を示しているのか、丁場の境界を示しているのかは、文字情報とともに立地など個々の地形や遺構の中での関係で判断し、位置付けていくことが必要と思われる。逆に言えば当事の丁場の様子が想定できないものや位置情報が曖昧な石はどちらと判断することはせず保留することが賢明な判断と思われる。

二　概　要

まず、伊豆石丁場遺跡群の各地で確認されている人名刻印の概要について述べる。人名刻印について全体的な検討を試みたものとしては野中氏の論考があり、資料を集成し、分布や位置、形態的な特徴から分類、考察を行なっている（野中二〇〇七）。本稿では採石地における人名刻印の役割、意味について考察することを目的としており、表1に示した標識石と境界石に分類される人名刻印で管見の範囲で確認でき、人物が同定できる二七例を対象とする。

その分布を図1として地質図に重ね合わせて示しているが、おおよそ安山岩が分布する地域に重なり、軟質の凝灰岩を採石する石丁場では確認されない。個々の位置については、1〜3の南足柄周辺にある「松平土左守（山内忠義）」の刻印が海岸部周辺から直線距離で八キロメートル程と特に内陸に入った地点であるが、そのほかは、海岸に存在するものから内陸へ四キロメートル未満、標高は四〇〇メートル近くの間でさまざまであり、特に安山岩の石丁場群の中での地域的な偏在は確認されない。ただ、微地形に即しては、尾根上や谷地形など、地形が変化する所に確認される事例が目立つが、通常の斜面や原位置が不明な資料も多い。

石自体は比較的大きな数メートルを超えるものが多く、文字は自然面に鑿《のみ》で点刻された例がほとんどである(2)。文字として刻まれた内容は、表1の№5「加藤肥後守石場」や12・13の「羽柴右近」のように（これより）人名（石場）だけのものが一四例と最も多く、次いで人名＋方向（左右・東西南北）が七例、年号は「慶長」のみで五例あり、地名、地形などの詳細な情報まで刻まれる例は南足柄周辺の「松平土左守」三例である。

大名以外に人名が特定できるのは「越前（百々安行）」「浅野紀伊守内　左衛門佐（浅野氏重）」であり、どちらも江戸

表1　伊豆石丁場遺跡群内の人名刻印

No	銘文	所在地	人名	位置	標高	海岸まで直線距離	刻面の加工	年代（根拠）
1	此尾北南谷川切水たり下原まて北ハ大峯いり舟帰口ノ北かの村山切いりを下松平土左守いし者	南足柄市塚原上向坂	山内忠義	尾根地形	三一〇m	八km	自然面	慶長十五年（松平姓下賜）～明暦二年（隠居）
2	是ヨリ東松平土佐守石場南谷限	南足柄市塚原上向坂		尾根地形	三〇〇m	八km	自然面	
3	つるまき山いりから沢切くほ入まて松平土左守石者	小田原市久野字鶴巻		谷地形	二六〇m	六km	自然面	
4	三佐	小田原市久野字上柳河原	池田輝政	田圃　河川合流地　4・5は同一の石	四〇m	三・六km	自然面	慶長期～慶長十八年（没年）
5	加藤肥後守石場		加藤清正又は忠宏				自然面	慶長期～寛永九年（改易）
6	此石かき左右加藤肥後守石場	小田原市早川字梅ヶ窪		石垣内?原位置移動	二四〇m	一・五km	自然面	
7	□長十七子羽柴右近石場六月廿日	小田原市早川海蔵寺前	森忠政	田圃　谷入口?	不明		不明	慶長十七年
8	従是東二十八間水戸殿石場	真鶴町真鶴	水戸徳川家	谷地形・原位置移動	五〇m	一km	研磨面石碑状	寛永期以降か?
9	羽柴丹後守けい長九年	熱海市伊豆山字礼拝堂	京極高知	斜面・原位置移動?	二四〇m	〇・五km	自然面	慶長九年
10	是ヨリにし有馬玄蕃石場慶長十六厂七月廿一日	熱海市下多賀字中張窪	有馬豊氏	尾根地形	二四〇m	一km	自然面	慶長十六年
11	有馬玄蕃石場慶十六	熱海市下多賀字中張窪		尾根地形	二七〇m	一km	自然面矢穴痕	

12	羽柴右近	熱海市下多賀字中張窪	森忠政	谷地形：原位置移動？	二一〇m	一km	自然面	慶長期〜寛永三年（左近中将に昇任）
13	羽柴右近	熱海市下多賀字瘤木		尾根地形：原位置移動	一四〇m	一km	自然面 矢穴痕	
14	浅野紀伊守内 左衛門佐	熱海市下多賀字瘤木	浅野氏重	谷入口	一三〇m	一km	自然面 矢割	慶長期〜元和五年（没年）
15	此石ヨリ南西 京極丹後守石場	熱海市下多賀字南ヶ洞	京極高知 又は高広	谷入口	一四〇m	一・五km	自然面 矢割	慶長期〜承応三年（高広隠居）
16	松平宮内少石場	伊東市宇佐美字御石ヶ沢	池田忠雄	谷地形	一二〇m	〇・五km	自然面	慶長十三年（松平姓下賜）〜寛永九年（没年）
17	羽柴越中守石場	伊東市宇佐美字御石ヶ沢	細川忠興	尾根地形	三四〇m	一km	矢割面	慶長期〜元和元年（細川に復姓）
18	いよ松山 これより □丁は	伊東市新井字前山丁場	蒲生忠知？	谷地形：原位置移動	一四〇m	〇・七km	自然面 矢穴痕	寛永四年（伊予入封）〜寛永十一年（没年）？
19	石は いよ松山 これより 北みなミ	伊東市新井字又居		尾根地形	一五〇m	〇・三km	自然面	
20	是より松平長□□	伊東市富戸	毛利秀就？	海岸	〇m？	〇km？	不明	慶長十三年（松平姓下賜）〜慶安四年（没年）
21	これより南 竹中伊豆守	伊東市鎌田字下川久保	竹中重利	斜面	七〇m	二・五km	自然面	〜元和元年（没年）
22	大久保石見守御石場	東伊豆町北川平滑	大久保長安	斜面？	一三〇m	〇・二km	不明	〜慶長十八年（没年）
23	越前	東伊豆町稲取字磯脇	百々安行	谷入口？	二〇m	〇・一km	不明	〜慶長十四年（没年）
24	ほそ川越中守石場	沼津市戸田田代山	細川忠興 又は忠利	尾根地形	三一〇m	一km	自然面	元和元年（細川に復姓）〜寛永十八年（没年）
25	これよりにし ほそかわ越中守石場	沼津市戸田田代山		尾根地形	二七〇m	一km	自然面	
26	鍋島信濃□	沼津市戸田小山田洞	鍋島勝茂	尾根地形	三七〇m	一km	鑿加工？	慶長期〜明暦三年（没年）
27	鍋島信濃守	沼津市戸田小山田洞		谷地形	三五〇m	一km	自然面 矢穴痕	

＊□は不明

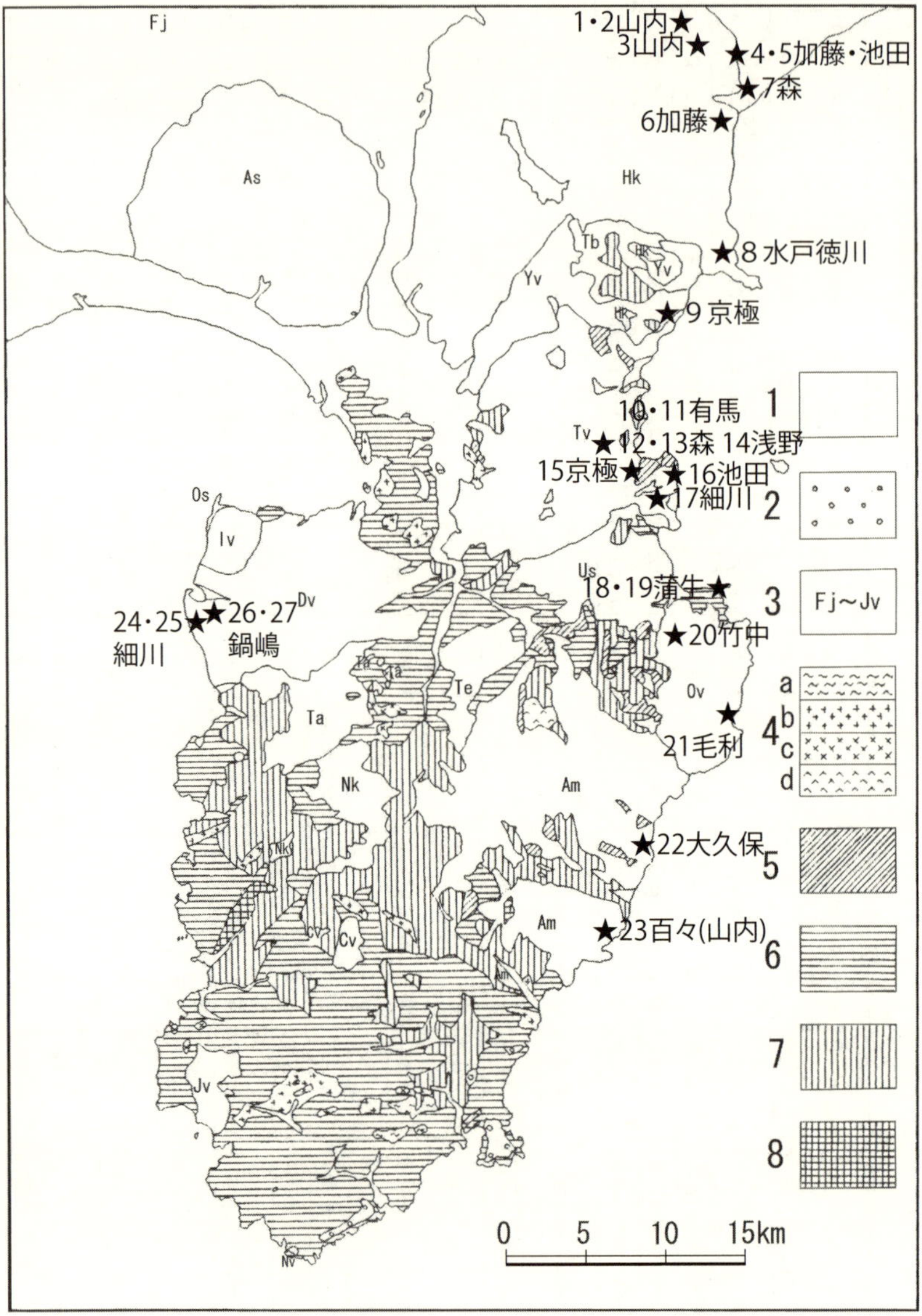

3 Fj～Ｊvは第四紀火山(安山岩)

図1　伊豆石丁場遺跡群人名刻印分布図(原図　藤枝 2001)

表２　人名刻印と文献史料との対応

人　名	村　名	慶長・元和年間 （山内家文書・細川家文書 黒田家文書・開間家文書）	寛永6年（巳年） （細川家文書）	寛永12年（亥年） （細川家文書）	表１ No.
加藤家 森　忠政	早川村		徳川義直・頼宣 ・頼房		6 7
水戸徳川家	真鶴村	加藤嘉明 秋月種長	本多忠政		8
京極高知	伊奈村（稲村）		**京極高廣**		9
有馬豊氏 森　忠政 浅野氏重 京極家	多賀村 （上多賀除く）	福島正則 鍋島勝茂 一柳直盛 細川忠興 黒田長政	徳川頼宣 小笠原忠政 小笠原長次 水野勝成 松平忠国		10.11 12.13 14 15
池田忠雄 **細川忠興**	網代村 宇佐美村	**細川忠興** 蒲生忠知 **池田忠雄** 大村喜前 黒田長政 田中吉政・忠政 立花宗茂 稲葉典通 伊東祐慶 毛利高成 木下延俊	井伊直孝 松平家信 北条氏重 蒲生忠知 松平定行 **細川忠利** 松平定綱 田中忠政	立花宗茂 立花種長 有馬直純 戸川正安 平岡重勝 山崎家治 稲葉紀通 九鬼久隆 桑山一直 **細川忠利**	**16** **17**
蒲生忠知？	新井村	前田利常 生駒正俊 脇坂安元	本多忠政		18.19
竹中重利	鎌田村				20
毛利秀就？	富戸村	**毛利秀就** 寺沢廣高			**21**
大久保長安	北川村		徳川頼宣（商人切上）		22
百々安行	稲取村	**山内忠義**	松平定行 松平定綱 前田利常	**山内忠義** 有馬直純 山崎家治 稲葉紀通 九鬼久隆	**23**
細川家 **鍋嶋勝茂**	戸田村	**細川忠興** **鍋嶋勝茂**	松平忠長 徳川義直・頼宣 高力忠房 小笠原忠政 菅沼定芳		**24.25** **26.27**

※網代村と宇佐美村は、現在の市境を越境して網代村側で管理している例（「開間家文書」）もあるので同枠としている。

※太字は人名刻印と史料が対応。

城において普請奉行を務めたことが確認できる人物である。また、今回取り上げていないが伊豆石丁場遺跡群の中には、ほかにも人物が特定できない人名刻印も確認されるため、今後こうした家臣の人名刻印として同定できる可能性がある。

確認できる二七例という数は西相模から伊豆半島という採石された規模から考えるときわめてわずかな数であり、本来はもっと多数存在したと考えられる。採石の領域を示す標識・境界の石であるから採石の対象にならないと考えたいところであるが、人名刻印の中にも六例には、比較的大きな矢穴や矢で割られた痕跡が確認でき、丁場の稼働時期中にも破砕されていったことがわかる。また、少ない確認例の中でも細川家、森家などは、それぞれ伊東市宇佐美と沼津市戸田、小田原市早川と熱海市下多賀と別の石丁場群から発見されていることから、人名刻印が特定の大名家に偏って残存していることが指摘できる。

人名刻印と文献史料で確認できる大名家と各村々の対応については、表2のようになる。表からは七例に刻印と文献と対応することが確認できるが、大多数は対応していない。その少ない対応例では慶長・元和期に石丁場のあった大名家と人名刻印が対応し、寛永年間は、慶長・元和期より採石している細川家、山内家を除くと京極家のみが対応関係となり、表1の人名刻印の年代観と同調する傾向が確認できる。

三　各地の状況——複数確認できる事例から——

次に現在所在が確認できる人名刻印の中から同一の石丁場（群）の中に複数あり、その位置が確認できる事例について検討したい。以下、熱海市下多賀の中張窪・瘤木石丁場、伊東市新井の新井石丁場群、沼津市の戸田南西石丁場群、南足柄市の塚原上向坂石丁場、また参考として徳川期大坂城の丁場である芦屋市岩ヶ平刻印群を取り上げる。なお、各遺跡の呼称、石丁場、丁場や「群」「地点」などの捉え方については、参考文献に挙げたおのおのの報告書に従っている。

1 中張窪・瘤木（熱海市）

熱海市南部の上多賀と下多賀の大字境となる標高三七一・二メートルの山（通称大久保山、中張窪山）の東側に市内最大規模の石丁場遺跡群が広がる。北側の上多賀に石を運び出す丁場群を白子・地獄沢石丁場とし、南の下多賀側を中張窪・瘤木石丁場としている。

人名刻印以外にも多種多数の刻印群や石材、クレータ状の窪地となる採石坑が多く現存し、特に刻印は市内二九ヵ所の石丁場で約九〇種を確認されているが、双方の石丁場を合わせて五七種と全体の六割以上の割合となる。

標高三〇〇メートル以上の地点では江戸初期の江戸城石垣用の採石跡と考えられる遺構が良好に残され、それより低くなるとその後に開墾による畑の造成や間知石の採石の痕跡が確認できる。間知石については安政三年（一八五六）に江戸へ入津した船の積荷書上である『重宝録』に項目中の最大数の年間平均一〇万五五〇〇本と記録されることから、この地で大量の採石が行なわれたと考えられ、その痕跡の一部であると考えられる。

中張窪・瘤木石丁場の人名刻印は「是ヨリにし　有馬玄蕃　石場　慶長十六〆　七月廿一日」、「有馬玄蕃　石場　慶十六」、「羽柴右近」が二つ、「浅野紀伊守内　左衛門佐」の合わせて五点に「慶長十九年」の刻文もあり、伊豆石丁場遺跡群の中で最も集中して確認できる石丁場である。

人名刻印石の位置関係を見ると、現在は国道脇に移設された「羽柴右近」の原位置が、遺跡内に現存する「羽柴右

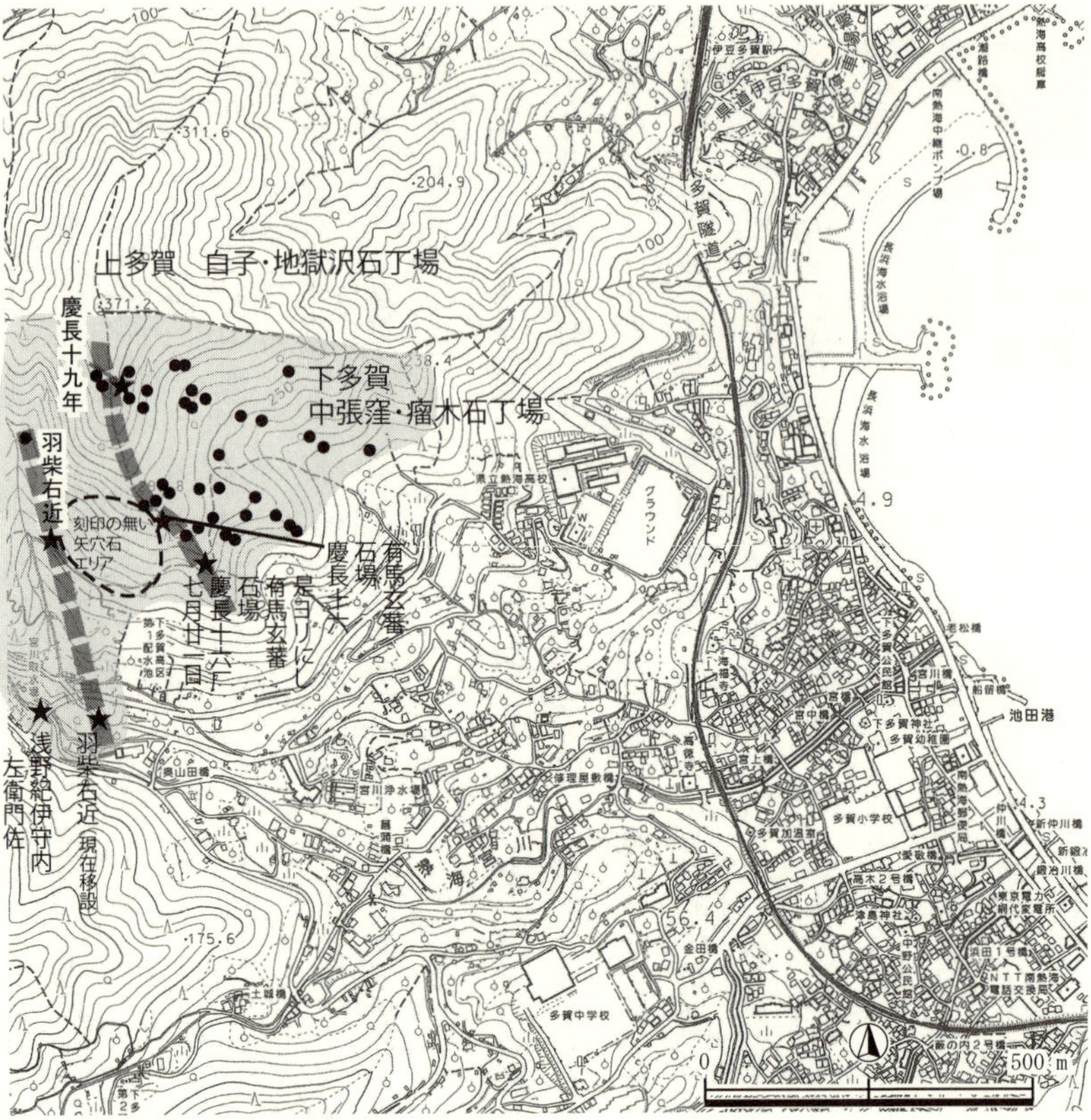

★人名刻印　●刻印　破線は境界ライン（以下同）

図2　中張窪・瘤木石丁場人名刻印位置図

近」から谷筋の下っていく先の尾根に位置することになり、二つの刻文石が谷尾根筋で並ぶ。また「是ヨリにし…」「有馬玄蕃…」「慶長十九年」についても尾根筋に並ぶように存在する。これらによって「羽柴右近」の森家と「有馬玄蕃」の有馬家の石丁場の境界ラインが複数の石で表されていたと考えられる（図2）。

　また、「是ヨリにし…」となって有馬家の丁場と考えられるエリアでは矢穴石やクレータ状の窪地となる採石坑など採石の痕跡は認められるが、刻印が確認できず、その東側の刻印が多種多数確認できる区域と明らかに異なる。

　このように中張窪・瘤木石丁場

は採石遺跡としては興味深い状況が確認できるが、表2で示したように有馬家、森家、浅野家が多賀村で採石したことは文献史料では確認できない。

2 新井石丁場群（伊東市）

伊東市の新井石丁場群は、通称新井山から海岸に向けた北向きの斜面に全体的に広がる広域の石丁場群で、その中に「いよ松山…」の人名刻印が二つ確認できる（図3―⑶）。

一つは前山丁場a地点とされ、標高一四〇メートル程にある。林道の脇に横倒しになっていることから、谷の上方にあった石が転落してきたと考えられ、原位置を大きく移動している可能性もある。文字のほかに刻印が二つ、そして刻印を無視して矢穴列が穿かれており、石が割られようとしていたことがわかる。周辺ではほかに矢穴石、刻印石などは確認できない。

もう一つは又居丁場と呼ばれる尾根上の丁場の中の標高約一五〇メートルあたりに位置し、凹凸のない平らな自然面をもつ石である。周辺には刻印された自然石はあるが矢穴が掘られた石、割石は確認できない。

これら二つの人名刻印は丁場の占有を示す「標識石」として報告されている（伊東市教育委員会二〇一〇）が、前山丁場a地点の石はこの谷筋かその上の尾根に位置していたと考えられ、又居丁場の石は新井石丁場遺跡群の南端で、北北東に向かう尾根を「南北」ラインとして境界を表す石と仮定すれば、この二つの石で挟まれたエリアが「いよ松山」の石丁場という想定も考えられる。「いよ松山」はそれぞれの人名刻印に蒲生家の家紋である「左三つ巴」が刻まれていることなどから寛永四年（一六二七）に伊予に入封し、寛永十一年に没した蒲生忠知が想定されているが、新井石丁場群全体に前田家によく見られる刻印が散在しており、現状では刻印などによって人名刻印の位置づけを考

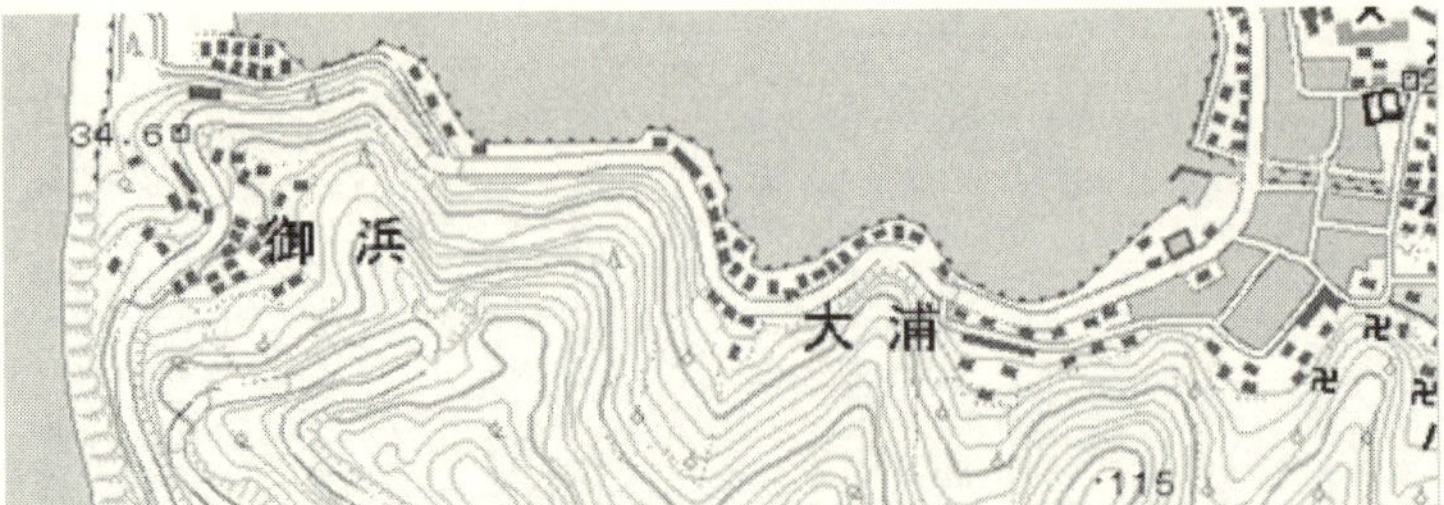

(1)　戸田南西石丁場群人名刻印

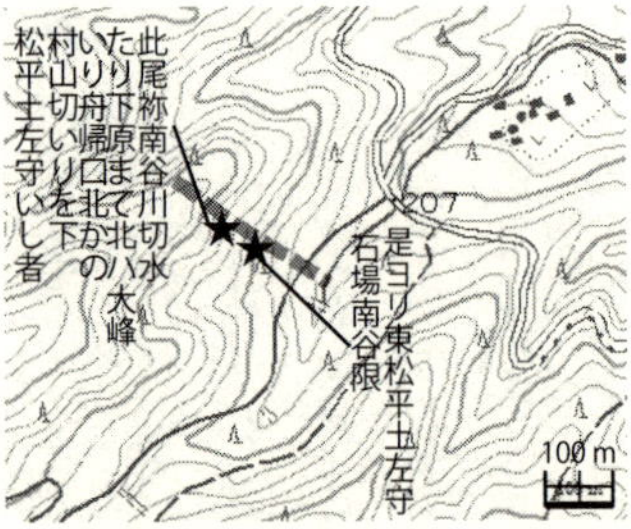

(2)　塚原上向坂石丁場人名刻印

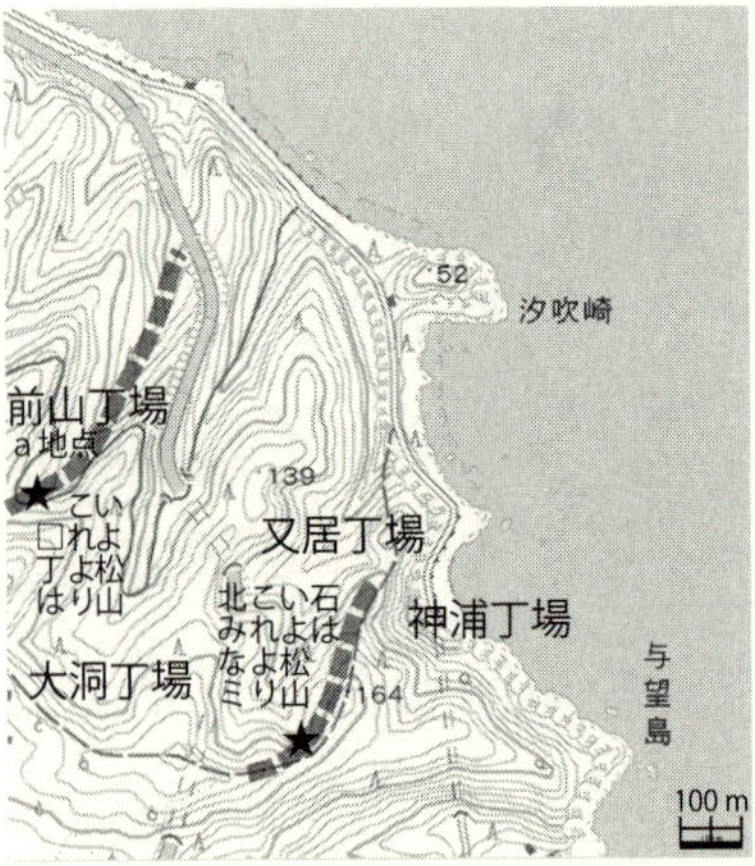

(3)　新井石丁場群人名刻印

図3　人名刻印分布図（電子国土 Web より作成）

察することは難しい状況である。また、文献史料では、蒲生家が新井村で採石していたことは確認できない。

3　戸田南西石丁場群（沼津市）

沼津市戸田《へだ》の南西部に位置する標高四一三・九メートルの田代山の北側斜面には標高三四〇メートルあたりから海岸部近くまでの間に多数の作業丁場、刻印が確認されており、沼津市内で確認されている中では最大規模の石丁場遺跡群である。

人名刻印が確認されるのは海岸線まで一キロメートル以上も離れた、標高二五〇～三五〇メートルの田代山山頂近くで「鍋嶋信濃□」「鍋嶋信濃守」「ほそ川越中守石場」「これよりにしほそかわ越中守石場」四つの人名刻印が確認されている（図3―(1)）。

「鍋嶋信濃□」と「これよりにしほそかわ越中守石場」は同じ尾根上に存在し、この尾根筋に矢穴を穿たれてない刻印石が残され、それを境に採石状況も異なることが指摘されている。また、尾根が烏ヶ原、上小山田の字境にもなっていることから、丁場の境と想定され、烏ヶ原地点と上小山田地点に分別して把握されている（原田・鈴木二〇一四）。

表2にみるように慶長・元和年間に細川・鍋島両家の丁場が戸田村に置かれたこと、また、鍋島家は上小山田地点より山麓の戸田湾に面する大浦地区に寛永以降から石丁場を管理していたことが確認できるなど、文献史料と対応することもこの石丁場の特徴といえる。

4　塚原上向坂石丁場（南足柄市）

塚原上向坂石丁場は箱根外輪山の明神岳の尾根、太刀洗川沿いの明星林道と塚原林道が交差した先の北側斜面から尾根にかけて分布している。現在確認できている「石丁場」の範囲は、標高約二五〇〜三〇〇メートル、東西約三〇〇メートル、南北約二〇〇メートルの範囲になり、尾根から太刀洗川に下る斜面部に矢穴痕のある石など採石跡や、山内家の家紋となる「三つ葉柏」の刻印も存在する（南足柄市秘書広報課二〇〇八）。

人名刻印は標高三一〇メートルあたりに「此尾北南谷川切水／たり下原まて北ハ大峰／いり舟帰口ノ北かの／村山切いりを下／松平土左守いし者」、十数メートル下った標高三〇〇メートルあたりに「是ヨリ東松平土左守／石場南谷限」(3)が確認でき、近接して尾根筋で並ぶように位置する。「此尾北…」が示す丁場の範囲については不明であるが、「是ヨリ東…」については尾根が東に向かって下っていることから、ここより下の谷までのエリアを示しているものと読み取れる（図3―(2)）。

この石丁場については、江戸城ではなく、小田原城の石丁場などの可能性も指摘され（佐々木二〇〇八など）、近年行なわれた小田原城の石垣サンプルの全岩科学分析結果によると、石垣の石材の供給源が小田原北部から南足柄にかけての地帯に推定されている（山下二〇一三）。他の石丁場遺跡群と比べ内陸に位置することや、刻まれた情報が地名、地形など他の人名刻印と比べ詳細であるなどの特異性からも当該地域の石材が小田原城の石垣として利用された可能性は高いと思われる。

5　芦屋市岩ヶ平刻印群

伊豆の石丁場遺跡群以外の採石地で人名刻印が確認できる事例はわずかであるが、(4)徳川期大坂城の採石場である兵庫県芦屋市の岩ヶ平刻印群では「伊木三十郎」の人名刻印が一一例集中して確認され、境界を示すように線状に分布する（図4）。「伊木三十郎」は池田光政の筆頭家老となる伊木忠貞の幼名であり、池田家の丁場領域の境界を示すと

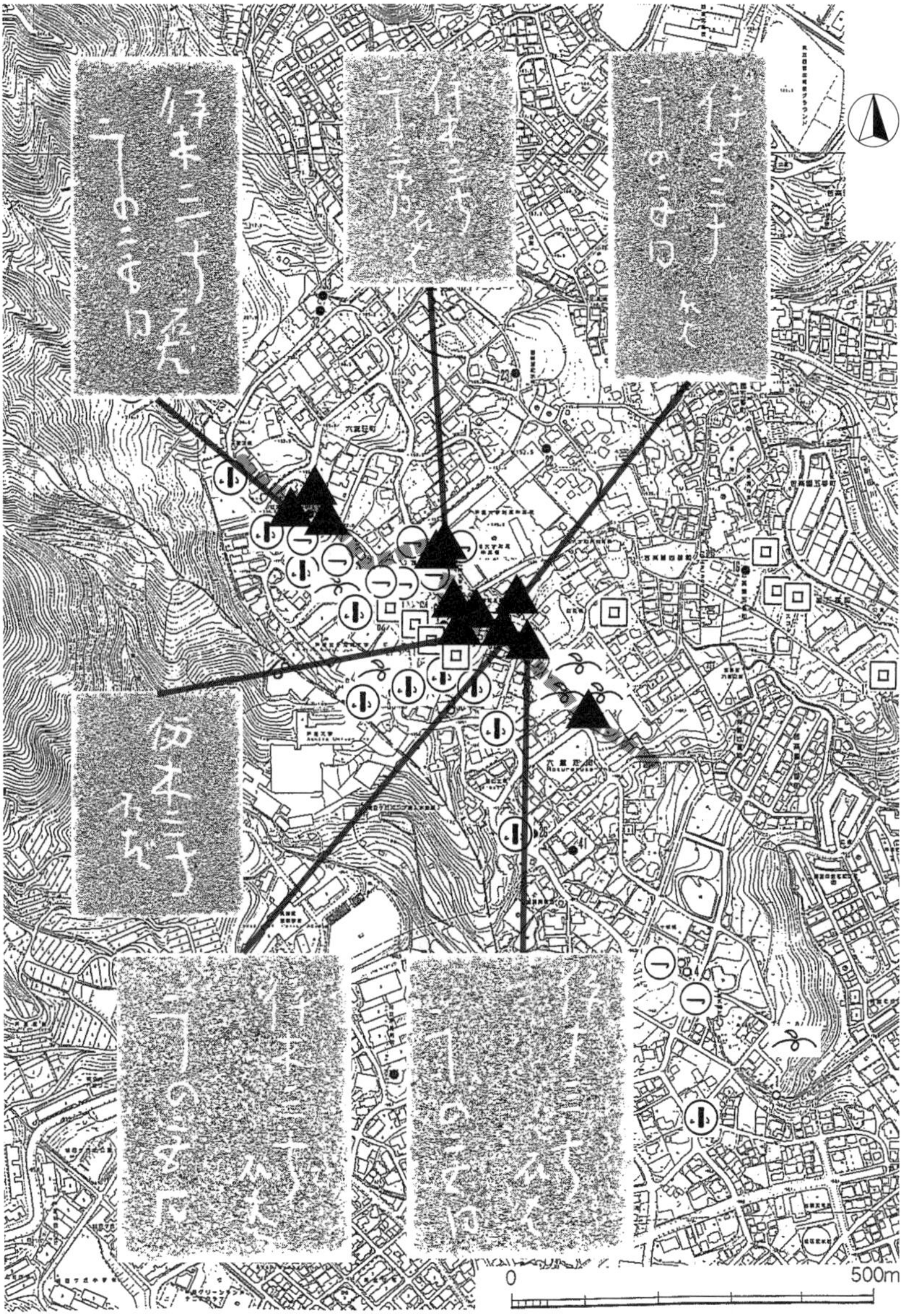

図４　岩ヶ平刻印群「伊木三郎（▲）」分布図（原図　芦屋市教育委員会2002）

考えられる。現在までの調査で伊豆地域でもこのように密集して人名刻印が確認できる例はないが、後の採石活動等によって消滅していったと考えた場合、この岩ヶ平刻印群のように線状に存在した可能性についても考慮すべきであろう。

小結

以上、伊豆石丁場遺跡群の人名刻印について述べてきたが、若干の考察を行なってまとめのかわりとしたい。

人名刻印は尾根上、谷筋など、地形の変化する地点で確認されることが多く、採石エリアの境界に自然地形を利用していたと考えられ、特に中張窪・瘤木石丁場、戸田南西石丁場群では通常の刻印の分布も人名刻印の位置を境介として異なることが確認できる。しかし、丁場の稼働時期中にも人名刻印を刻んでいた石に矢穴を掘り、割っている例や、大坂城の芦屋市岩ヶ平刻印群では線状に分布することなどを踏まえると、本来は丁場内にもっと密に存在したものが、偶然もしくは、意図的にポイントとなる地点のみ残されたという可能性もある。

また、刻まれた名前については慶長・元和期が多く、一部の大身の大名家に偏って確認できる傾向から、公儀普請において必ずしもすべての大名家が採石地においてこのような人名刻印を使用していなかったことも考えられる。

近年、慶長から寛永にかけての公儀普請の中で築城技術の多様性が平準化してくること、慶長期においては各大名家において石垣の石や積み方に個性があったことが指摘されており（石川県金沢城調査研究所二〇一二）、採石地側においても、採石方法、刻印のあり方も慶長・元和期では一様でない可能性がある。

前田家、島津家、黒田家など、石高が多く広い採石エリアを確保していたと考えられる大大名の人名刻印が確認できないことなどから、人名刻印の使用も採石方法の多様性の表れの一つと考えることができるかも知れない。

慶長・元和期に比定される人名刻印が多いことについては、文献史料から寛永十三年の外堀普請時は採石する場所を公儀で割り当てていること「江戸石上場・伊豆之石場も無高下割ニ成候」（細川十八—二七三六）の指摘（白峰二〇一〇）も考慮される。石丁場が割当で、おのおの採石場が決定されていれば自身の採石場であることを強く主張しあう必要がなくなり、境界を示す人名刻印の必要性は低下する。しかし、公儀が石場を割り当てたとしても、採石する現地において境界争いが皆無になるとも思われず、通常の刻印のあり方も含めて今後も文献史学の成果と石丁場の現地調査の成果と議論を重ねていく必要がある。

注

（1）「人名刻印」の用語は芦屋市内での報告書等で使用されており（芦屋市教育委員会二〇〇二など）、ここでは石丁場内で確認される文字の刻まれた石の中で大名家にかかわる人名が同定できたものと定義して使っている。

（2）石碑となっている真鶴の「水戸殿石場」のほかに、矢で割った面に溝状に彫られている伊東市宇佐美の「羽柴越中守石場」、沼津市戸田の「鍋島信濃□」は鑿で削り取った面に文字を彫り込んでいるという所見がある（原田二〇一二）。

（3）佐々木健策氏のご教示による。

（4）このほかに「加藤肥後守石場これより川南　ひかし」の人名刻印が確認されている（森岡二〇〇九）。

〔参考文献〕

芦屋市教育委員会　二〇〇二「徳川大坂城東六甲採石場Ⅱ　岩ヶ平刻印群（第十一次）発掘調査報告書
熱海市教育委員会　二〇〇九『熱海市内伊豆石丁場遺跡確認調査報告書』
石川県金沢城調査研究所　二〇一二『城郭石垣の技術と組織』

伊東市教育委員会　二〇一〇　『静岡県伊東市伊豆石丁場遺跡確認調査報告書』
金子浩之　二〇〇九　「伊豆半島の石丁場遺跡調査の現況」『別冊ヒストリア　大坂城再築と東六甲の石切丁場』大坂歴史学会
栗木　崇　二〇一〇　「熱海市内の石丁場遺跡について」『江戸城・城下と伊豆石』
佐々木健策　二〇〇八　「小田原市内の石丁場について」『発掘調査成果発表会・公開セミナー』財団法人かながわ考古学財団
白峰　旬　二〇一〇　「江戸城普請と石材調達—『細川家史料』の分析を中心に—」『江戸城・城下と伊豆石』
杉山宏生　二〇一一　『江戸の石を切る—石丁場遺跡から見る日本の近世社会—』静岡県考古学会
野中和夫　二〇〇七　『ものが語る歴史12　石垣が語る江戸城』同成社
原田雄紀　二〇一二　「戸田の石丁場—大浦丁場の調査—」『沼津市史だより』第二三号
原田雄紀・鈴木裕篤　二〇一四　「沼津市の石丁場報告（1）戸田石丁場群南西部」『沼津市博物館紀要』三八
藤枝孝善編　二〇〇一　『伊豆の地形がわかる本』（非売品）
南足柄市秘書広報課　二〇〇八　「本市の石丁場（その4）」『広報みなみあしがら』七月一日号
森岡秀人　二〇〇九　「大坂城再築と東六甲石切場」『別冊ヒストリア　大坂城再築と東六甲の石切丁場』大坂歴史学会
山下浩之　二〇一三　「石材の供給源を地球科学的に推定する」『時代を作った技—中世の生産革命—』国立歴史民俗博物館

江戸城の石垣に使用された築石について

栩木　真

はじめに

江戸城およびその城下では、安山岩を主体とした石垣あるいは石積みが存在する。それらは、城郭、大名屋敷、都市施設の一部であり、各地点の発掘調査ではそれらを用いた遺構の規模や構造の記録、構築年代や普請者の解明に注意が払われている。しかし、一方で石垣を構成する石材個々の記述は、江戸城の石垣を直接の対象とした調査以外乏しいのも事実である。そこで、小稿では第二四回大会『江戸城・城下と伊豆石』にあたり、石垣を構成する石材のうち、最も普遍的な築石（平石）を取り上げ、その法量的属性に注目してみた。やや乱暴ではあるが、石垣あるいは石積みを一つの構造物として見るのではなく、築石の集合と捉え、最小単位である築石を検討することで、その組成にどのような特徴があるかを検討する。そして、このことを通して本大会のテーマでもある伊豆石をめぐる生産地と消費地の共同研究につなげたいと考えたからである。

具体的には、比較的事例が多い寛永十三年（一六三六）の江戸城外堀普請で使用された築石について、普請丁場による差異、石垣段数による差異を観察する。そして、寛永十三年の外堀普請で使用された築石を基準に、極少数の事例ではあるが江戸城の他の石垣、大名屋敷、都市施設である入堀や大下水に用いられた築石と比較する。

対象とした築石は、調査報告書中に個々の法量等の記載があるものとした。また、文部科学省構内遺跡2次調査[1]（以下、文科省構内2次）の築石を除き、小面の縦×横×控えのいずれかの数値が欠落するもの、法量の記載があっても角石、角脇石、間詰石、形状として明らかに築石と異なる石材については除外した。

築石の法量は、小面長軸、小面短軸、控えを基準とし（図3）、比率の算出、一〇センチメートル単位での階層分けを行なった。小面長軸、小面短軸については、通常報告書では検出状態を基に小面の縦×横あるいは幅×高さ等で記載されているが、今回は築石個々の法量を検討するため、大きい値を長軸、小さい値を短軸として置き換えた。築石は石尻の角度から積む際には単純に小面の縦、横を回転させられない場合もあろうが、発掘された石垣の平面図を見ると石尻が左右に振れているものも多い。また、築石を割り出す石丁場において、小面の縦横が明確に意識されていたとも考えにくいからである。

なお、小面の値を置き換えた築石は、各地点一五～二〇パーセント程度である。

一　寛永十三年外堀普請の築石

江戸城の石垣のうち外堀に関するものは、平成元年から行なわれた地下鉄南北線（7号線）建設に伴う発掘調査および千代田区による丸の内一丁目遺跡1・2次調査[2]（以下、丸の内一丁目）、文科省構内2次により、その内容が比較的明らかとなっている。ここでは、これらの調査成果を基に寛永十三年外堀普請で使用された築石について観察する。

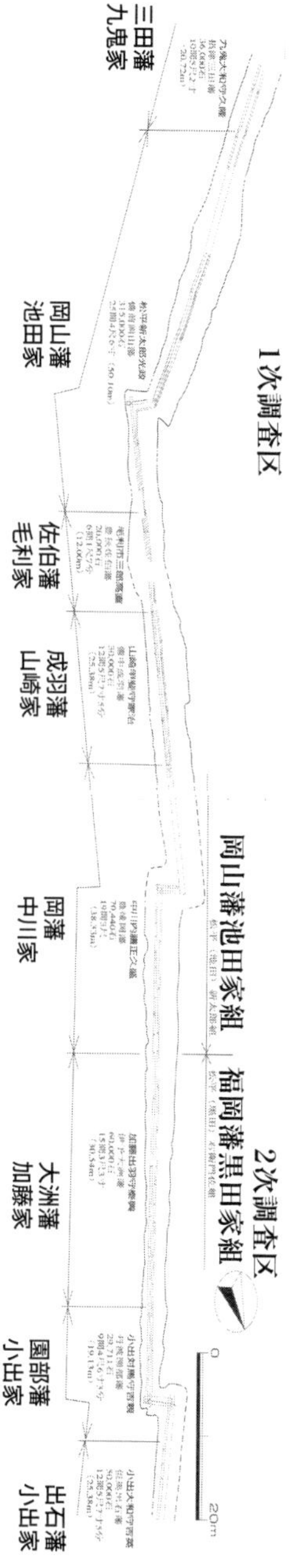

図1　丸の内一丁目遺跡1・2次調査区全体図

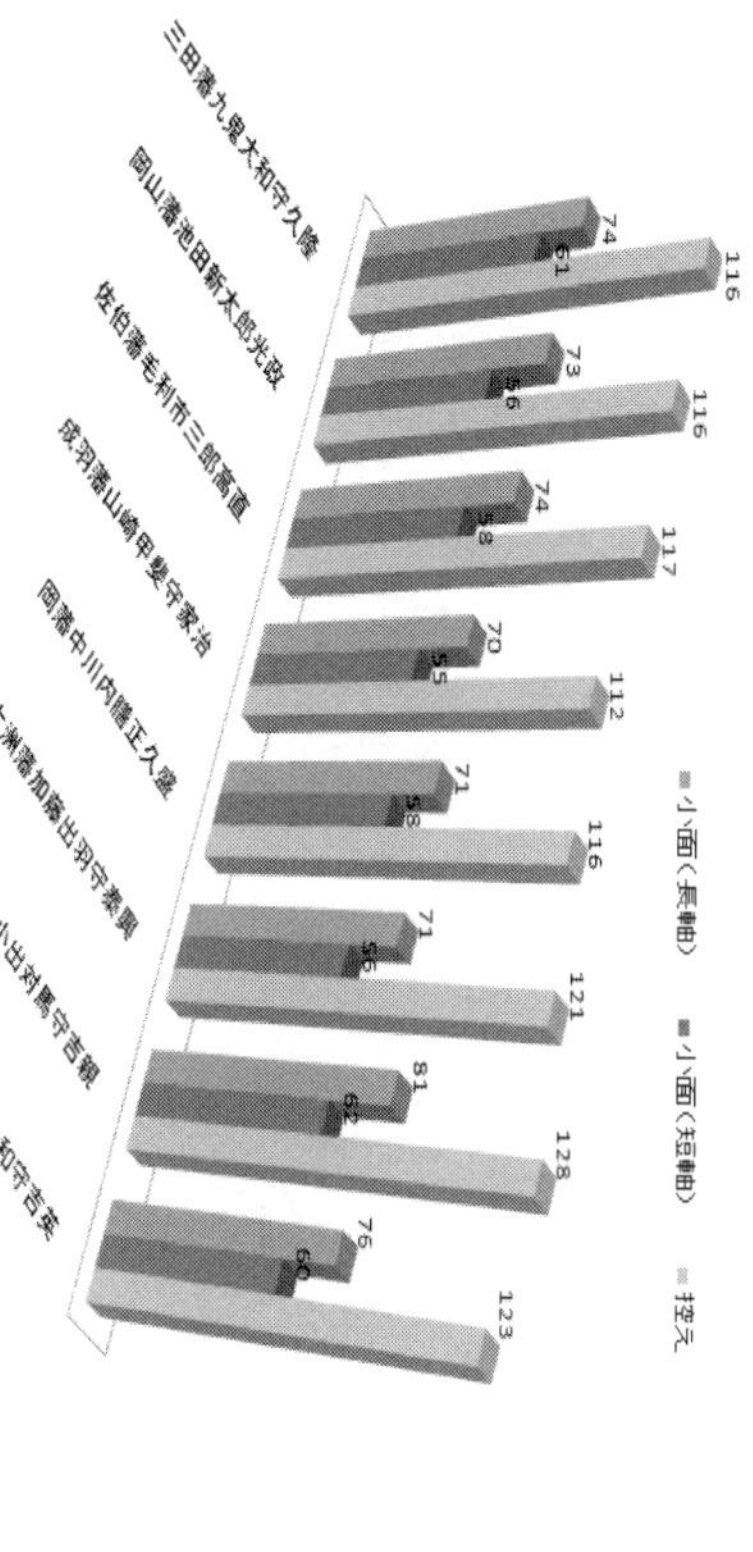

図2　丸の内一丁目遺跡1・2次調査の普請大名ごとの築石法量

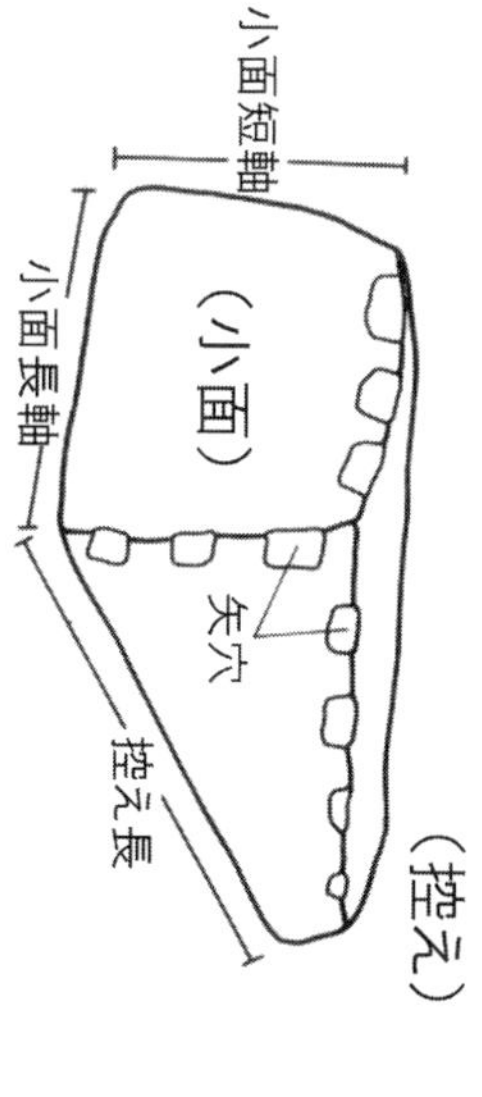

図3　築石計測部位

対象築石数＊2	小面長軸平均(cm)	小面短軸平均(cm)	控え平均(cm)	小面＊3 長軸/短軸	控え÷(長軸＋短軸)/2	重量	備　考
36	74	61	116	1.22	1.92	778	池田と山崎の刻印あり、石丁場細川組
103	73	56	116	1.35	2.17	961	「◇」の刻印多数、組頭
11	74	58	117	1.28	2.04	773	「矢羽」の刻印
76	70	55	112	1.32	2.11	701	「マルに山」の刻印多数、石丁場細川組
1次：10 2次：77	71	58	116	1.25	2.05	880	角石・角脇石除外
82	71	56	121	1.29	2.21	835	
53	81	62	128	1.31	2.10	892	「＋」の刻印、角石(花崗岩)除外
32	76	60	123	1.30	2.11	903	「＋」の刻印
171	68	55	—	1.25	—	—	「矢羽」の刻印多数
45	67	54	—	1.26	—		
73	69	56	—	1.25	—		
53	68	55	—	1.26	—		
44	73	56	—	1.31	—	—	石丁場細川組
32	74	56	—	1.32	—		
12	72	56	—	1.30	—		
45	72	56	—	1.32	—	—	
132	70	57	—	1.26	—	—	裏込め 4、5 段目に石垣角度変換点、石丁場細川組
38	68	52	—	1.34	—		
94	71	59	—	1.24	—		
350	70	55	103	1.31	1.68	—	橋詰石垣の普請者を示す史料なし。
66	73	59	102	1.26	1.59		
116	70	54	102	1.32	1.67		
83	72	57	105	1.29	1.67		
85	65	50	102	1.35	1.78		
68	69	54	105	1.30	1.74	490	橋詰石垣の普請者を示す史料なし。
843	64	52	91	1.28	1.58	—	上・中段は近代以降の改変か
206	71	60	116	1.22	1.71		
361	63	51	86	1.28	1.53		
276	60	46	78	1.33	1.49		
179	55	43	91＊	1.31	1.84＊	—	＊控え等は数値のある 43 点分
225	51	41	95＊	1.28	2.15＊		＊控え等は数値のある 46 点分
126	51	41	80	1.25	1.63	—	＊天明 8 年前後改変、戦後上部削平
175	43	31	52	1.43	1.46	—	
103	46	37	65	1.30	2.01	—	修復・補材あり
256	49	41	70	1.24	2.25		

表1　対象石垣 築石観察表

№.	遺跡名（調査地点名）	地点・遺構名	構築年代	普請者	検出石垣長さ	検出石垣高さ	検出段数＊1	検出石垣石数
1	丸の内一丁目遺跡1次調査	外堀（呉服橋門一鍛冶橋門間）	寛永13年（1636）	三田藩九鬼大和守久隆（手伝普請：池田組）	約8m	約2.7m	4段	36
2	丸の内一丁目遺跡1次調査	外堀（呉服橋門一鍛冶橋門間）	寛永13年（1636）	岡山藩池田新太郎光政（手伝普請：池田組）	約25m	約2.5m	4段	103
3	丸の内一丁目遺跡1次調査	外堀（呉服橋門一鍛冶橋門間）	寛永13年（1636）	佐伯藩毛利市三郎高直（手伝普請：池田組）	約3.3m	約2m	3段	11
4	丸の内一丁目遺跡1次調査	外堀（呉服橋門一鍛冶橋門間）	寛永13年（1636）	成羽藩山崎甲斐守家治（手伝普請：池田組）	約18m	約2.5m	4段	76
5	丸の内一丁目遺跡1・2次調査	外堀（呉服橋門一鍛冶橋門間）	寛永13年（1636）	岡藩中川内膳正久盛（手伝普請：池田組）	約19m	約1.7m	3段	90
6	丸の内一丁目遺跡2次調査	外堀（呉服橋門一鍛冶橋門間）	寛永13年（1636）	大洲藩加藤出羽守泰興（手伝普請：黒田組）	約31.5m	約1.6m	3段	82
7	丸の内一丁目遺跡2次調査	外堀（呉服橋門一鍛冶橋門間）	寛永13年（1636）	園部藩小出対馬守吉親（手伝普請：黒田組）	約19.5m	約2.3m	3段	56
8	丸の内一丁目遺跡2次調査	外堀（呉服橋門一鍛冶橋門間）	寛永13年（1636）	出石藩小出大和守吉英（手伝普請：黒田組）	約11m	約2.0m	3段	36
9	文部科学省構内遺跡2次調査	外堀（虎の門一溜池間）	寛永13年（1636）	佐伯藩毛利市三郎高直（手伝普請：池田組）	約17m	約7.4m	14段	238
							下段（1～4段）	
							中段（5～8段）	
							上段（9～14段）	
10	文部科学省構内遺跡2次調査	外堀（虎の門一溜池間）	寛永13年（1636）	庭瀬藩戸川土佐守正安（手伝普請：池田組）	約8m	約4.1m	7段	59
							下段（1～4段）	
							中段（5～7段）	
11	文部科学省構内遺跡2次調査	外堀（虎の門一溜池間）	寛永13年（1636）	石道惣築（手伝普請：池田組）	約10.5m	約2.5m	（4～7段）	67
12	文部科学省構内遺跡2次調査	外堀（虎の門一溜池間）	寛永13年（1636）	三田藩九鬼大和守久隆（手伝普請：池田組）	約22.5m	約4.6m	（3～8段）	194
							下段（3～4段）	
							中段（5～8段）	
13	牛込御門外橋詰	牛込御門外橋詰石垣	寛永13年（1636）	徳島藩蜂須賀忠央［推定］（手伝普請：細川組）	上端26.8m 下端11.4m	6.8～9.5m	17段	392
							基礎（1～4段）	
							下半（5～9段）	
							中間（10～12段）	
							上半（13～15段）	
14	市谷御門外橋詰・御堀端	市谷御門外橋詰石垣	寛永13年（1636）	津山藩森長継［推定］（手伝普請：細川組）	10.9m	約5m	9段	80
15	特別史跡江戸城跡	半蔵濠鉢巻石垣	慶長～元和期	不明（慶長16年構築、元禄16年、安政2年、大正6年等修復）	62.5m	約4m	5～6段	1131
							下段	
							中段	
							上段	
16	汐留遺跡Ⅳ	伊達家屋敷船入場石垣	17世紀	仙台藩伊達家　4H118	23.65m	2.35m	4段	181
				4H119	23.15m	2.65m	5段	225
17	尾張徳川家下屋敷跡	戸山荘龍門滝2号堰石垣	天明8年（1788）頃	尾張藩徳川家（9代宗睦［推定］）	13.68m	2.21m	5段	126
18	日本橋蛎殻町一丁目遺跡	入堀石垣	元和8年（1622）～	不明（元和8年以降の構築か）	13.96m	2.7m	7段	181
19	四谷一丁目遺跡1・3次調査	四谷大下水石垣	明暦2年（1656）	山形藩奥平家（手伝普請）　A地点	20.5m	1.5m	6段	206
				B・C地点	約71m	1.7～2.5m	3～7段	372

＊1天端石等を除く。＊2天端石・間詰石・計測値欠落及び現存値の築石は除外した。＊3全ての原数値の比の平均を算出した。

丸の内一丁目遺跡は、東京駅の南東側にあたる範囲で、二回の発掘調査により約一七五メートルにわたる江戸城外堀の石垣が確認されている。この範囲は、呉服橋門と鍛冶橋門の間に位置し、寛永十三年の外堀普請により石垣が築かれている。遺跡の最大の特徴は、各大名が担当した普請丁場が捉えられた点である。

寛永十三年外堀普請の丁場割を記した立花家文書「江戸城普請分担図」によれば、調査範囲南側は岡山藩池田家、北側は福岡藩黒田家を組頭とする石垣方二組の分担となっている。発掘調査では、土台木の寸法や接続状態、石材・土台木の刻印や文字により、南から岡山藩池田家組の三田藩九鬼家、岡山藩池田家、佐伯藩毛利家、成羽藩山崎家、岡藩中川家、福岡藩黒田家組の大洲藩加藤家、園部藩小出家、出石藩小出家の八家の普請範囲が明らかにされている。

そこで、報文中の観察表を基に各大名の普請丁場で用いられた築石を再集計し、その特徴を表1の1〜8にまとめた。二回の発掘調査で確認された江戸城外堀の石垣は、いずれも明治期の改変の結果、土台木から三〜四段分が残存する状態で、一部には、土台木まで失われた部分もある。対象とした石垣石は角石、角脇石および法量の一部が欠落したものを除いた四八〇点の築石である。

なお、角石は岡藩中川家のものが安山岩であるのに対し、園部藩小出家が用いた角石は花崗岩であり、普請大名の特徴を示すと言える部分がある。

1 普請大名による築石の差異

築石の刻印と普請大名の関係については二冊の報告書で詳細に検討されているため、ここでは繰り返さないが岡山藩池田家の築石には「◇」、成羽藩山崎家の築石には「マルに山」の刻印が多数ある。また、佐伯藩毛利家の築石では、後述する文科省構内2次の同家普請丁場で確認された「矢羽」の刻印が認められている。これに対し、岡藩中川家、大洲藩加藤家の担当範囲では築石にほとんど刻印は認められていない。岡藩中川家の普請丁場で一点確認された刻印は、佐伯藩毛利家の「矢羽」、三田藩九鬼家の普請丁場にも岡山藩池田家の「◇」一点、成羽藩山崎家の「マルに山」二点が認められている。後述するように各普請丁場の築石は、法量を通して見た場合、全体として独立した組成を持つと考えられるが、このような刻印の混在を、報文では石方普請組内での石材の融通、一部石材については組頭が提供した結果と推測している。

それでは、丸の内一丁目の四八〇点の築石の法量について見てみたい。なお、これらの石質は全て安山岩系、法量の比較は、小面の長軸と短軸、控えおよびそれらの比率について行なった。

表1の1～8のように各大名家の築石は、小面の平均長軸は七〇～八一センチメートル、短軸が五五～六二センチメートル、控えは一一二～一二八センチメートルとなっている。注目されるのは、いずれの値も平均値の最小は成羽藩山崎家、最大は園部藩小出家である点である。さらに長軸と短軸比率は一・三一～一・三二、控えを小面の長軸、短軸の平均で除した値は一・八二と共通している。つまり、園部藩小出家の築石は成羽藩山崎家より各辺が一五パーセントほど大きい相似形ということになる。さらに各大名家の築石を観察すると、最も平均値の大きい園部藩小出家に次ぐのが出石藩小出家であることが分かる。両藩は、出石藩主の小出吉英が、園部藩主の小出吉親の兄という関係にある。築石の調達にあたり共通する部分が多かったのではないだろうか。実際、両家の築石には「＋」の刻印が共通して認められている。ただし、両家の築石の石質はやや異なっており、出石藩小出家の築石五三点中二八点を占める多孔質安山岩が、園部藩小出家の築石三二点の中には見られない。石質の違いを採取地、石丁場の違いと考えるならば、両藩には石丁場を超えて、共通する築石の規格があったことになる。また、小面の長軸と短軸の比率は、小面の扁平度を表すが岡山藩池田家が一・三五と最も長短軸の比が大きく、逆に三田藩九鬼家一・二一、岡藩中川家一・二五

と小さい。

控えの平均値は、前述したように園部藩小出家（一二八センチメートル）、出石藩小出家（一二三センチメートル）の順になるが、三番目に大洲藩加藤家が一二一センチメートルと続く。この三家は前述のように福岡藩黒田家組に所属している。これに対し、岡山藩池田家組では、全体としてやや小ぶりな成羽藩山崎家が一一二センチメートルとやや離れるが、三田藩九鬼家、岡山藩池田家、岡藩中川家は一一六センチメートル、佐伯藩毛利家一一七センチメートルと福岡藩黒田家組の三家に比べやや小さい値となっている。普請丁場組と石丁場の関係について『赤坂御門 喰違土橋』の中で北原糸子氏は、「細川家文書」の分析を基に普請丁場における組と石丁場における組が必ずしも同一で無いことを指摘している。(3) このため、普請丁場で観察される福岡藩黒田家組と岡山藩池田家組の控え長の差異が石丁場にまで遡るかは即断できないが、築石の控えに関し組単位でなんらかの基準が設けられていたことも推測できる。(4)

以上のように、丸の内一丁目で確認された築石の小面長軸、小面短軸、控えには全体として、一定のまとまりがある。しかし、細かく見ると大名間で築石法量の平均値に最大一五パーセント程度の差があること、控えの平均値が福岡藩黒田家組と岡山藩池田家組の大名間に違いがあることが読み取れる。

2　石垣の段数による築石の差異

石垣石は、一般に上部ほど法量が小さくなると言われる。確かに現存する石垣の隅角部を構成する角石・角脇石には、この規則性が認められる。それでは、築石についてはどうであろうか。

1節で検討した丸の内一丁目の築石は、いずれも三～四段と石垣の下部にあたる。そこで得られた築石の大きさや特徴が果たして、築石の全体的な傾向と合致するのであろうか。そこで、寛永十三年外堀普請によって築かれた石垣

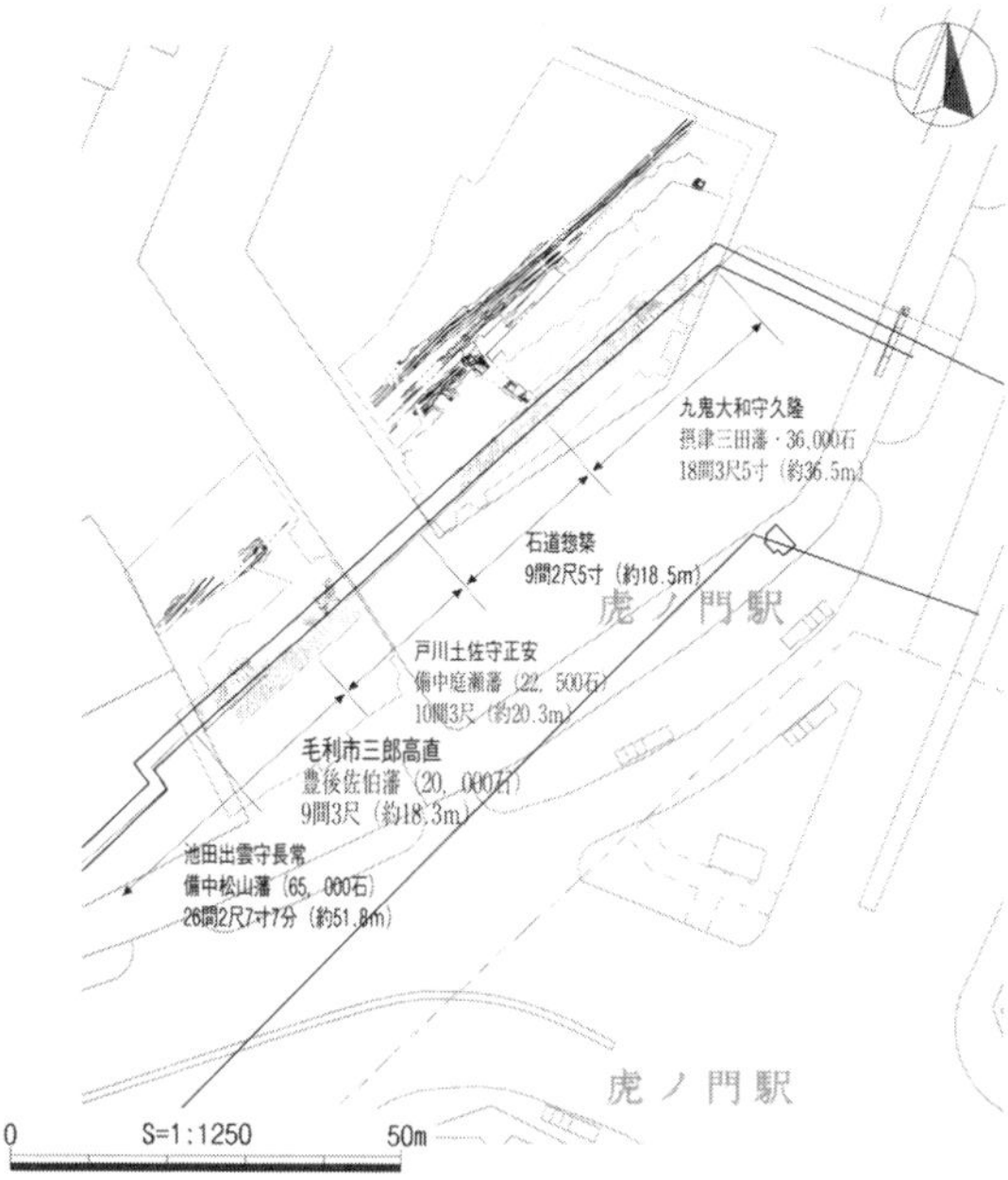

図４　文部科学省構内遺跡２次調査区全体図

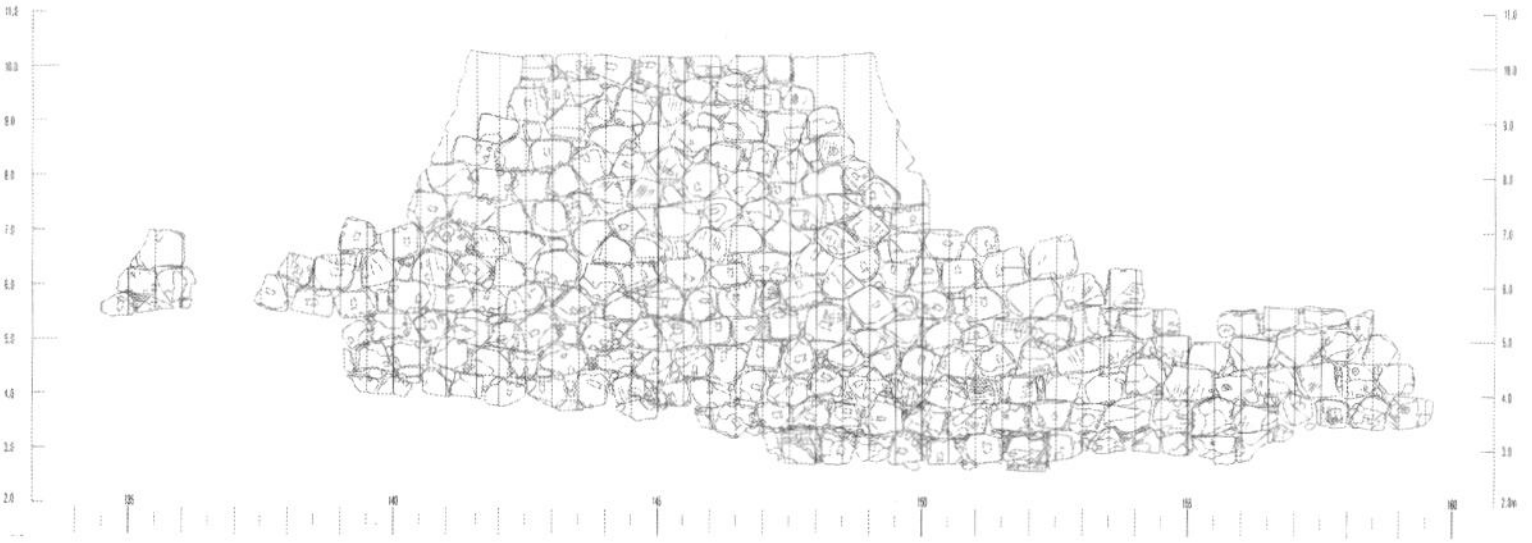

図５　文部科学省構内遺跡２次調査
C 地点の石垣立面図

の中で、十数段以上の石垣が発掘された文科省構内2次と牛込御門外橋詰の二地点について検討する。

文科省構内2次は、A地点とC地点で合計約六〇メートルに亙って比較的良好に石垣が確認されている（図4）。確認された段数はA地点では上部を欠き七段、高さ四・五メートル、C地点では検出された二五メートルのうち、中央約五メートル弱の範囲に限られるが一四段、高さ七・六メートルの石垣が残存している（図5）。ただ、報告書では文献資料からC地点中央についても約一メートルが失われていると指摘し、残存する石垣についても斜めに目地が通る部分があり積み直しの可能性を想定している。

この調査においても、検出石垣と普請大名の関係がほぼ明らかとなっており、A地点は北から岡山藩池田家組に属する三田藩九鬼家、「石道惣築」と記された担当大名を定めず組全体で築く普請丁場、C地点も岡山藩池田家組の庭瀬藩戸川家、佐伯藩毛利家の普請丁場であったとされている。このうち、一四段の石垣が確認されたのは佐伯藩毛利家の普請丁場である。

石垣の段数による築石の大きさの違いを検討する前に、丸の内一丁目の築石と文科省構内2次の築石を比較する。ただし、文科省構内2次では、石垣の解体は行なわれていないため、法量の比較は小面の長軸・短軸のみである。

検討にあたっては、段数による変化を比較するため、土台木から一～四段目までを下部、五段目から八段目までを中部、九段目から一四段目までを上部とした。これは、丸の内一丁目の石垣が一段目から三・四段目まで残存していること。文科省構内2次調査C地点で一～四段目とこれより上段では石垣勾配が異なり、四段目と五段目の控えの間には栗石が詰められるなど、作業上の区分が存在すると考えられるためである。

表1の9～12が文科省構内2次の各大名の普請丁場で用いられた築石の集計である。小面の長軸・短軸の平均値は、三田藩九鬼家では七〇・五七センチメートル、石道惣築では七二・五六センチメートル、庭瀬藩戸川家では七三・五六

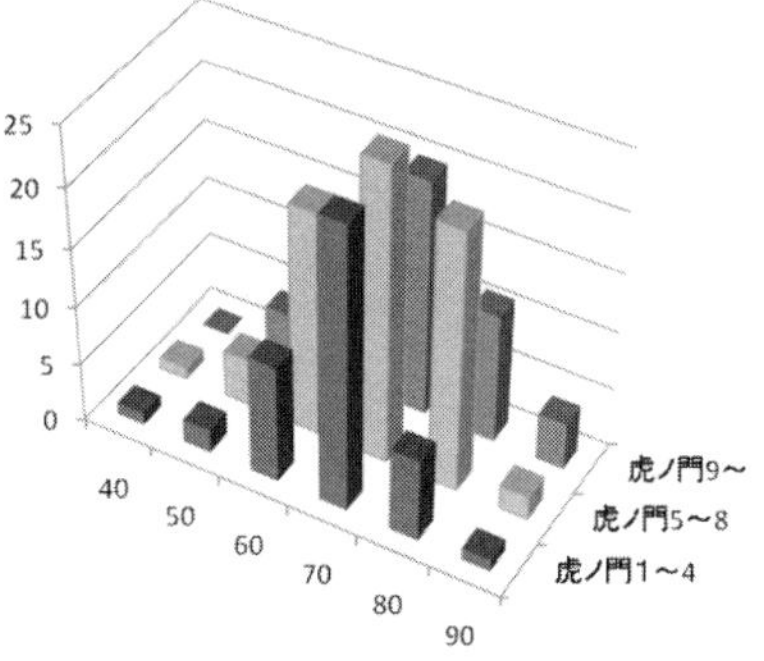

図6　佐伯藩毛利家築石の長軸分布

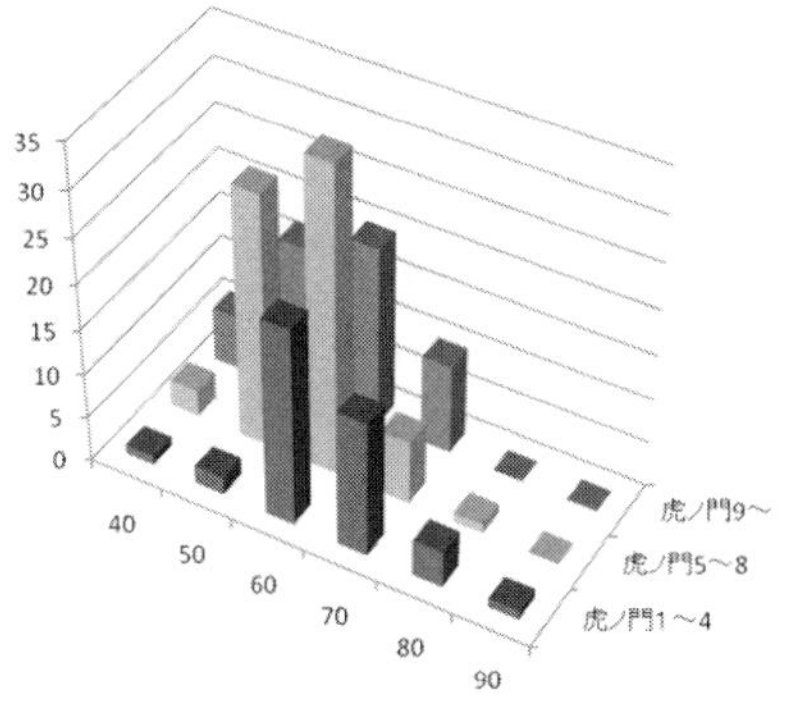

図7　佐伯藩毛利家築石の短軸分布

センチメートル、佐伯藩毛利家では六八・五五センチメートルとなる。これは、佐伯藩毛利家の小面長軸の値が若干小さいが、丸の内一丁目の岡山藩池田家組の築石とほぼ共通する大きさである。

次に高さによる値の変化である。前述の表1の9～12のうち、三田藩九鬼家、庭瀬藩戸川家については中段と下段、佐伯藩毛利家については上・中・下段の小面の長軸・短軸の平均値を求めた。中段と下段の関係は、庭瀬藩戸川家の場合、下段に比べ中段の小面長軸の平均が二センチメートルほど小さくなるが、短軸は五六センチメートルと中・下段の値は変わらない。一方、三田藩九鬼家と、佐伯藩毛利家では、逆に下段に比べ中段の小面長軸・短軸の平均値が大きくなることがわかる。さらに、佐伯藩毛利家の上段の小面長軸・短軸の平均値は、中段の値より小さいが、下段の値を上回る。つまり、小面の長軸・短軸の平均値で見る限り、小面の大きさは中段がわずかではあるが大きくなる傾向が認められる。この点について、詳しく見るために、上中下段の築石小面の長軸と短軸の計測値を一〇センチメートル単位で集計した（図6・7）。図6は小面長軸値の分布であるが、その値のバラツキは、やや異なる。上～下段の小面長軸の値は、六〇～八〇センチメートルの範囲に主体があるが、下段では七〇センチメートルの階層に半数以上が含まれる。一方、図7の小面短軸の値は、上中段の築石が五〇～六〇センチメートルに

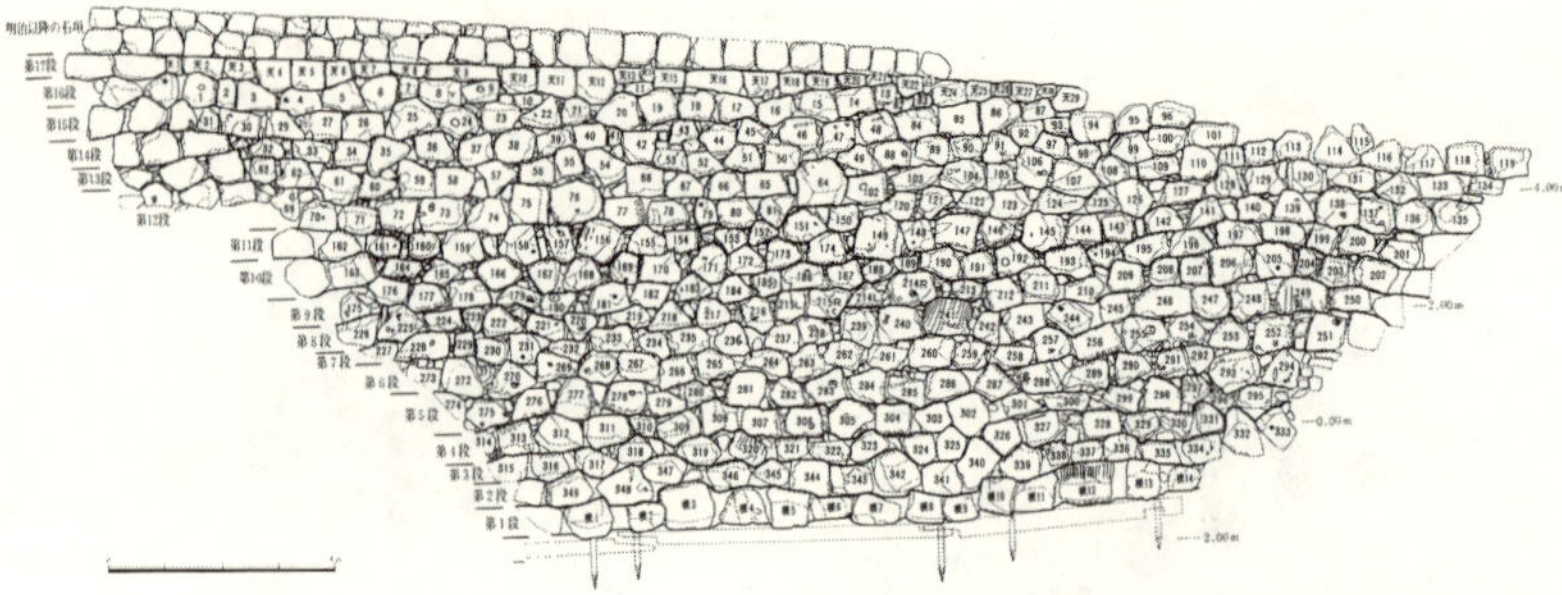

図8　牛込御門外橋詰の石垣立面図

中心があるが、下段では六〇～七〇センチメートルが中心である。二つの図の傾向を考え合わせると下段の築石小面は、七〇センチメートル×六〇～七〇センチメートルという比較的正方形に近いものであるのに対し、上中段の小面は長短軸の比が大きい長方形に近いものであることが分かる。[5] 上述したように、文科省構内2次では、石垣の解体は行なわれていないため、控えの値は得られていないが、報文中の厚秀雄氏の所見では「(略)石垣断面は、築石控えの長さは観察できた部分が少ないため明言は避けたいが、A地点北端でみる限り、必ずしも下段ほど長い築石が配されている訳ではないようである。」としている。

次に牛込御門外橋詰の調査である。この地点の調査は、平成二年に地下鉄南北線建設に伴い筆者が担当した。調査した石垣は牛込御門へ続く橋詰の北面にあたり、調査範囲は石垣上端部で二六・六メートル、下端部で一一・四メートル、高さは六・八～九・五メートル東側で一七段、西側で一五段を確認している(図8)。石垣は発掘調査と同時に取り外され、地下鉄工事完了後に修復されている。

牛込御門外橋詰の石垣は、牛込御門との位置関係や、牛込御門桝形の普請を担当した徳島藩蜂須賀家の蜂須賀家文書「草案」の記載から寛永十三年に築かれたことは確実である。報文では普請者の可能性が最も高いのは徳島藩蜂須賀家としたが、普請者を直接示す記述は無く、築石の出所も明確ではない。普請者の手掛かりとなる刻印は二九パーセントの築石に認められたがそのモチーフは四六種以上あり、丸の内一丁目や文科省内2次のように普請者を示すモチーフや偏在性は認められなかった。

筆者は、この調査の報告書をまとめるなかで、築石法量とその配置を検討し、以下の所見を得た。

a　比較的大きな石材を含む石垣基礎部：根石（第一段目）～四段目の石材

b　小口面を横長にし、石材を詰めて配した石垣下半部：第五～九段目

c　比較的大きな石材を含む石垣中間部：第一〇～一二段目

d　石材の隙間が広く、間詰石が多い石垣上端部：第一三～一五段目

そして、牛込御門外橋詰の石垣に見られる特徴を堀の水面や排水、石垣全体の重量バランスを配慮したものと考えた。

そこで、この牛込御門外橋詰石垣に見られる段数毎の特徴を文科省構内2次と比較するため同様の方法で再集計したのが表1―13である。全体としてみると小面の平均長軸は七〇センチメートル、同短軸は五五センチメートル、これは丸の内一丁目の岡山藩池田組の中で最も築石の法量が小さい成羽藩山崎家の築石と同一で、文科省構内2次の佐伯藩毛利家の小面よりやや大きい値である。また、注目されるのは控えの平均が一〇三センチメートルと丸の内一丁目の福岡藩黒田家組の一二一～一二八センチメートル、岡山藩池田家組の一一二～一一七センチメートルより明らか

石垣中間部（一〇〜一二段目）、b石垣下半部（五〜九段目）、d石垣上半部（一三〜一五段目）となる。石垣の状況や段数の区分が異なるため、先に検討した文科省構内2次の佐伯藩毛利家のものと単純に比較できないが、小面の法量は必ずしも上段ほど小さくなる傾向にないことは共通する。そこで、佐伯藩毛利家の石垣と同様にa〜dについて築石小面の長軸と短軸、合わせて控えの計測値を一〇センチメートル単位で集計した（図9・10・11）。図9と図10によって小面長軸と短軸の関係を見ると、佐伯藩毛利家の分布ほど顕著ではないが、b石垣下半部、c石垣中間部で長軸の値が七〇〜八〇センチメートルのものが多い。a石垣基礎部については長軸の値は七〇センチメートルで最大であるが九〇センチメートル以上の個体もみられ、総数が少ないこともあり、上述の控え平均値が大きくなったと見られる。小面短軸の計測値は、d石垣上半部も含め五〇センチメートルが最大となる。しかし、a石垣基礎部については値の大きなものが見られる。このため、小面長軸と短軸の関係は、相対的には佐伯藩毛利家の下段の築石と同様に比較的正方形に近い傾向にあると考えられる。次に、控え長であるが、平均値はabdが一〇二センチメートル、cが一〇五センチメートルである。図11を見るとa〜dの控え長の分布は九〇〜一〇〇センチメートルを中心としている。根石を含むa石垣基礎部についても控え長が一五〇センチメートルのものも見られるが、分布の中心はやはり九〇〜一一〇センチメートルの範囲で、特段の規格性は認められない。さらに控えについては、各段の築石計測値を一〇センチメートル単位で集計百分率で表したのが図12である。図中右手から控え長一〇センチメートル毎の割合を示した。各段とも一一〇・一〇〇・九〇センチメートルの階層で五〇パーセント以上を占める。比率であるため牛込御門外橋詰報文とはやや段数にずれが生じるが、一段目（根石）の他に石垣中間から上部にかけての一二〜一四段部分でも控

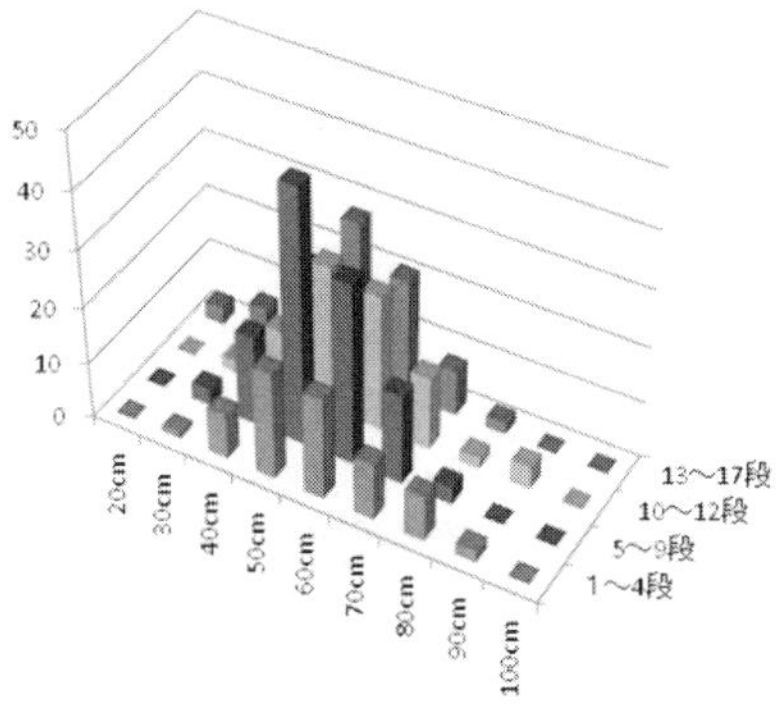

図 10　牛込御門外橋詰築石の短軸分布

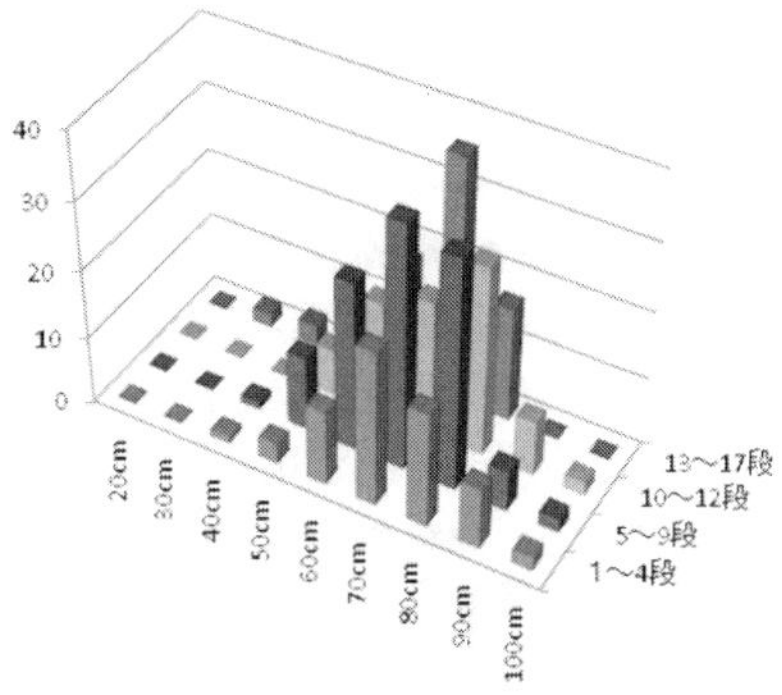

図 9　牛込御門外橋詰築石の長軸分布

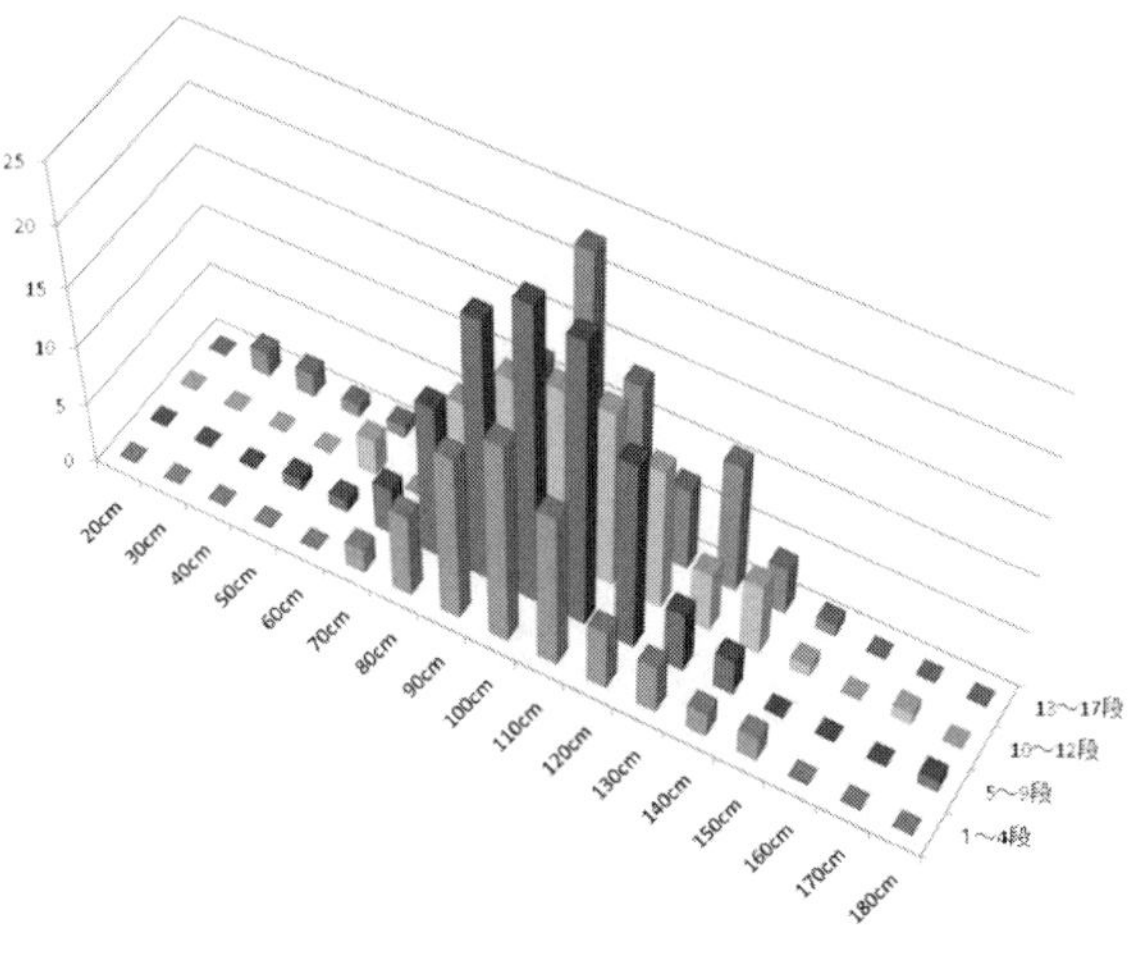

図 11　牛込御門外橋詰築石の控え分布

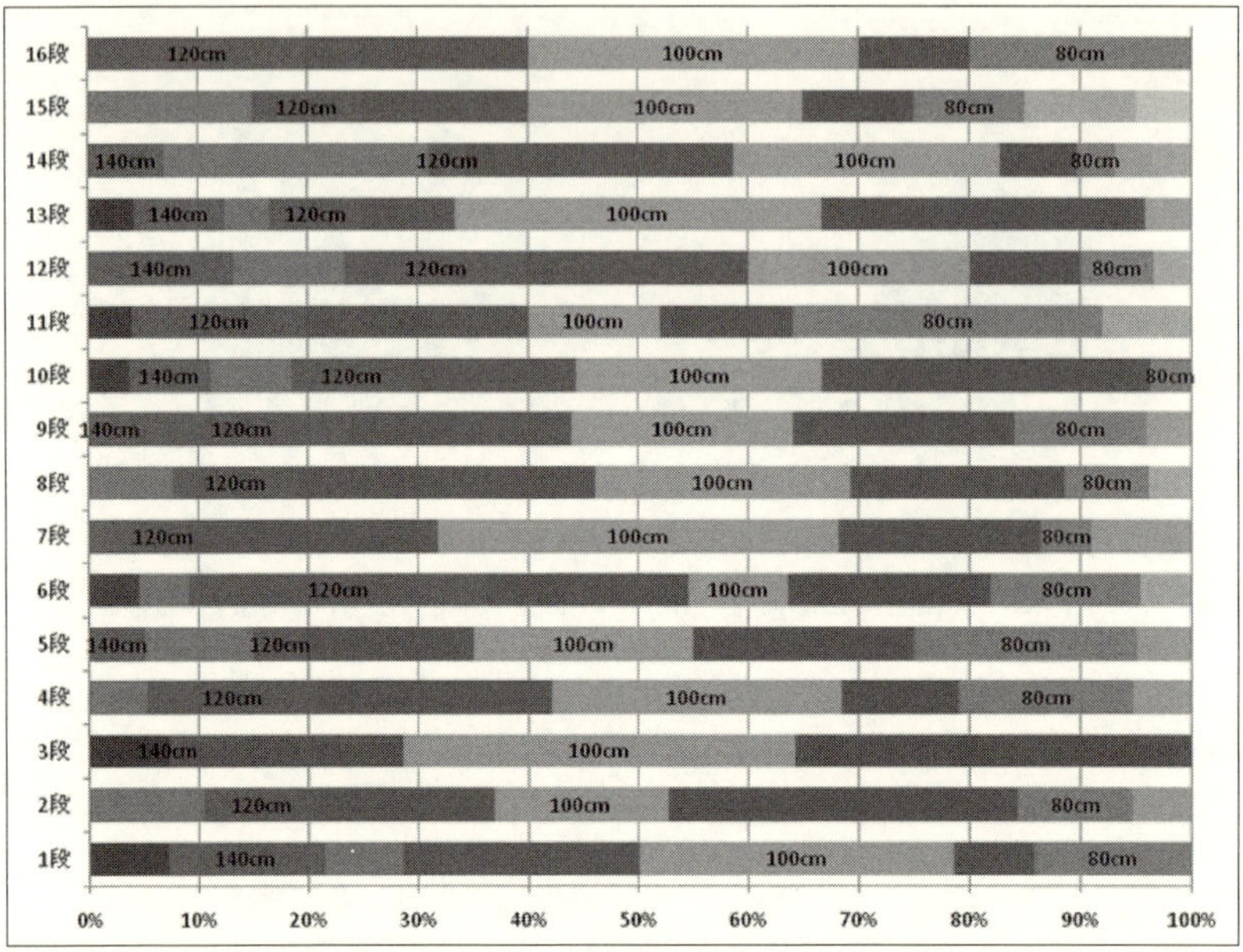

図12　牛込御門外橋詰石垣各段の築石の控え長の比率

えの長い築石の比率が高いことがわかる。

以上のように、築石の石垣段数による違いについて見てきた。検討した佐伯藩毛利家普請丁場の石垣、牛込御門外橋詰とも上部の小面法量がやや小さくなる傾向がうかがえた。さきにも述べたように佐伯藩毛利家普請丁場の石垣については、複数回の積み直しが想定されており、追加の石材が組み込まれた可能性もある。けれども、石垣上部を含めほぼ全面に毛利家の家紋を象った矢羽の刻印が見受けられことは、寛永十三年に同家が用いた築石が多数を占めていると見て間違いないだろう。つまり、小面の大きさは、長軸、短軸比にやや違いがあるが石垣の中間部付近まではほぼ同一の規格と言える。一方、控えについては、図12で見たように石垣の段数と控えの長短に単純な比例関係は認められない。どちらかと言うと大きさにバラツキのある一まとまりの築石の集合から根石をはじめとして各段で有用な大きさのものを抜き出して使用したという程度のものではないだろうか。

二　寛永十三年外堀普請の築石と他の石垣の築石

一章では寛永十三年外堀普請に使用された築石について、1節で丸の内一丁目の築石法量に普請大名あるいは普請組毎の特徴はあるものの一定のまとまりがあることを確認した。そして、2節で石垣の段数による築石法量の違いを検討し十数段の石垣の場合、中間部付近まではほぼ一定の規格の築石が用いられていることを確認した。また、寛永十三年外堀普請で用いられた築石の中で、牛込御門外橋詰のものは、丸の内一丁目のものと比べ、控え長の平均値が二〇センチメートル程度短くなることが分かった。この点については、市谷御門外橋詰でも認められ、同石垣の築石の平均は小面長軸七〇センチメートル、同短軸五八センチメートル、控え長一〇三センチメートルとなっている。

そこで、かなり乱暴ではあるが、比較的まとまった築石が出土し、報告書中に築石の計測値の記載のあるものを抽出したのが表1の15～19である。これらを、丸の内一丁目、牛込御門外橋詰で得られた築石の平均法量と比較してみたい。

1　江戸城半蔵濠鉢巻石垣

平成十年に六五メートルにわたり調査が行なわれている。検出された石垣石は一一三一点、このうち対象とした築石は八六六点である。報文中には石垣の上部から五段目において築石が小形化するとされており、この部分にデイサイトの築石が用いられていることから近代以降数度修復された可能性が指摘されている。このため、石垣立面図に従って、掲載石材調査結果一覧表の築石を上中下段に分けて集計した。注目されるのは、下段の築石で小面長軸の平均が七二センチメートル、同短軸が七〇センチメートル、控え長が一二二センチメートルとなる。小面長軸の値は丸の内一丁目のものに近く、短軸はこれを超えている。また、控えの値は、丸の内一丁目の築石のうち、法量の大きい福岡藩黒田家組に近い。半蔵濠鉢巻石垣は元禄、安政、関東大震災と幾度もの修築が繰り返されているが、報文によれば根石部については近世以来の石垣が残存しているとのことである。半蔵濠鉢巻石垣は慶長十六年（一六一一）に構築されていること考えると、丸の内一丁目の築石より大形の下段の石垣は、寛永十三年以前の規格を表している可能性がある。

2　伊達家芝屋敷船入場石垣（汐留遺跡4H118・4H119号遺構）

汐留遺跡では、各種の石垣・石組が検出されているが、ここでは『汐留遺跡Ⅳ』所収の伊達家屋敷船入場石垣石材観察表から最も時代が遡ると考えられている4H120船入場の護岸石垣4H118・4H119号を抽出した。報文では、「4H118で4段、4H119では5段の石垣が残存しており、その様相は材料として使われた一辺の平均50センチメートル、控えの長さ約100センチメートルにもおよぶ大きな間知石とその築造法の精緻さによって、従来他地区から見つかった伊達家の船入場群中でも例のないものとなっている。」と記載されている。引用が長くなったが、多数の石垣・石組が検出されている汐留遺跡の中でもこの石垣が特筆すべきものであることが分かる。対象とした築石は4H118が四三点、4H119が四六点いずれも控えの計測値がある残存部の最上段に位置する石材である。4H118の小面長軸は四六センチメートル、同短軸は三四センチメートル、控え長が九〇センチメートル、4H119の小面長軸は四二センチメートル、同短軸は二九センチメートル、控え長が九五センチメートルとなる。丸の内一丁目の築石と比較すると小面長短軸の値が六〇パーセント程であるのに対し、控えの値は八〇パーセント前後と控えの長い形状である。また、小面の長短軸比も大きく比較的幅広である。

3　尾張藩徳川家下屋敷跡2次調査2号堰

この石垣は、尾張藩の戸山屋敷庭園に設けられた龍門滝に付随し、泉水の水を堰き留める役割を果たしている。長さは約一三・七メートル、現存で二・二メートル、五段の石垣が確認されている。尾張藩徳川家下屋敷跡2次調査では、龍門滝本体である1号堰、2号堰以前に存在したと考えられる根石のみが残る3号堰など多くの石材が検出されている。対象とする2号堰は、天明八年（一七八八）前後に築かれたと推測され、伊達家芝屋敷船入場石垣より一〇〇年近く下ると考えられる。小面長軸は五五センチメートル、同短軸は五〇センチメートル、控えは九〇センチメートルである。控えが伊達家船入場4H—118・119とほぼ同じであるが、小面は大きく伊達家屋敷船入場の築石の二倍近くの面積となる。

また、この2号堰に用いられた築石はほとんど全てが灰赤色の発泡質で比重のやや小さい安山岩である。石質が特徴的であることから龍門滝の改修にあたって全てが同一の丁場から切り出されたものと考えられる。このためか、小面長軸の値は六〇〜七〇センチメートル、同短軸は五〇〜六〇センチメートルの階層に九〇パーセントの個体が集中する。これに比べ、控えは八〇〜一〇〇センチメートルの階層まで含めて約八〇パーセントとなる。

4　日本橋蛎殻町一丁目遺跡入堀（348号遺構）

調査地は、中央区の北東部、隅田川西岸から四〇〇メートル程の距離にある。一帯は江戸初期に造成された武家地

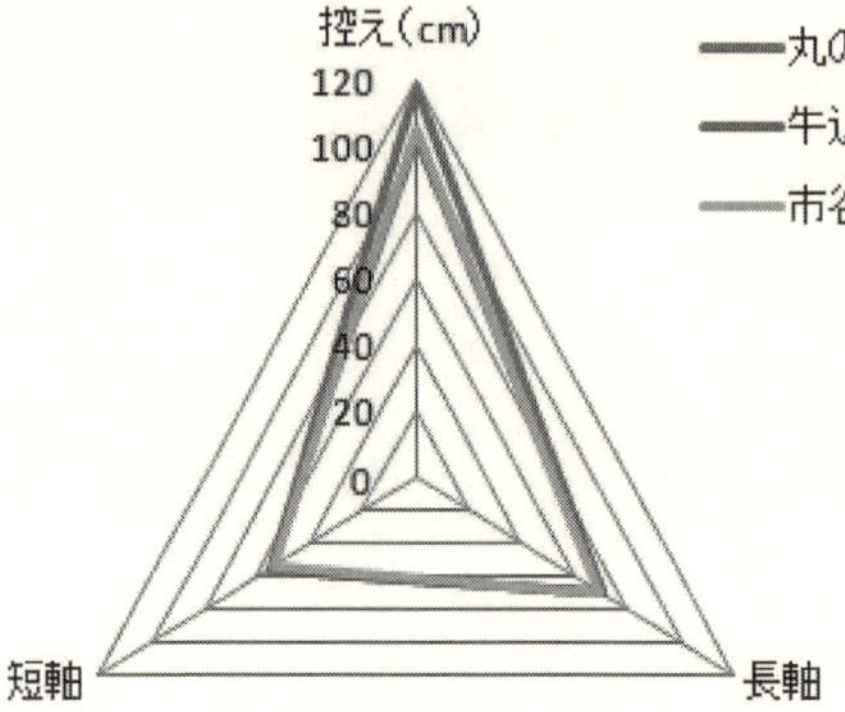
控え（cm）
120
100
80
60
40
20
0
短軸
長軸
丸の内一丁目1・2次
牛込御門外橋詰
市谷御門外橋詰

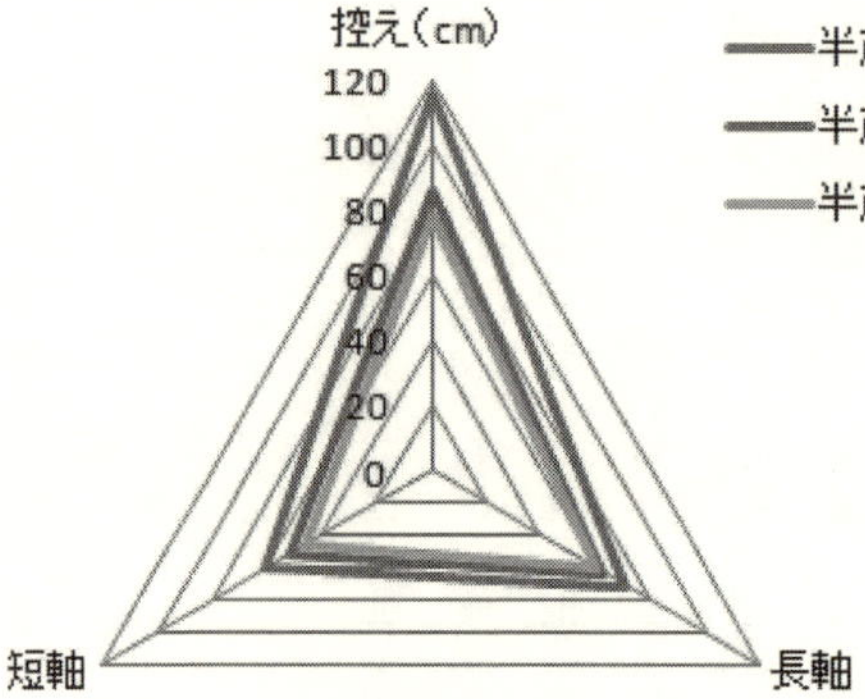
控え（cm）
120
100
80
60
40
20
0
短軸
長軸
半蔵門鉢巻石垣下段
半蔵門鉢巻石垣中段
半蔵門鉢巻石垣上段

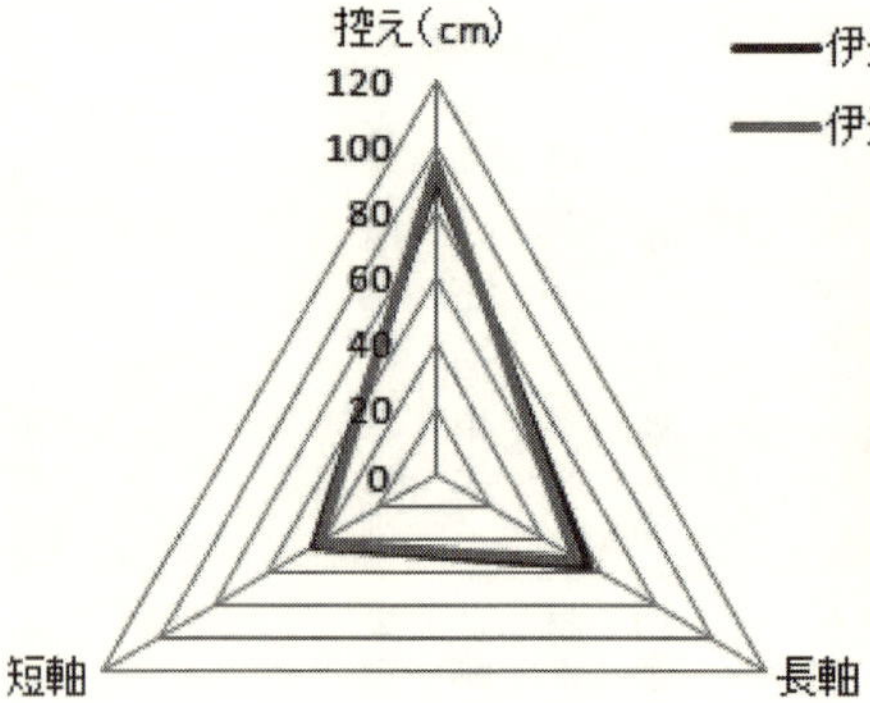
控え（cm）
120
100
80
60
40
20
0
短軸
長軸
伊達家芝屋敷船入場4H-118
伊達家芝屋敷船入場4H-119

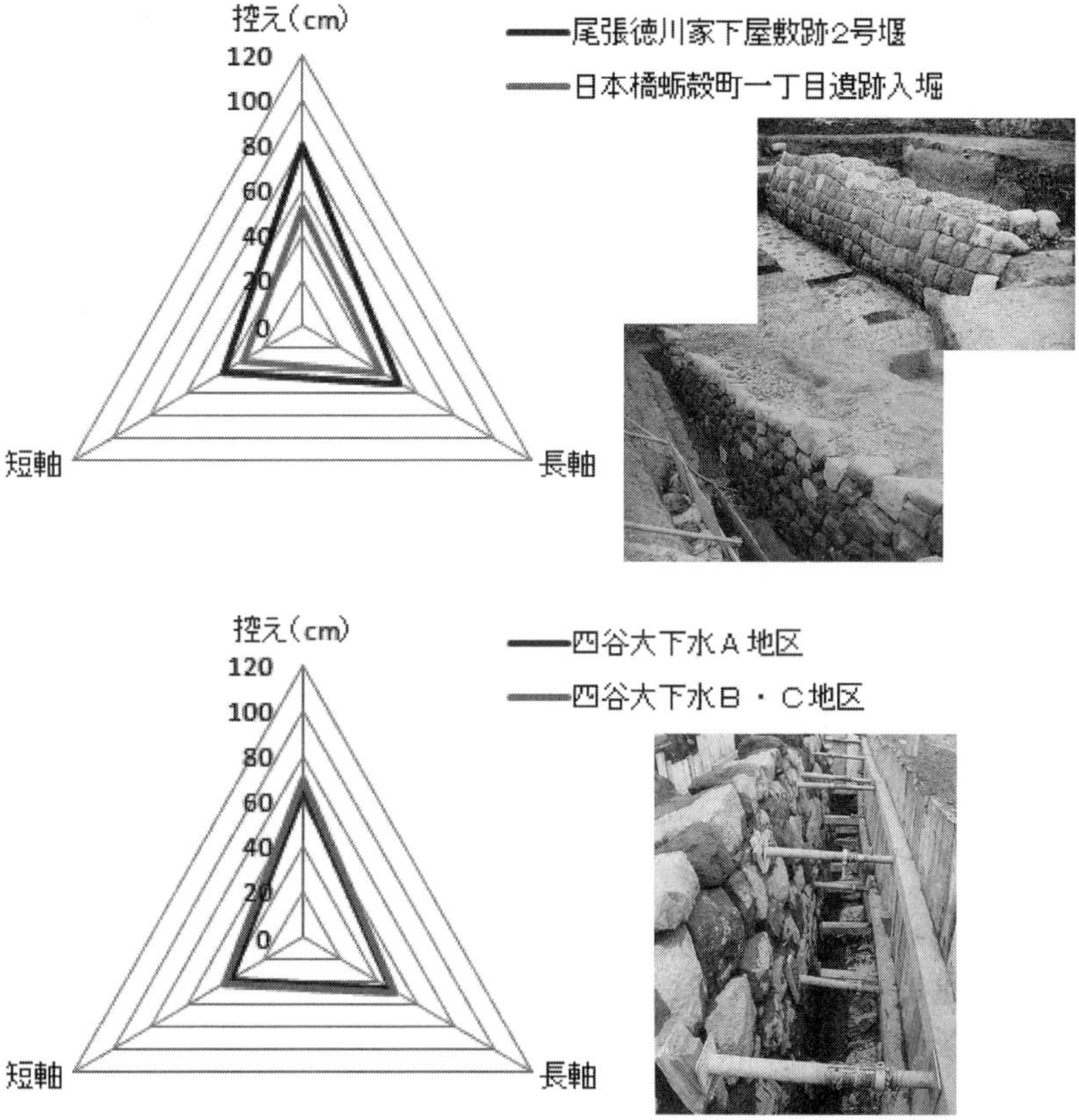

図13　小面の長軸・短軸・控え長

で元和八年（一六二二）には前橋藩酒井家の中屋敷が設けられている。発掘調査では入堀の西側護岸約一四メートルが確認され高さ二・七メートル、七段の石垣が検出されている。報文によれば、「石垣石はそれ程規格性が窺われず、やや不揃いのもので構成されていた。積み方も粗く、敷きヅラは必ずしも上下で交互になるものではなかった。」としている。この入堀に用いられた築石の平均値は、小面長軸は四三センチメートル、同短軸は三二センチメートル、控え長は六三センチメートルと今回検討した中で最も小さい。遺構は近代に入って埋め立てられたとされるが、構築年代については明らかにされていない。全ての築石が安山岩とされているなどを考えると一七世紀を下らないのではないだろうか。

5　四谷大下水（石組溝）

四谷御門外前の御堀端通西端には、四谷大下水と呼ばれる石積の水路がある。明暦二年（一六五六）、当時の山形藩松平（奥平）家が御手伝普請によって築いたとされている。残存していたのは町屋側の石積みのみであるが、四谷一丁目遺跡1・3次調査で断続的に約一〇〇メートルの区間を調査した。築石の平均値は、積み直しの石材が含まれるため上部を除外したA地点では、小面長軸は四五センチメートル、同短軸は三五センチメートル、控え長は七〇センチメートル、これより北側のB・C地点では小面長軸は五〇センチメートル、同短軸は四五センチメートル、控え長は八一センチメートルとなる。四谷大下水は明治初期まで機能しているため、積み直しの痕跡が認められる箇所も見られる。特にA地点の上半部には小面が扁平で小形の石材が多い。

おわりに

以上、五地点の石垣・石組の築石について紹介した。丸の内一丁目で用いられた築石より大きな、半蔵濠鉢巻下段石垣の築石は、その年代が明確ではないがすでに指摘されているように、慶長・元和段階の築石がより大形であったことを示唆するものかもしれない。一方、江戸城以外の石垣に用いられた築石は、江戸城のそれに比べ小さい。これには、築石自体の小形化、石垣の用途の違い、そしてこれも指摘されているが階層差などの要因があろう。石垣は普請者の権力、財力を表す側面を持っているからである。

ここでは、これらについてさらに検討していく材料がないが、はじめに述べたように、石垣を理解するにはその最小単位である築石あるいは石垣石個々の観察が欠かせないと思う。もとよりこの作業は簡単なものではないが、江戸遺跡あるいは伊豆・真鶴の石丁場遺跡において実施することが大切ではなのではないだろうか。

最後に、検討を行なうにあたり、多くの方のご助言や未公表の石垣データの提供、また石垣計測に協力をいただいたが、筆者の力不足により充分に活かすことができなかった点をお詫びして終わりとしたい。

注

（1）「細川家文書」によれば普請丁場の岡山藩池田家組のうち三田藩九鬼家と成羽藩山崎家は石丁場組では熊本藩細川家に属する。

（2）発掘調査では九鬼家の普請丁場の一～二段は未調査である。

（3）文科省構内2次の報文（一五六頁）では、「築石縦横の比率でみると、幅が縦に対して一・二～一・三倍となっている。（中略）布積みにおいて石材の高さをそろえて、築石を安定させるために横幅が長くなるように石を用いていることがうかがえる」。ただし、同書表8—15を見る限り、本文の分析と同様の傾向が読み取れる。

（4）注（1）に同じ。

（5）注（3）に同じ。

〔参考文献〕

北原糸子　一九九九『江戸城外堀物語』筑摩書房（ちくま新書）

財団法人新宿区生涯学習財団　二〇〇〇『東京都新宿区 四谷一丁目遺跡Ⅲ』

新宿区四谷一丁目遺跡調査団　一九九八『東京都新宿区 四谷一丁目遺跡』

地下鉄7号線溜池・駒込間遺跡調査会　一九九四『江戸城外堀跡牛込御門外橋詰・御堀端』

地下鉄7号線溜池・駒込間遺跡調査会　一九九五『江戸城外堀跡赤坂御門・喰違土橋』

地下鉄7号線溜池・駒込間遺跡調査会　一九九六『江戸城外堀跡市谷御門外橋詰・御堀端』第Ⅰ分冊

中央区教育委員会　二〇〇五『東京都中央区日本橋牡蛎殻町一丁目遺跡』

千代田区教育委員会　二〇〇一『江戸城の考古学』

千代田区教育委員会　二〇〇八『千代田区立四番町歴史民俗資料館 資料館報第15号』

千代田区丸の内1—40遺跡調査会　一九九八『東京都千代田区 丸の内一丁目遺跡』

千代田区丸の内一丁目遺跡調査会　二〇〇五『東京都千代田区 丸の内一丁目遺跡Ⅱ』

千代田区歴史民俗資料館　二〇〇五『江戸城の堀と石垣—発掘された江戸城—』

東京都埋蔵文化財センター　二〇〇六『汐留遺跡Ⅳ』

戸山遺跡調査会　二〇〇三『東京都新宿区 尾張徳川家下屋敷跡Ⅱ』

文部科学省構内遺跡調査会　二〇〇五『東京都千代田区 文部科学省構内遺跡Ⅱ』

江戸城跡と石丁場遺跡

――後藤宏樹

はじめに

江戸城は、慶長九年（一六〇四）から寛永十三年（一六三六）の約三〇年を費やし、全国の大名を動員して構築された巨大城郭である。その特徴は、同じ場所を何度も修築している点である。たとえば、江戸城本丸周囲の石垣は、慶長十一年と同十九年に、内郭外堀が元和六年（一六二〇）であり、江戸城外堀および外郭門の構築は、慶長十一・十九年に石垣工事記録があり、寛永六年と寛永十三年にも工事が実施されている。江戸城外堀鍛冶橋門脇（丸の内一丁目遺跡）の発掘調査では、史料による普請大名と石垣刻印の整合によって寛永十三年に確実に遡る石垣は確認されておらず、寛永期以前はむしろ土手による堀であったことが明らかとなっている。史料では石垣普請が幾度も記録されているものの、寛永十三年以前は限られた範囲で石垣が築かれたと考えられ、この地域の外堀が総石垣となるのは寛永十三年を待たなければならない。このように、この三〇年という期間を費やして、江戸城は土の城から石の城へと変化したのである。

また、全国の大名によって石垣が築かれたという点も江戸城の大きな特徴であり、各大名の分担区域ではそれぞれ大名ごとに特徴ある積み方なども発掘調査を通して確認できる。また石垣表面だけではなく、石垣の裏込め等背面遺構などが時代ごとに変遷することは、担当技術者のあり方を推察することができる。

ここでは、こうした技術はひとまず置いて、石垣に付された符号（刻印）に着目して、江戸城築城を中心として、石丁場の石材調達から石垣構築に至る大名の普請体制について、慶長期から寛永期にいたる変遷を捉えてみたい。その規模は、江戸城築城時の石垣総延長を参考として計算すると、一〇〇万個近い築石石材（小面二尺とする）が伊豆から回漕され、各大名が江戸城石垣を築いたのであった。以下に史料による慶長期から寛永十三年までの江戸城築城の主要工事を示し、未曾有の大工事の一端を示すこととする。

一　江戸城築城と石丁場の歴史（図1・図2）

1　慶　長　期

慶長期の江戸城石垣普請は、江戸開幕翌年の慶長九年（一六〇四）、島津、伊東、森、池田、福島、加藤、毛利、加藤（松山）、蜂須賀、稲葉、毛利（森）など外様諸藩に石船および築城石と材木の調達を命じている。その調達は、一〇万石につき一〇〇人持ちの石を一一二〇個差し出すよう命じられ、関東内陸には石の産出が乏しいため、伊豆の七ヵ所の石切場から石積船で運ぶこととなった（小松一九八五）。熱海市に残る「羽柴丹後守　慶長九年」の標示石は、慶長十一年普請役に先立ち、京極家が石丁場を確保していたことが知られる。

慶長十~十一年の本丸および外郭工事は、浅野、島津、毛利、黒田、鍋島、加藤嘉明（松山）の六家に石材進上役が命じられ、翌年に本丸普請を三六家に命じる。この工事では、藤堂高虎（大手門・縄張り）、細川忠興（本丸・外郭）、前田利光（外郭）、池田輝政（外郭）、加藤清正（富士見櫓・西の丸大手内郭）、福島正則（外郭）、浅野幸長（外郭）、黒田長政（外郭・天守）、鍋島勝茂（外郭・虎門）、山内忠義（本丸）、毛利秀就（本丸）、吉川広家（本丸）、有馬豊氏（本丸・二番丁

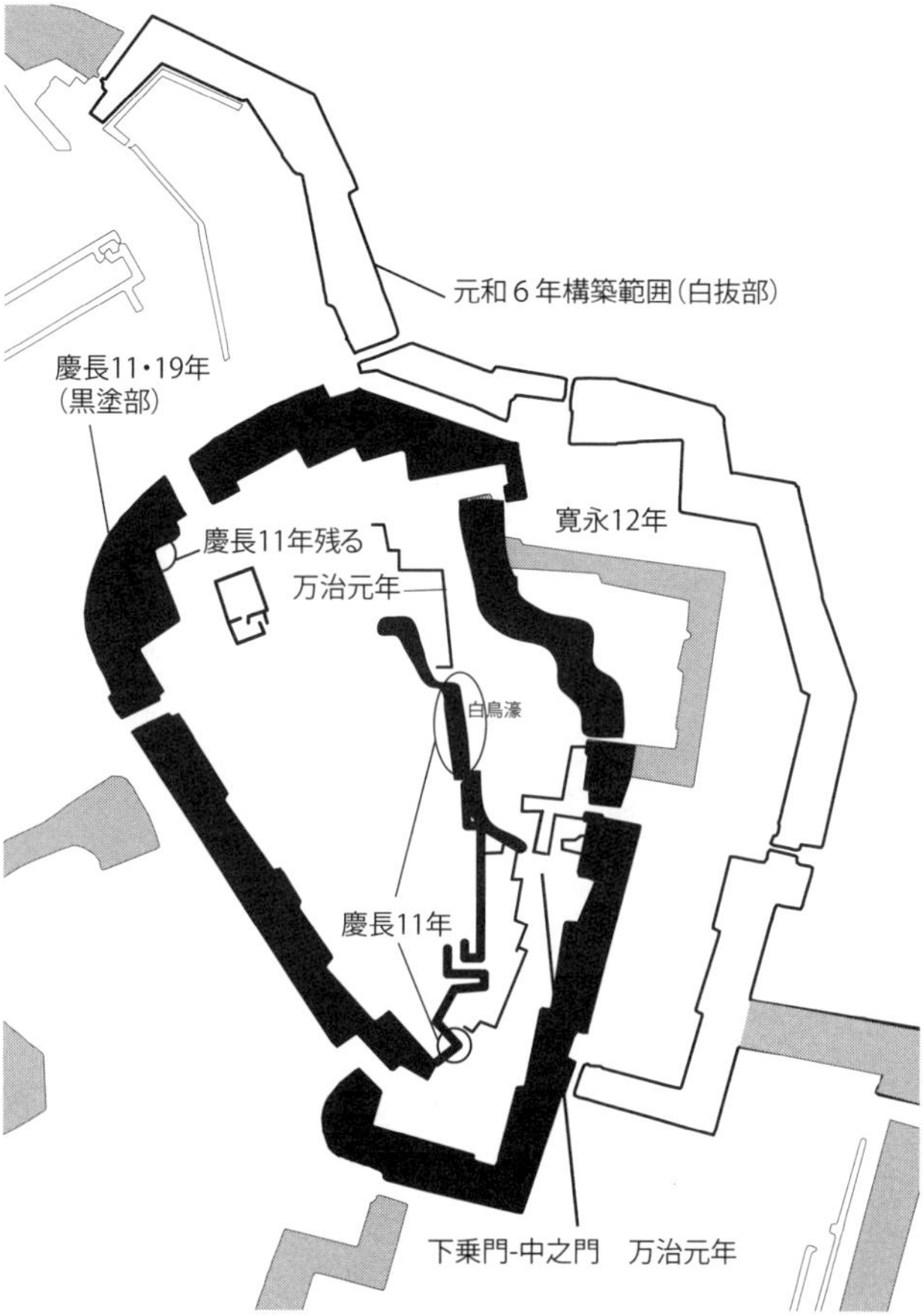

図１　江戸城（内郭）築城範囲図

場）、蜂須賀至鎮（外郭）、京極高知（外郭）、保科正光（本丸）、古田重勝（本丸）などが担当した。

慶長十六年（一六一一）の西の丸工事では、伊達、蒲生、上杉、最上、佐竹、相馬、秋田、浅野（真壁）、諏訪（高島）、保科、北条、酒井、鍋島、伊東など東国大名を主とした課役となっている。

慶長十九年（一六一四）の本丸周辺の石垣普請は、三四家の大名に課役されている。その大名は、慶長九年と十一年の大名を基本とした構成であった。修築場所は、本丸・二ノ丸石垣のほか内桜田門、西の丸下馬門枡形石垣である。課役大名は、藤堂（津）・細川（小倉）・黒田（福岡）・毛利（萩）・池田（岡山）・池田（姫路）・池田（鳥取）・福島（広島）・森（津山）・有馬（福知山）・京極（宮津）・京極（小浜）・加藤（熊本）・加藤（松山）・加藤（米子）・山内（土佐）・蜂須賀（徳島）・浅野（和歌山）・鍋島・寺沢（唐津）・松浦（平戸）・田中（柳川）・加藤（熊本）・伊東・島津（鹿児島）・中川（竹田）・毛利（佐伯）・稲葉（臼杵）・竹中（府内）・堀尾（松江）・脇坂（大洲）・小出（岸和田）・遠藤（八幡）・土屋（久留里）となる。

一方、石丁場遺跡に残る年号や人名を記した刻印石には、「慶長十九年」「羽柴丹後守けい長九年」「是ヨリ西有馬玄蕃石場慶長十六年」、「羽柴越中守石場」など慶長九年から十六年の公儀普請を示す標示石があり、そのほか浅野紀伊守、羽柴右近（森）など慶長期の大名丁場を示す刻印石と思われるものが主体を占める。これらは、慶長期に江戸城築城を命ぜられた大藩の大名を主体としていることから、各大名が江戸城石丁場を開くにあたって、丁場範囲を示したものと考えられる。

2 元和期から寛永六年

大坂の陣により豊臣氏が滅亡し徳川幕府が盤石となると、二代将軍秀忠は元和期から寛永六年（一六二九）にかけて江戸城だけでなく大坂城や二条城を含めた三都の整備に着手する。

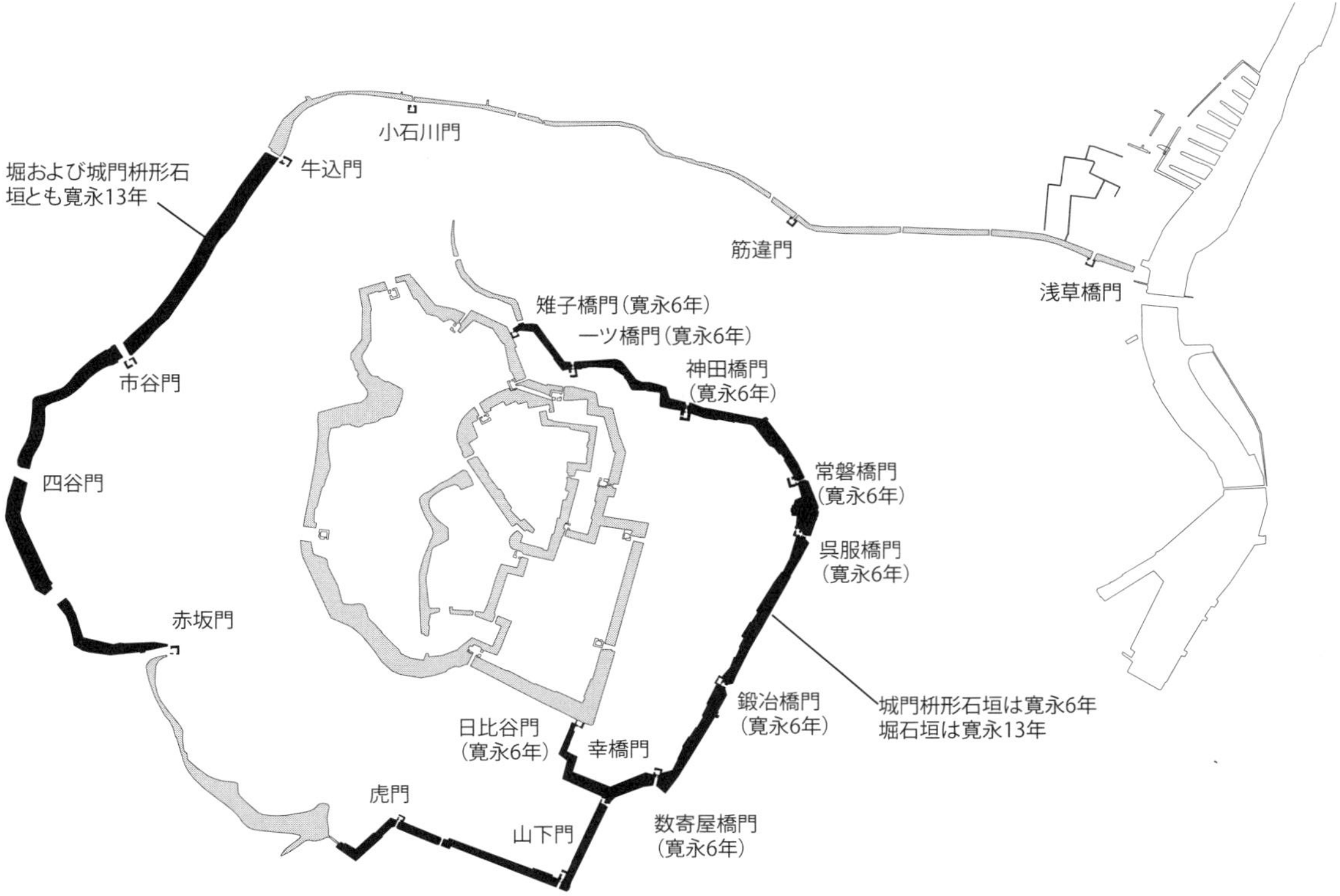

図２　寛永６・１３年の江戸城（外郭）築城範囲図

元和六年（一六二〇）の江戸城と大坂城の築城は、大坂攻略で中止となった慶長十九年の継続であった。大坂城を西国大名に、江戸城を東国大名に担当させ、江戸城では慶長十九年の未了であった箇所を工事した。内桜田から清水門にかけての堀石垣と、外桜田・和田倉・竹橋・清水・田安門・半蔵門の各枡形石垣構築であった。担当大名は仙台藩伊達政宗、米沢藩上杉景勝をはじめ掛川松平・佐竹・蒲生・最上・南部・相馬ら東国大名を主とし、池田（岡山）、細川・黒田といった西国大名が加わる。特に伊達家は内桜田から清水門に至る石垣を担当した。「細川家文書」によると、元和六年の石材の調達は、普請課役を大名に課さず、幕府自身で調達したと推定されている（北原一九九五・一九九九）。細川家史料では石三万個を大名丁場含めて町人に調達を命じている。ただし、細川家、池田家、山内家が伊豆石を献上している。元和六年の清水・内桜田門（桔梗門）間の石垣石材は、伊達家が調達したものと推定されている。

寛永六年（一六二九）の江戸城築城は、前年に起きた大地震後の修復工事である。助役を命じられた大名は、徳川御三家をはじめ七〇家以上にのぼる。修復箇所は、西の丸大手、吹上、山里門、伏見櫓等の西の丸、和田倉・桜田門といった江戸城内郭門、日比谷門、数寄屋門、鍛冶橋門、呉服橋門、常盤橋門、神田橋門、一橋門、雉子橋門など江戸城東方の外郭門枡形石垣および堀石垣で、その石垣延長は一七五〇間（約三・三キロメートル）であった。

この工事の特徴は、石垣を築く「築方」と伊豆から石材を調達する「寄方」に分けたことである。築方は七組にわけ、関東・信越の大名を中心としている。寄方は、三河以西の親藩・譜代大名が担当している。寛永六年の御三家や三河以西の大名による石丁場は、従前の大藩石丁場と抵触しない形で設けられ、山内家など石丁場を持つ大名は石材を献上していることが史料から確認される（北原一九九五）。

3　寛永十三年

寛永十三年の外堀普請では、江戸城西方の牛込・赤坂門間の堀普請とともに、寛永六年度に工事を行なった雉子橋～虎ノ門間の江戸城東方の堀石垣および外郭門枡形石垣の修築を行なっている。西国大名六〇家に堀石垣と外郭門の枡形石垣の構築を命じている。その丁場編成は、国持大名を組頭に置き、その配下に一～三万石程度の大名を付ける組編成で、六組で構成されていた。助役大名の全領地高を合算すると約六五七万二七〇〇石となり、一組あたり約五〇万石となるように編成されている。

「立花家文書」には雉子橋～虎ノ門の江戸城外郭石垣普請担当が、「細川家文書」には石丁場の受持大名が記されている。表1・2（北原一九九四・一九九五より転載）によると、石丁場も同じ組編成で丁場を設定していたことが「細川家文書」で確認されるが、その編成は必ずしも外堀普請の編成とは一致しないようである。

寛永十三年の雉子橋・虎ノ門間の石垣は、総延長約一四キロメートルにのぼり、三万一〇六坪あまりで、三尺（九〇センチメートル）四方で二四万個の石、二尺（六〇センチメートル）四方で八一万個が伊豆から運ばれたこととなる。熊本藩だけでも伊豆からの石材搬送は、五〇二回におよび、総数一万三四五二石を調達している。

一方、寛永十三年における石丁場は、石垣普請同様組編成が特徴である。そのなかで、細川越中守組では、普請組には蜂須賀や森、稲葉など、それまで石丁場を保有している大名は組込まれておらず、小藩の大名が配下にまとめられ、また幕府御用石丁場を立花、有馬、平岡、山崎家などの諸大名の石丁場としていたことが分かる。このことから、寛永十三年の石垣普請を課せられた国持級の大名は、慶長期以降各家で維持された石丁場が活用され、五万石以下の小名は、常時伊豆に石丁場を確保することが難しいため、大藩の大名のもとに組編成がなされたと思われる（北原一九九五）。

石垣坪（坪）	役	普請箇所
4,738	半役	筋違橋枡形、櫓台、平石垣、水敲
4,738		
2,394	半役	浅草橋枡形、櫓台、平石垣、水敲
1,750.3	半役	常盤橋北方平石垣　常盤橋水たたき　麹町四　谷口（御見附枡形　矢倉台）喰違　神田橋　水たたき　溜池敷石のうち雉子橋　神田橋
142.1	半役	
118.5	半役	
219.4	半役	
94.8	半役	
4,719.1		
2,558.5	半役	幸橋（御成橋）枡形、平石垣、水敲
1,217.7	半役	牛込枡形、平石垣、水敲
1,001.6	半役	市ケ谷枡形
251.1	半役	
519.5	半役	
47.4	半役	
142.1	半役	
237.2	半役	
216.6	半役	
6,191.7		
1,493.4	半役	小石川枡形、鍛冶橋平石垣
1,516.2	半役	溜池櫓台、平石垣
289	半役	
166.8	半役	
308	半役	
47.4	半役	
47.4	半役	
47.4	半役	
170.6	半役	
333.7	半役	
142.4	半役	
106.6	半役	
61.6	半役	
94.8	半役	
4,825.3		
2,052	半役	赤坂枡形、平石垣、水敲
589.1	半役	
189.6	半役	
299.4	半役	

表1　寛永13年石垣方普請組

組	大名（受領名）	諱	藩名	拝領高	普請役高
石垣1	前田肥前守	利常	金沢	1,192,760	500,000
石垣1組　小計				1,192,760	500,000
石垣2	松平伊予守	忠昌	福井	525,000	252,650
	毛利長門守	秀就	萩	369,411	184,705.5
	松平大和守	直基	大野	50,000	15,000
	松平土佐守	直良	勝山	25,000	12,500
	本多飛驒守	成重	丸岡	43,300	23,150
	九鬼式部少輔	隆季	綾部	20,000	10,000
石垣2組　小計				1,032,711	498,005.5
石垣3	細川越中守	忠利	熊本	541,169	270,000
	蜂須賀阿波守	忠英	徳島	257,000	128,500
	森内記	長継	津山	186,500	93,250
	有馬左衛門佐	直純	延岡	53,000	26,500
	立花飛驒守	宗茂	柳川	109,600	54,820
	立花民部少輔	種長	三池	10,000	5,000
	木下右衛門太夫	延俊	日出	30,000	15,000
	稲葉民部少輔	一通	臼杵	50,065	25,033
	稲葉淡路守	紀通	福知山	45,700	22,857
石垣3組　小計				1,283,034	640,960
石垣4	池田新太郎	光政	岡山	315,000	157,600
	池田勝五郎	光仲	鳥取	320,000	160,000
	松平虎之助		山崎	63,000	30,500
	池田右近太夫	輝興	赤穂	35,200	17,600
	池田出雲守	長常	松山	65,000	32,500
	池田内蔵助	重政	新宮	10,000	5,000
	平岡石見	重勝	徳野	10,270	5,000
	建部三十郎	政長	林田	10,000	5,000
	九鬼大和守	久隆	三田	36,000	18,000
	中川内膳正	久盛	岡	70,440	35,220
	山崎甲斐守	家治	成羽	30,000	15,025
	戸川土佐守	正安	庭瀬	22,500	11,250
	桑山左衛門佐	一玄	新圧	13,000	6,500
	毛利市三郎	高直	佐伯	20,000	10,000
石垣4組　小計				1,020,410	509,195
石垣5	黒田右衛門佐	忠之	福岡	433,100	216,550
	寺沢兵庫頭	堅高	唐津	123,000	62,164.5
	松倉長門守	重次	島原	43,000	20,000
	松浦肥前守	隆信	平戸	63,200	31,600

石垣坪（坪）	役	普請箇所
132.5	半役	
47.4	半役	
47.5	半役	
56.9	半役	
236.9	半役	
142.1	半役	
130	半役	
48.8	半役	
47.4	本役	
284.3	半役	
236.9	半役	
189.6	半役	
4,730.4		
1,691.6	半役	虎門（久保町）枡形、平石垣、水蔵
814	半役	喰違枡形、平石垣、水蔵
473.8	半役	
147.8	半役	
170.5	半役	
142.1	半役	
142.1	本役	
126.5	半役	
236.9	半役	
370.5	半役	
165.8	半役	
47.4	半役	
47.4	半役	
259.6	半役	
65.3	半役	
4,901.3		
30,106.9 (30,105.8)		

書」江戸城普請分担図などより作成

組	大名（受領名）	諱	藩名	拝領高	普請役高
	大村松千代	純信	大村	27,973	13,985
	谷大学	衛政	山家	10,000	5,000
	蒔田権佐	広定	浅尾	10,000	5,008
	土方杢之助	雄高	菰野	12,000	6,000
	小出大和守	吉英	出石	50,000	25,000
	小出対馬守	吉親	園部	29,711	15,000
	杉原吉兵衛	重長	豊岡	25,000	13,719
	伊東若狭守	長昌	岡田	10,300	5,150
	宮城主膳正	豊嗣		5,000	5,000
	加藤出羽守	秦興	大洲	60,000	30,000
	黒田甲斐守	長興	秋月	50,000	25,000
	黒田市正	高政	東蓮寺	40,000	20,000
石垣５組	小計			992,284	499,176.5
石垣６	鍋島信濃守	勝茂	佐賀	357,036	178,518
	生駒壱岐守	高俊	高松	171,800	85,900
	伊達遠江守	秀宗	宇和島	102,154	50,000
	織田出雲守	信友	松山	31,235	15,600
	織田辰之助	信勝	柏原	36,000	18,000
	秋月長門守	種春	高鍋	30,000	15,000
	島津右馬頭	忠興	佐土原	30,070	15,000
	遠藤伊勢守	慶利	八幡	27,000	13,350
	一柳監物	直盛	西条	68,600	25,000
	京極丹後守	高広	宮津	78,200	39,100
	京極修理太夫	高三	田辺	35,000	17,500
	青木甲斐守	重兼	麻田	10,000	5,000
	織田大和守	尚長	柳本	10,000	5,000
	古田兵部少輔	重恒	浜田	50,400	27,390
	久留島丹波守	通春	森	14,000	7,000
石垣６組	小計			1,051,495	517,358
石垣方総合計				6,572,694	3,164,675 （3,164,685）

＊『東京市史稿』皇城編１、『徳川実紀』３巻、「細川家文書」御公儀御普請、「立花家文

表2　江戸初期伊豆石丁場

番号	丁場名	材高（石）	支配代官名	先年	巳年（寛永六年）	石丁場評価	距離
1	早川新丁場	三七六・八			三大納言	石多、湊ヨシ	早川より石橋まで一〇丁
2	大ケ窪	（石橋の内）	八木二郎右衛門		小笠原右近大夫忠真	石多、湊ヨシ	
3	石橋	二六・二	八木二郎右衛門	石川主殿忠總	小笠原幸松	石多、湊ヨシ	石橋より米神まで一〇丁
4	米神	一九・八	八木二郎右衛門	伊井掃部直孝	石多、湊ヨシ	米神より根府川まで半道	
5	根府川	二五・九	八木二郎右衛門		三大納言、伊井掃部直孝	石少、湊中位	根府川より江之浦まで五丁
6	江之浦	一二・四	八木二郎右衛門	堀尾山城守忠晴	松平下総守忠明	石多、湊ヨシ	江之浦より久津見岩まで一〇丁
7	久津見	（岩の内）	八木二郎右衛門	蜂須賀阿波守至鎮	三大納言	石多、湊ヨシ	
8	岩	六三・五	八木二郎右衛門		三大納言	石多、湊ヨシ	岩より白磯まで四丁
9	白磯	（真名鶴の内）	八木二郎右衛門			石多、湊ヨシ	白磯よりしとど笠島まで三丁
10	真名鶴	一一一・四	八木二郎右衛門		本多美濃守忠政		
11	しとど笠島	（真名鶴の内）	八木二郎右衛門	鍋島信濃守勝茂	伊井掃部直孝	石多、湊ヨシ	しとど笠島から円山まで五丁
12	円山	（岩の内）	八木二郎右衛門	黒田筑前守長政	三大納言	石多、湊ヨシ	円山から川ふりまで五丁
13	川ふり（新丁場）	五九六・五	八木二郎右衛門		尾張大納言義直	石少、湊中位	川ふりより新井まで三丁
14	新井	一九・五	八木二郎右衛門	加藤左馬助嘉明	松平山城守忠國	石多、湊ヨシ	新井より黒崎まで一五丁
15	黒崎	三九〇・三	八木二郎右衛門	鍋島信濃守勝茂	岡部内膳長盛	石多、湊ヨシ、堅石	黒崎より同所一丁
16	黒崎		八木二郎右衛門		尾張大納言義直	石多、積場悪し	黒崎より伊奈村まで半道
17	伊奈村	五七三・九	八木二郎右衛門		京極丹後守高廣		伊奈村より熱海まで一里
18	熱海	六〇〇	小林十郎左衛門		紀伊大納言頼宣	石少、湊悪し、丁場遠し	熱海より多賀まで一里一〇丁

19	多賀	六一〇	小林十郎左衛門	細川越中守忠興	紀伊大納言頼宣、小笠原右近大夫忠真、小笠原幸松、水野日向守勝成、松平山城守忠國、加藤肥後守忠広、北条出羽守氏重	石多、湊ヨシ	多賀より網代まで一里
20	上多賀			福島左衛門大夫正則	尾張大納言義直		
21	網代村	四〇	小林十郎左衛門	細川越中守忠興、松平中務、松平宮内家次	伊井掃部直孝、松平紀伊守家信、北条出羽守氏重、松平中務、加藤肥後守忠広	石多、湊ヨシ、堅石	網代より宇佐美まで一里半
22	宇佐美	九〇〇	小林十郎左衛門	伊東修理大夫祐慶	松平隠岐守定行、細川越中守忠利	石多、荒浜	宇佐美より湯川まで一里
23	湯川村	一八〇	小林十郎左衛門	鍋島信濃守勝茂	本多美濃守忠政	石多、荒浜	湯川より新井まで二〇丁
24	松原村	二一〇	小林十郎左衛門	藤堂和泉守高虎		石多、荒浜	
25	和田村	一八〇	今宮惣左衛門	黒田筑前守長政	紀伊大納言頼宣	石少、川湊ヨシ	
26	新井村	七〇	今宮惣左衛門	黒田筑前守長政、生駒讃岐守正俊、脇坂淡路守安元	本多美濃守忠政	石多、荒浜、海士舟あり	新井より川奈まで一里
27	川奈村	九〇	今宮惣左衛門	毛利長門守秀就	尾張大納言義直、紀伊大納言頼宣	石少、湊ヨシ、舟二〇艘入、石場遠し	川奈より冨戸まで一里
28	冨戸村	七〇	今宮惣左衛門	寺沢志摩守廣高、毛利長門守秀就	嶋修理兵衛石切ニテ尾張様へ上申	石有、荒浜	冨戸より八幡野まで一里
29	八幡野	七二・七	江川太郎左衛門	（年記載なし）嶋津陸奥守丁場ニテ商人切上申		荒浜、河名・稲取ニ舟をかけ、日和を見て石積申	八幡野より赤沢まで一里

番号	丁場名	材高（石）	支配代官名	先　年	巳年（寛永六年）	石丁場評価	距　離
30	赤沢	四・六	今宮惣左衛門	（元和期）本多下総守俊次		荒浜、河名・稲取ニ舟をかけ、日和を見て石積申	赤沢より堀河まで一里半
31	大川	一〇一・五	今宮惣左衛門	有馬玄蕃頭豊氏、福島左衛門大夫正則	尾張大納言義直	荒浜、河名・稲取ニ舟をかけ、日和を見て石積申	
32	堀河	二四（奈良本の技郷）	江川太郎左衛門		紀伊大納言頼宣	石多、荒浜、河名・稲取ニ舟をかけ、日和を見て石積申	
33	片瀬	一六〇	今宮惣左衛門			荒浜、舟かからず	片瀬より白田まで少々
34	白田	三九三	今宮惣左衛門			石無、荒浜、舟かからず	白田より稲取まで一里
35	稲取	二七五	今宮惣左衛門	松平土佐守忠義	松平隠岐守定行、細川越中守忠利、前田肥前守利常	石多、湊ヨシ	稲取より耳高まで一里半
36	耳高	二四〇	河合助左衛門		尾張大納言義直	湊なし、風により舟四～五艘かかる	耳高より河津まで半道
37	浜村・河津		河合助左衛門			川湊少しあり	河津より白浜まで二里
38	白浜		河合助左衛門				
39	次崎	三五	竹村弥太郎			湊丑寅風ニテ、船五〇艘可	
40	下田	二一二	竹村弥太郎			本湊、大船千艘かかる	
41	手石	九四九	河合助左衛門			本湊ナシ、大船入らず	手石より長津呂まで一里
42	下流		河合助左衛門				
43	大瀬		河合助左衛門				
44	長津呂	五〇八	河合助左衛門			本湊、大船一〇〇艘かかる	長津呂より妻良まで二里
45	中木	（記載なし）					
46	人間	（記載なし）					

47	妻良	一六〇	竹村弥太郎			辰巳風、西風ニハ大船五〇艘懸る	妻良より子浦まで一五丁（舟ニテ七～八丁）
48	子浦	一四〇	竹村弥太郎			大湊、五〇〇艘懸る	子浦より岩地まで二里
49	伊浜	一四〇	竹村弥太郎				
50	雲見	一四三	竹村弥太郎			辰巳風ニテ大船五〇艘懸る	
51	石部	一九七・五	竹村弥太郎				
52	岩地	二六・五	竹村弥太郎			本湊、五〇艘程懸る	
53	松崎	一二〇・一	竹村弥太郎			辰巳風ニハ大船一〇艘程懸る	松崎より仁科まで一里
54	仁科	九八八・五	竹村弥太郎				仁科より田子まで一里
55	田子	三四四・八	竹村弥太郎			本湊、大船五〇艘懸る、青切砂（去年七月より公儀御用に切らす）	田子より荒里まで一八丁
56	荒里	二〇七・七	竹村弥太郎			本湊大船二〇〇艘懸る、青切石有（去年七月より公儀御用に切らす）	荒里より宇久次まで二五丁
57	宇久次	八七一・一	竹村弥太郎			丑寅風にて大船一〇〇艘懸る	宇久次より小下田まで一里
58	小下田	五九四・四	市川喜三郎	（記載なし）			小下田より八木沢まで一八丁
59	八木沢	五一八・六	市川喜三郎			丑寅風にて大船一〇〇艘懸る	八木沢より土肥まで一八丁
60	土肥	五二〇・四	市川喜三郎				土肥より小土肥まで八丁
61	小土肥	三一九・一	市川喜三郎		菅沼織部定芳	石場悪し	小土肥より戸田まで一里二八丁
62	戸田	七七七	市川喜三郎	細川越中守忠興、鍋島信濃守勝茂	駿河大納言忠長、紀伊大納言頼宣、尾張大納言義直、菅沼織部定芳（上の青石）、小笠原右近大夫忠真	本湊、大船五〇〇艘も懸る	戸田より古宇まで二里

番号	丁場名	材高（石）	支配代官名	先年	巳年（寛永六年）	石丁場評価	距離
63	井田	一二・三	市川喜三郎			駿河様丁場、石ヨシ石場悪し	
64	江梨	二七・二	市川喜三郎			丑寅ノ風ニテ大船五〇艘、駿河様丁場、中石、石場ヨシ	
65	久科	一二・九	市川喜三郎			駿河様丁場、本多伊勢守、松平主殿丁場有、中石、石場ヨシ	
66	足保	一三・四	市川喜三郎			駿河様丁場、中石、石場ヨシ	
67	古宇	九八・九	市川喜三郎			駿河様丁場、本多伊勢守、松平主殿、上石、石場ヨシ	古宇より三津まで二里
68	立保	四六・五	市川喜三郎			駿河様丁場、中石、石場ヨシ	
69	平沢	五七・五	市川喜三郎			駿河様丁場、上石、石場ヨシ	
70	久連	一一八	市川喜三郎			本湊、大船（三〇〇石積）五〇艘懸る	
71	木正	一七五・六	市川喜三郎	（記載なし）			
72	重次	一五一	市川喜三郎	（記載なし）			
73	長浜	四三・五	市川喜三郎	（記載なし）			

二　石垣の刻印から分かること

全国の近世城郭石垣には文字や記号など符号が刻まれていることが知られ、駿府城を中心とした田端寶作氏の刻印調査や藤井重夫氏による大坂城石垣刻印調査などの業績が知られる。両氏の研究によって大名ごとに特徴ある刻印が明らかとなっている。

もともと石垣符号は、近世段階だけでなく、「筑前国続風土記」に元寇防塁石垣石に九州各国の国名を刻んだとあり、安土城には墨書石や数種の刻印を検出している。しかし、これらは一部であり、石垣刻印が爆発的に増加するのは、慶長期におこる全国城下町整備の過程で完成した近世城郭の石垣である（田中一九九九）。

藤井氏の『大阪城石垣符号について』によると、石垣の符号には墨書と刻印があり、その意味は次のとおりである。大名に関わる記号および文字／奉行、作業グループ／丁場の範囲、順番を示すもの／石の寸法、個数／石材切出しの地名／年代　などである（藤井一九八二）。

このように石垣に付される符号は、さまざまな意味を持っていることが知られる。それでは、この符号はどのような段階で付けられるのであろうか。伊東の荻野家文書や網代の聞間家文書など石丁場預かり名主の記録には、「石の紋」「御石印」と記され、大名たちの所有を示す印が用いられていたという。たとえば、毛利市三郎は「矢はず」、松平加賀守は「くつわと社の落葉」、黒田家は「○にた」「○に中」といったように、大名固有の刻印があったことが知られる（鈴木一九九五）。また、「細川家文書」の寛永十三年の記録によると、枡形を請け負う大名には、石を皆（石垣方）で出すといい、細川家が幸橋を築くにあたって幕府に角石五〇個借りたいと申し出、霊岸島にある角石に「越中ノ石」として鑿目を付けたが、石屋がその上に自分の鑿目（刻印）を付けたとして幕府普請奉行に苦情を申し入れている。これらのことから、刻印は石丁場での石材切出しや、保管、構築直前などさまざまな段階で、その所有を明確にするために付されたものと思われる。

三　石垣刻印による江戸城築城体制（図3・4・5、表3～5）

1　慶長十一年の普請場所と江戸城跡

慶長十一年（一六〇六）に構築された石垣のうち現存する石垣は、江戸城本丸を中心としてわずかに残る。すなわち、白鳥濠、富士見櫓台～埋門、乾櫓台、御休息所多聞櫓台（富士見多聞櫓）といった本丸を取り巻く石垣である。石垣の特徴は、隅角部の算木積みが未完成の段階で、角石は直方体とならず、角脇石も未発達である。築石部は打ち込みハギ乱積みで、間詰石が多い。近年の江戸城内郭の調査により慶長期段階の石垣刻印が確認されている（宮内庁二〇一〇）。

①　北桔橋門西側の乾櫓台石垣

乾櫓台石垣の西面角石に「加藤肥後守内」の刻印があり、八から十九までの段数を示すと思われる刻印が角石に刻まれている。この地点の石垣には数多くの刻印があり、その主体は熊本藩加藤家を示す「◎」であり、または名古屋城などで加藤家を示す「二巴」もみられる。「さエ門」と「△坂」の人名を示す刻印が認められる。前者は福島正則（羽柴左衛門大夫）と考えられ、後者は不明であるが、同じ組合せの刻印が大手下乗門北側石垣にもみられる。

②　富士見櫓台石垣

史料によると、富士見櫓の石垣は、熊本藩加藤清正により築かれたとある。一方、櫓下の石垣には、「ꆜ（三輪）」刻印を主体にして多数の刻印が確認されるが、富士見櫓東方の下埋門石垣には、ほとんど刻印が認められない。また、刻印の少ない埋門隅角部は角石だけで構成され、詰石の多い算木積みが完成していないのに対して、富士見櫓下では

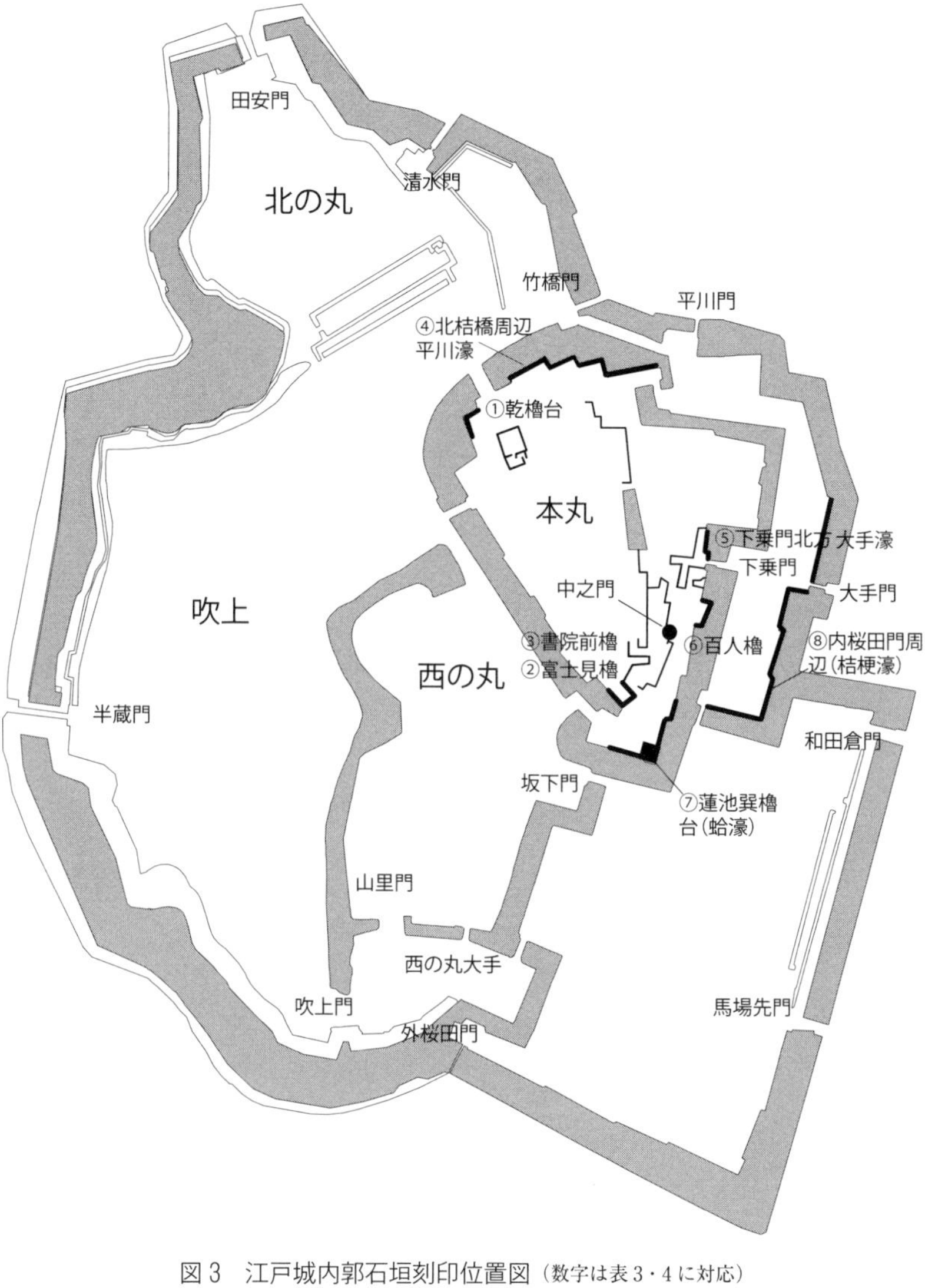

図3　江戸城内郭石垣刻印位置図（数字は表3・4に対応）

表3　江戸城内郭石垣刻印一覧（1）

番号	地点名	刻　　印	備　考
①	乾櫓台	角石に「加藤肥後守内」「八」~「十九」刻印あり 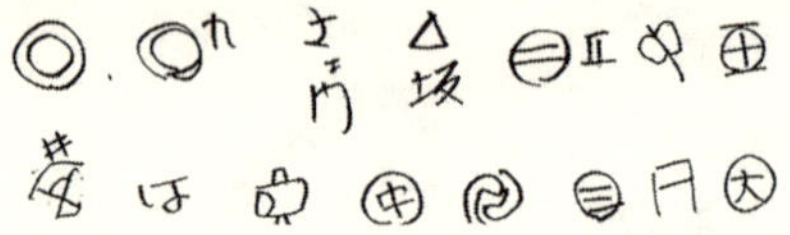	慶長11年 加藤清正
②	富士見櫓	「百丶越前」 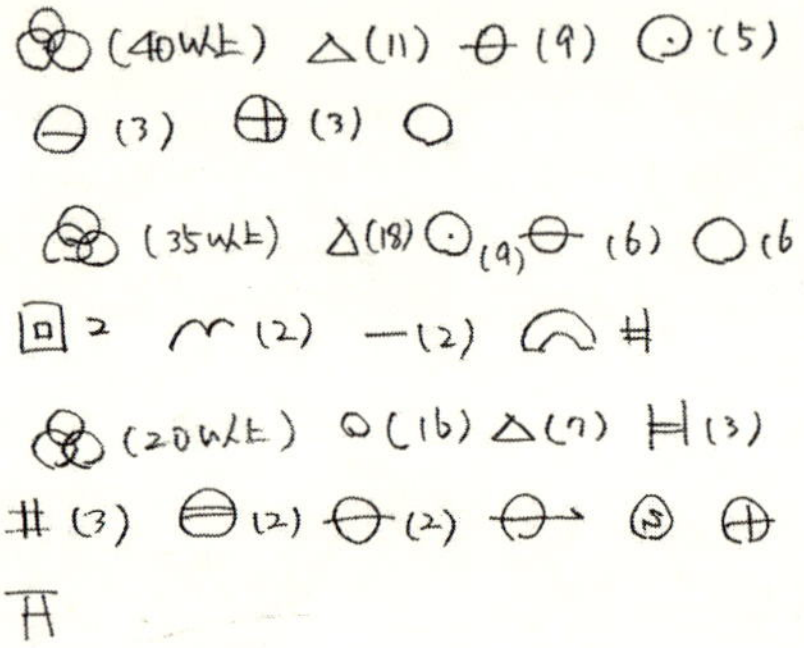	土佐藩山内家家臣 慶長11年
③	書院前櫓 下・上埋門	「羽三左」	池田輝政（姫路） 慶長11年
④	北桔橋門周辺 平川濠沿い	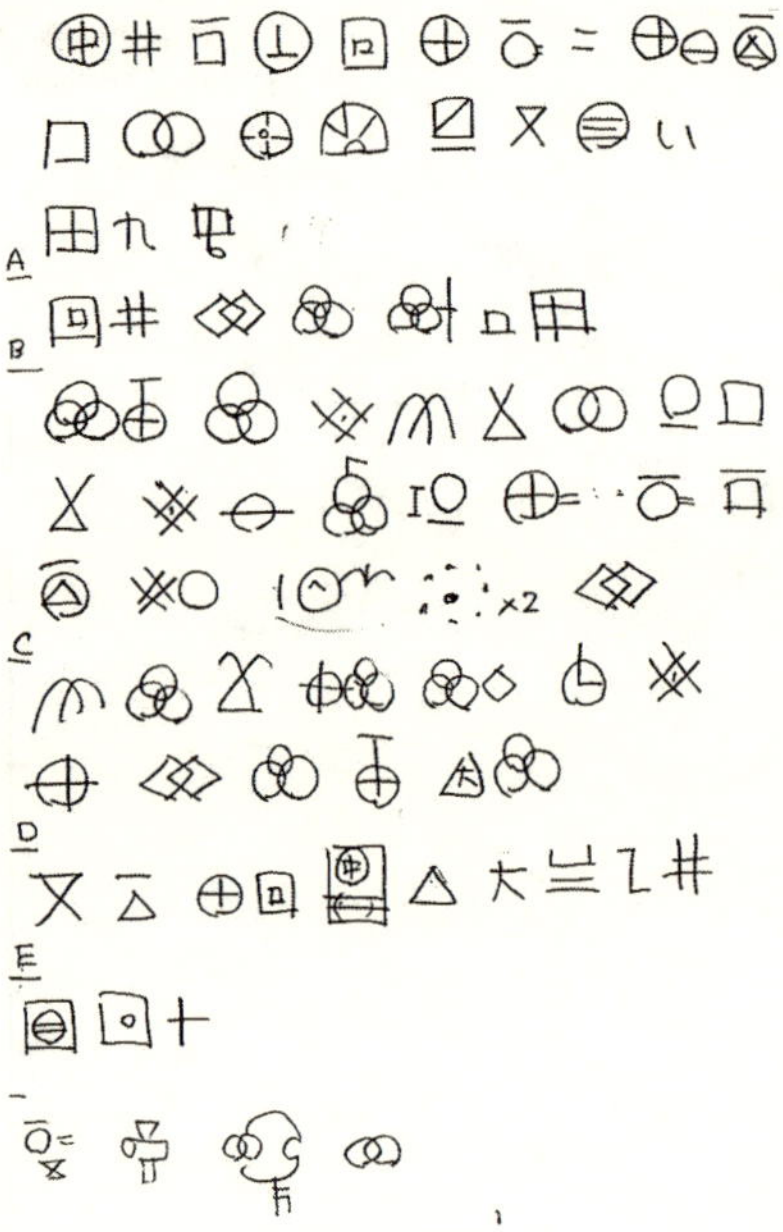	慶長19年

表4　江戸城内郭石垣刻印一覧（2）

番号	地点名	刻　　印	備　考
⑤	下乗門北方	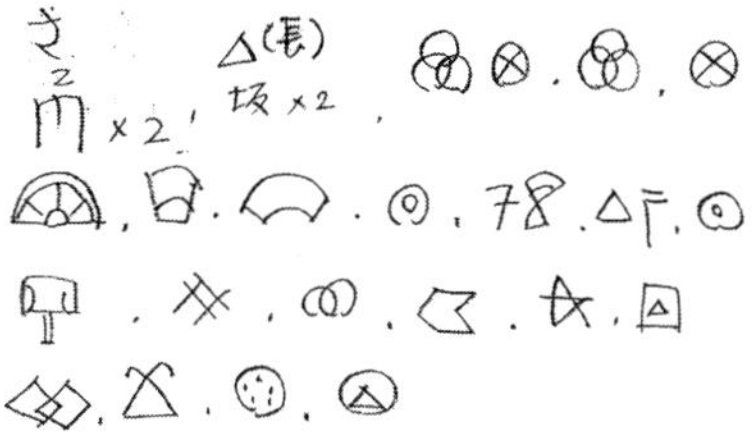	慶長19年 二ノ丸外縁 福島正則(左衛門)
⑥	百人櫓	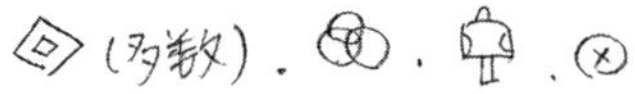 「松平武蔵守」 「松平左衛門督」「羽柴左衛門太夫」	慶長19年 二ノ丸外縁 池田利隆（姫路） 福島正則（広島）
⑦	蓮池巽櫓台 (蛤濠)	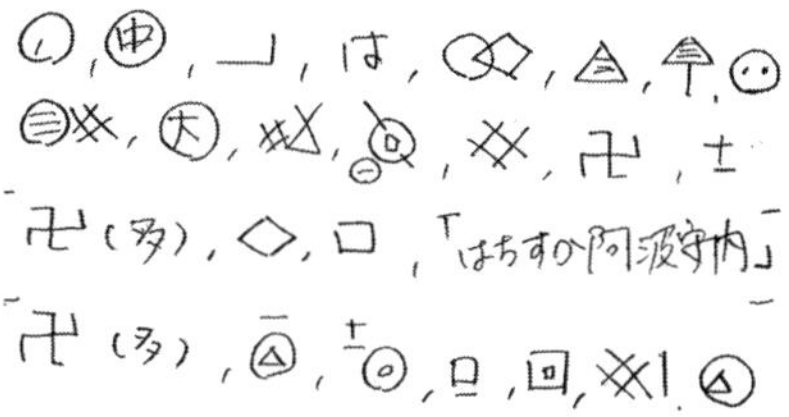	蜂須賀阿波守（徳島藩）の家臣の名が刻まれる 慶長19年・元和6年？
⑧	内桜田門周辺 (桔梗濠)		元和6年築造範囲 蛤濠と同じく「卍」が多い
	大手濠		

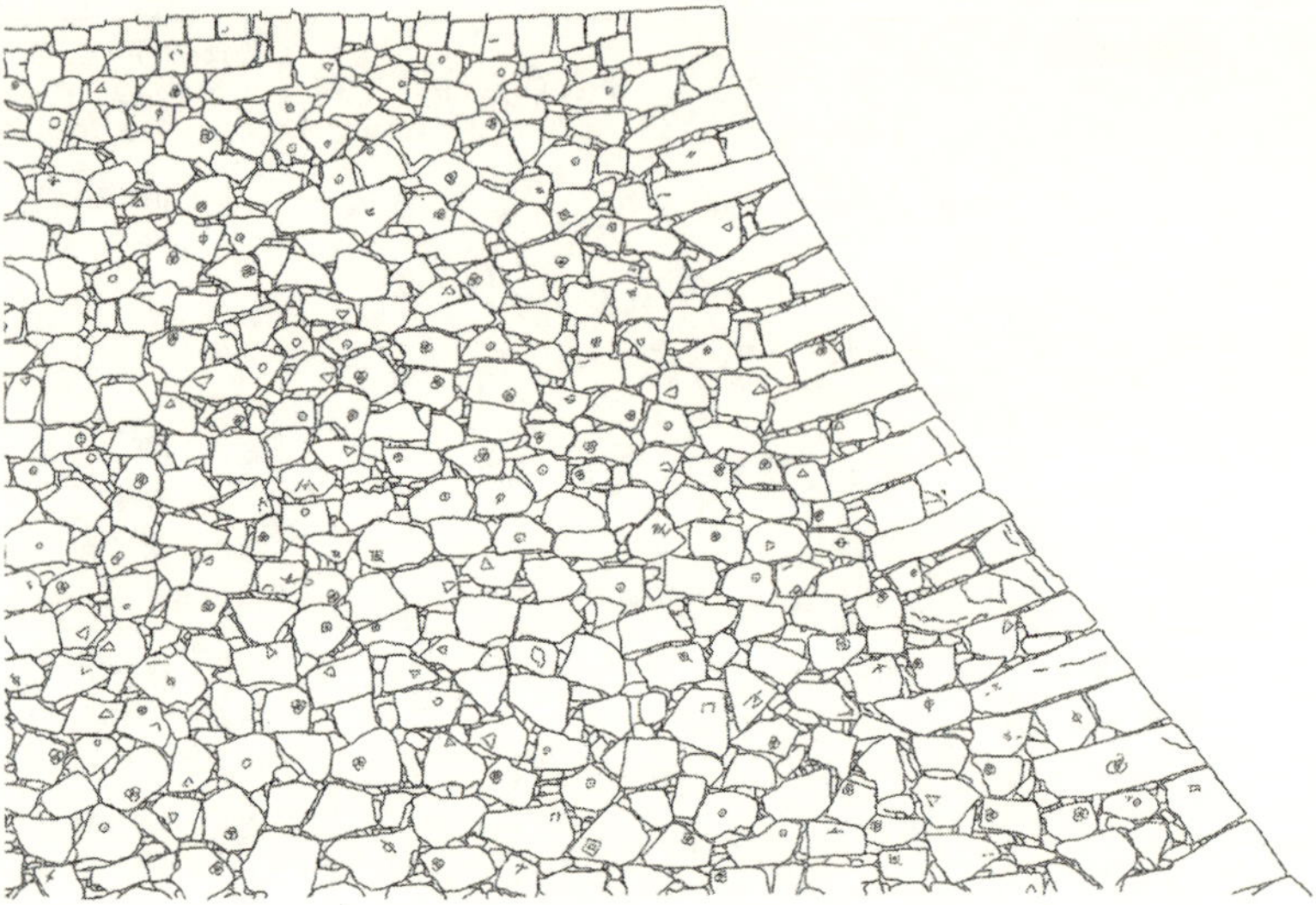

図4　富士見櫓台石垣隅角部と刻印

算木積みが完成したものとなり、技術的な差異が認められる。「三輪」は和歌山城の事例などから浅野幸長を示すと考えられる。慶長十一年の浅野幸長の担当箇所は、本丸および外郭と記載されている。このように石垣の特徴や刻印の有無・種類により、富士見櫓周辺（下埋門から蓮池門までの本丸石垣）の石垣は、大名数家で担当した可能性があり、その中には加藤清正や浅野幸長が含まれていたと考えられる。また、その他に下・上埋門の通路部には池田輝政（羽柴三左衛門）を示す「羽三左」の刻印や、蓮池門脇の石垣には山内家家臣の「百、越前」の刻印があり、この地域の石垣が多くの国持級大名が担当していたことがわかる。

③　本丸台所前多聞櫓台石垣（白鳥濠沿い石垣）

この地点は、皇居東御苑として公開されており、江戸城の中では一般に見学可能な範囲の中で最も古い石垣である。石垣の特徴は、隅角部が下半部の勾配が緩やかで上部へいくほど急勾配となる、いわゆる「扇の勾配」の石垣である。算木積みも完成していない古い形態を示し、築石部も乱積み間詰石の多いものとなっている。石垣刻印は少ない。

④　大手下乗橋門北方石垣

人名を示す刻印として「三左」「さエ門」があり、その他に「△坂」がある。前者の刻印は、姫路藩池田三左衛門輝政を示し、後者は福島正則と思われる。史料によると慶長十一年の普請では池田輝政と福島正則は外郭（二ノ丸石垣を指すのか?）石垣を担当したとある。その他に「三輪」などの刻印がみられる（浅野も外郭を担当）。

2　慶長十九年の普請場所と江戸城跡

慶長十九年（一六一四）の構築範囲は、史料に本丸山手とあることから、北側台地の乾濠・平川濠に沿った高石垣を指しているのであろう。また、記録には二ノ丸石垣や内桜田門、西の丸下馬門枡形石垣などの名がみられる。現存するこの時期の石垣は、算木積みが完成し、築石は割合そろった形をしている。また、この時期から元和六年構築石垣は、角石に花崗岩を用いたものもみられる。

⑤　大手下乗橋南側の百人櫓台石垣

史料によると、姫路藩池田武蔵守利隆により「城内下馬二ノ丸石垣、前年伊豆山より石買入」とあり、下乗門枡形石垣を構築している。また、本丸・乗物橋（下乗橋か?）左手一番丁場を熊本藩加藤忠広と和歌山藩浅野長晟、同二番丁場を福知山藩有馬豊氏が請け負っている。百人櫓台石垣の角石（花崗岩）には「松平武蔵守」、「松平左衛門督」、「羽柴左衛門太夫」の刻銘があった（宮内庁二〇一〇）。その他この地域の石垣には「◈」の刻印が多く見受けられる。また松平武蔵野守は池田利隆に、松平左衛門督は岡山藩主池田忠継に、羽柴左衛門太夫は広島藩福島政則に対応する。また、◇刻印は、有馬玄蕃頭豊氏のものと考えられる。なお慶長十九年の普請では、池田忠継、福島政則とも本丸（福島正則は紅葉山百間蔵付近）を請け負っている。

⑥　蓮池巽櫓台石垣

櫓台石垣の角石は安山岩と花崗岩が用いられている。このうち安山岩の角石三ヵ所には、「□ちす□□波守内／小南□□□」「はちすかあわ乃守内／す多□□□□」「はち」「卍」と刻まれている。蓮池巽櫓台から内桜田門のある蛤濠・桔梗濠の石垣には蜂須賀家を示す「卍」の刻印が多く、徳島藩蜂須賀家が関わった石垣の可能性が高い。なお、この石垣は慶長十九年もしくは元和六年のいずれかである。

3　元和六年・寛永六年の普請場所と江戸城跡

元和六年（一六二〇）の工事は、内桜田から清水門にかけての江戸城内郭東縁を取り巻く堀石垣であり、寛永六年（一六二九）は、江戸城東縁の外郭門枡形石垣が造られた。この工事は、大坂城を西国大名に、江戸城を東国大名に担当させ、江戸城では慶長十九年の未了であった箇所を工事した。先の堀石垣のほか外桜田・和田倉・竹橋・清水・田安門・半蔵門の各枡形石垣構築であり、仙台藩伊達政宗、米沢藩上杉景勝、久保田藩佐竹義宣、若松藩蒲生忠郷、山形藩最上義俊、三戸藩南部利直、中村藩相馬利胤ら東北の外様大名を主とした。また、岡山藩池田忠雄が自発的に石材を献上したほか、小倉藩細川忠利は西の丸北角石垣を、福岡藩黒田長政は高石垣七〇間分の工事を希望したという。

この区間の石垣には、さまざまな種類の刻印が付されている。蓮池櫓台は徳島藩蜂須賀家に関わる刻印が多いが、その北側にあたる内桜田門から大手濠石垣には、同家の刻印はあまりみられず、小倉藩細川家の九曜紋、堀尾家と思われる分銅、加賀藩前田家に関わる刻印（中・卍）も多く、福岡藩黒田家の「裏銭紋」、稲葉家の「御敷に三」、三輪などさまざまであり、これらの刻印が内桜田門から清水門に至るまで分布するという特徴がある。

⑦　桔梗濠石垣

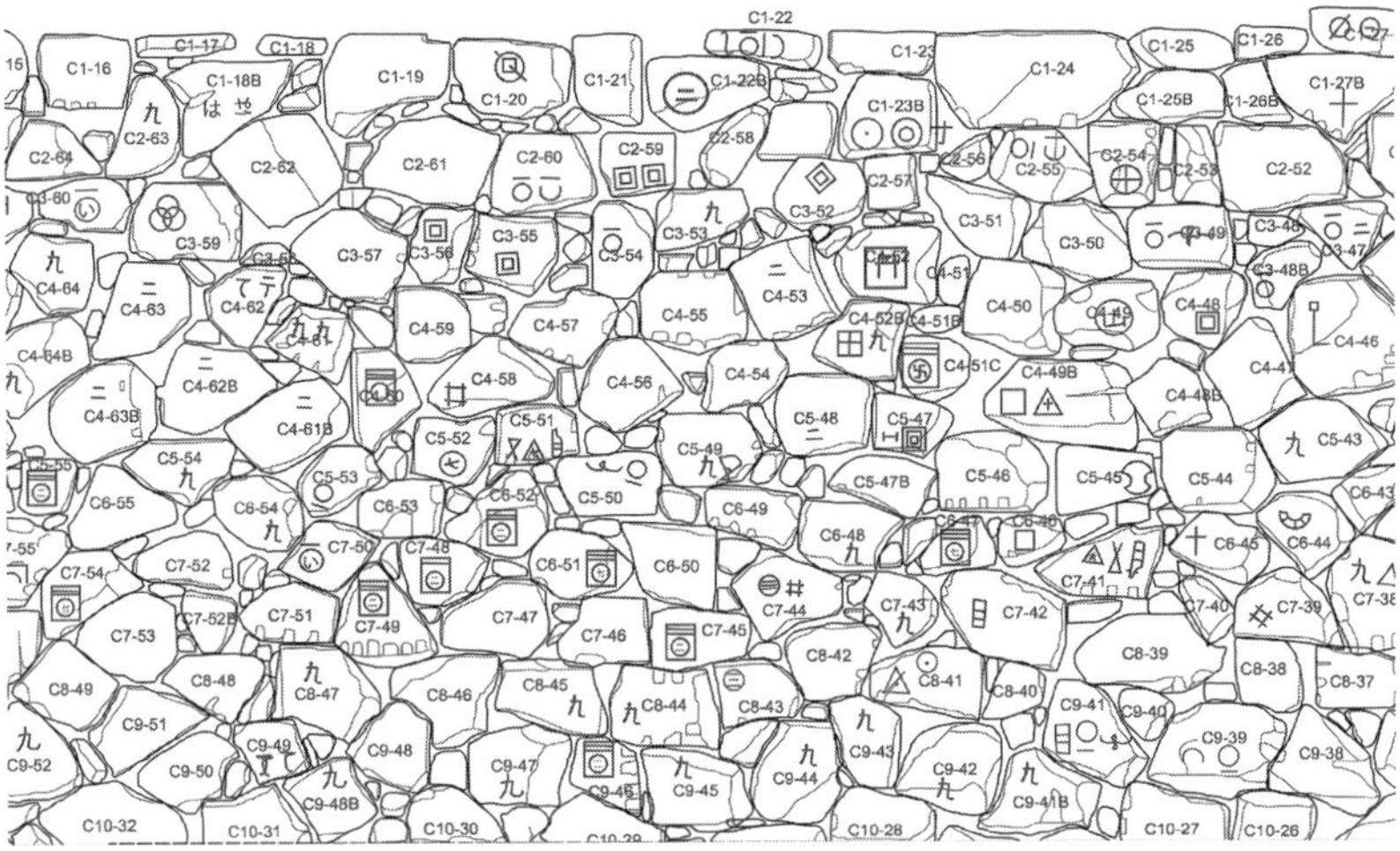

図５　桔梗濠沿い石垣の刻印

宮内庁によって平成二十二〜二十四年に解体修理が行なわれた（宮内庁二〇一三）。石垣は打込みハギとなるが、明暦三年（一六五七）の大火後に切り崩されて積み直された切り込みハギによる石垣がみられる。打込みハギの旧石垣の裏込材は比較的大型のぐり石（直径三〇センチメートル前後）であり、その背面には、貝殻砕片を混ぜた盛土層が築かれていた。盛土上部は、下部と比較し貝殻を含むがやや軟弱であり、上部の一部には火災によって発生した残土で埋め戻された焼土層が確認できた。

本区域の刻印は、「九」が最も多く、次いで「㊆」「㊀」「㊁」「□」や旗印が多く、その他井桁、二重四角、十字、雁金紋、「て」、「御敷に三」「㊀」などが複数認められる。このうち、主要刻印の分布の偏重は認められず、各刻印が修理範囲全体に分布している。蛍光X線測定による自然科学分析によれば、旗印の刻印は静岡県沼津市戸田の大浦丁場に近似し、現在も同じ刻印を持つ残石が現地に残されているという。この大浦丁場には「細川越中」「鍋島信濃守」の刻銘を持つ築石があり、「細川家文書」によれば、近隣の江梨丁場が細川忠興と鍋島勝茂の石丁場であったという。一方、「九」「て」「㊀」「雁金紋」の刻印を持つ築石の分析データは、富戸や大川など伊東市南部の石丁場に残る現存石の数値に近似している。史料によればこれらの石丁場は、元和六年の普請では寺沢志摩守と松平長門守（毛利秀就）の丁場であり、「㊀」などは現地の残石にも認められ、大坂城の毛利の普請丁場に同様の刻印が使われている。

以上の状況によって、本区間の石垣普請に使われた石材は、細川・鍋島・寺沢・毛利など西国大名が供出した可能性が考えられ、多様な刻印の存在から、さまざまな大名が切り出した石材が使われている可能性が推定される。科学分析成果からは、これら石材は伊豆半島西海岸の戸田や東海岸の富戸などさまざまな丁場から搬入されたと推定される。

⑧　日比谷門枡形石垣

千代田区では、日比谷門枡形石垣の発掘調査を実施した。また、日比谷門南方に続く掘石垣が日比谷公園心字池に現存する。史料によると、日比谷門は寛永六年伊達政宗により、それに続く南方掘石垣（心字池脇）は浅野家が築くとある。日比谷門枡形石垣調査では、「㊇」を中心とする刻印、心字池石垣にも㊀、ニ、七とともに、伊達家の刻印である「㊇」がみられる。日比谷公園内の石垣南端には、浅野家を示すと思われる三輪刻印がみられる。

ところで、石丁場への石材発注書には、角石、角脇石、平石の数が記載されていることから、これらの石材が分けられて集められたことが想定できるが、これらの規模は、史料にほとんど示されていない。そのなかで、寛永六年に切り出された築城石の残石目録が戸田村に残っている。この記録によると、小口の縦横が二尺～二尺五寸（六〇～七五センチメートル）、控が三尺～四尺五寸（九〇～一三五センチメートル）に分布することから、城郭用切石として規格的に切り出されていたのであろう。さらに寛永六年の戸田村紀州藩預かり石には作り角石、作り角脇石、荒角石、荒角脇石、荒升形、平石、大割石という記載があることから、角石と角脇石については、荒削りされたものだけでなく、精

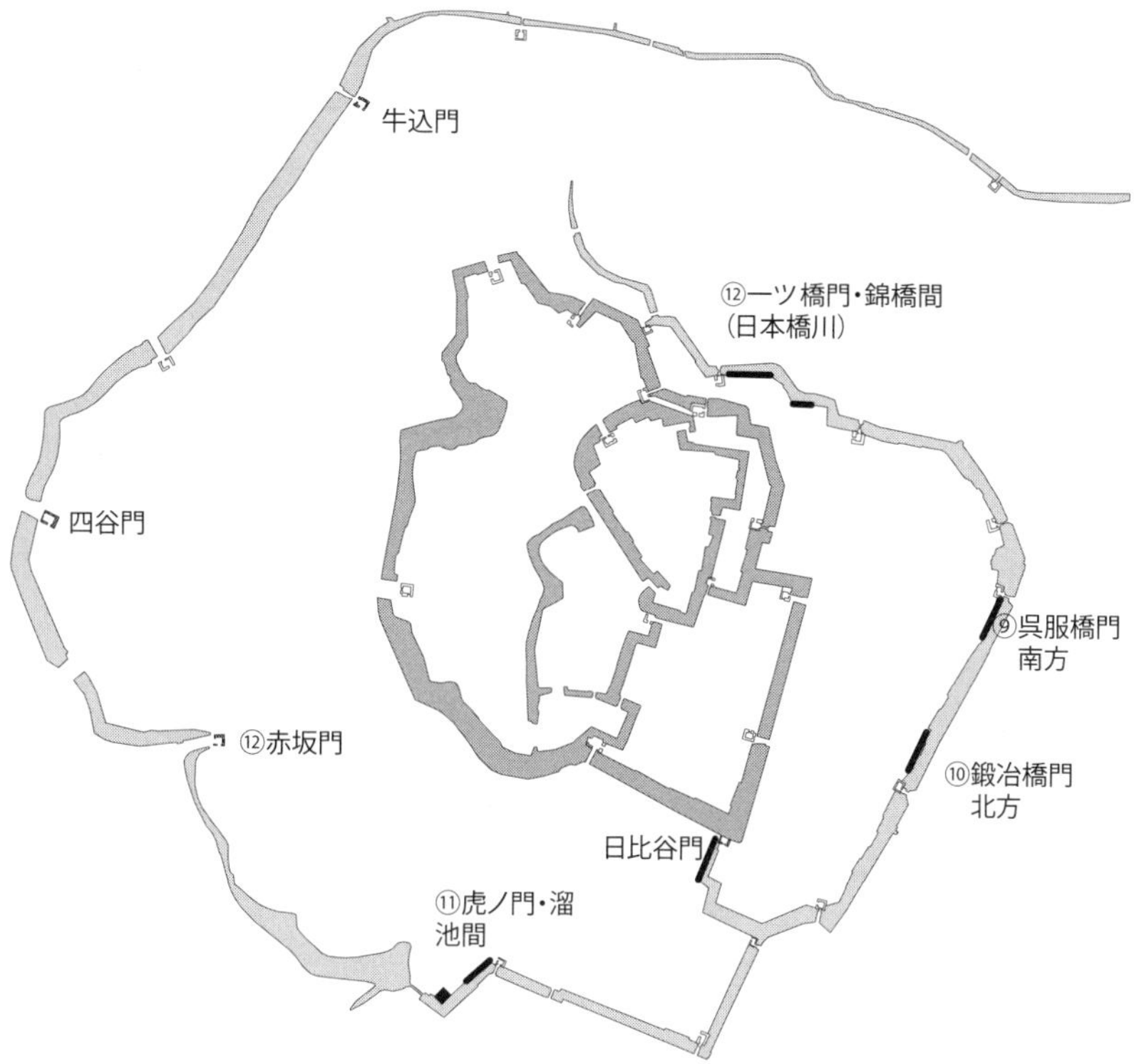

図6　江戸城外郭石垣刻印位置図（数字は表5に対応）

緻加工されたものもあったことが確認される（北原一九九五）。

4　寛永十三年の江戸城外堀普請（図6・表6）

前述のように、寛永十三年の工事は、雉子橋門から時計回りに溜池落口までの掘石垣および、一六ヵ所に及ぶ外郭門枡形石垣の築造であった。石材調達から構築体制は、細川家文書や立花家文書で確認されるように組編成で行なわれた。

この時期の石垣の特徴は、枡形石垣などは切込みハギが多いが、掘石垣の築石の多くは打ち込みハギで造られており、基本的には安山岩であるが、一部角石に花崗岩が利用される場合もある（丸の内一丁目遺跡小出家丁場）。最大の特徴は、横目地の通った布積みで築かれることで、

表5　江戸城外郭石垣（寛永13年）刻印一覧

番号	地点名	刻　　　印	備　考
⑨	呉服橋南方	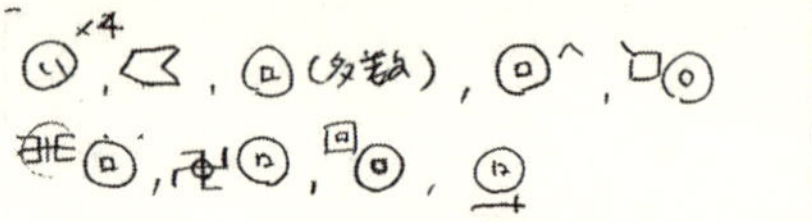	細川（組頭） 立花・有馬・稲葉家
⑩	鍛冶橋門北方	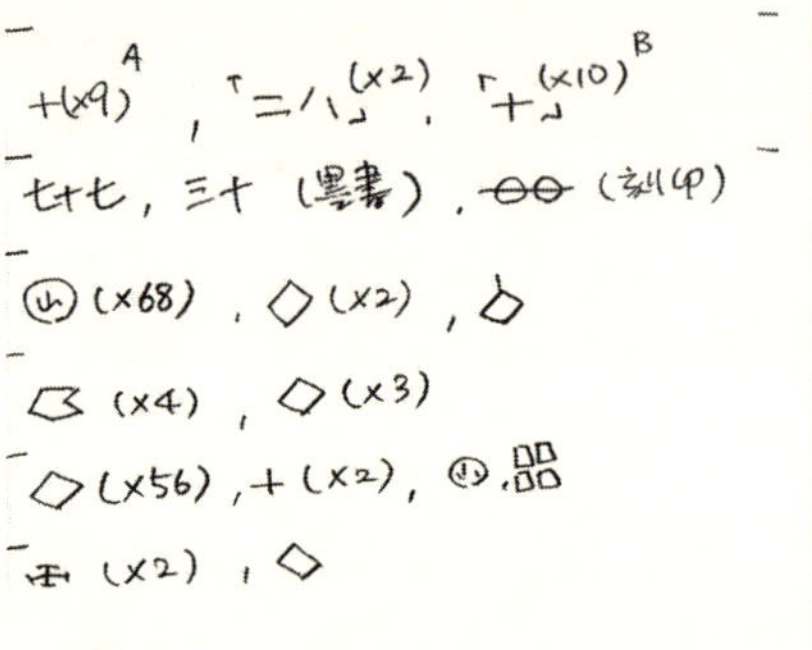	黒田忠之（福岡・組頭） 小出(出石・園部) 池田光政（岡山・組頭） 中川久盛（岡） 山崎家治（成羽） 毛利高直（佐伯） 池田光政 九鬼隆季（綾部）
⑪	虎ノ門・溜池間	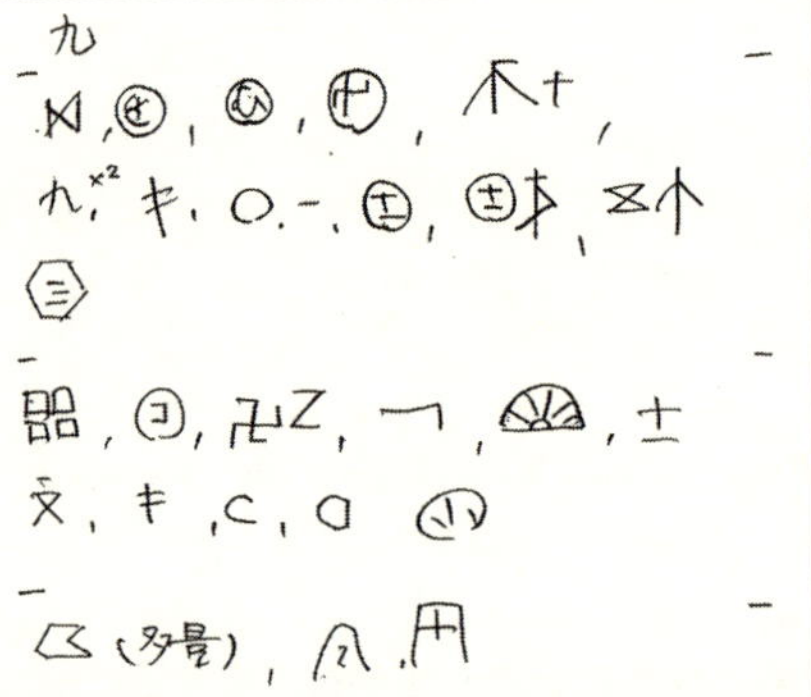	九鬼隆季（綾部） 石道惣築 戸川正安（庭瀬） 毛利高直（佐伯）
⑫	一ツ橋門 ～錦橋東方	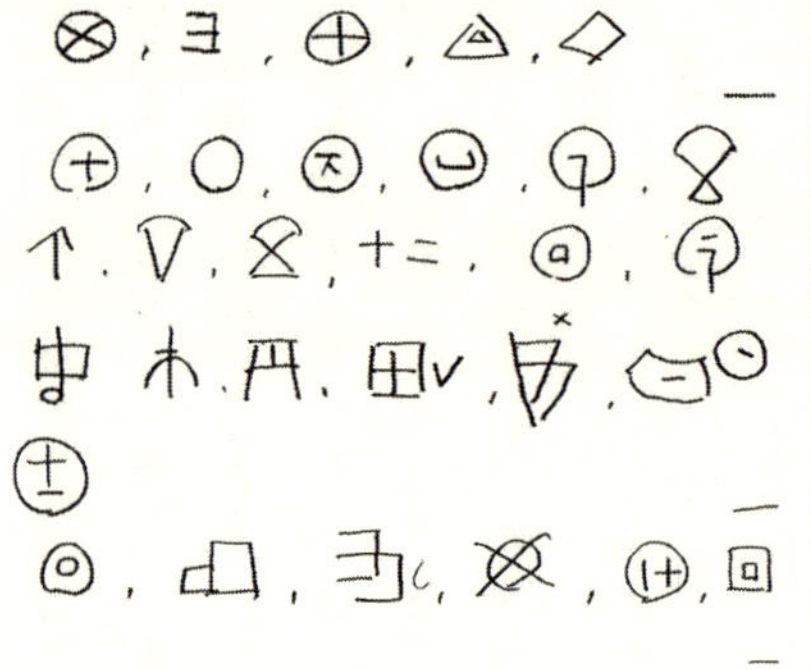	前田利常(金沢藩)

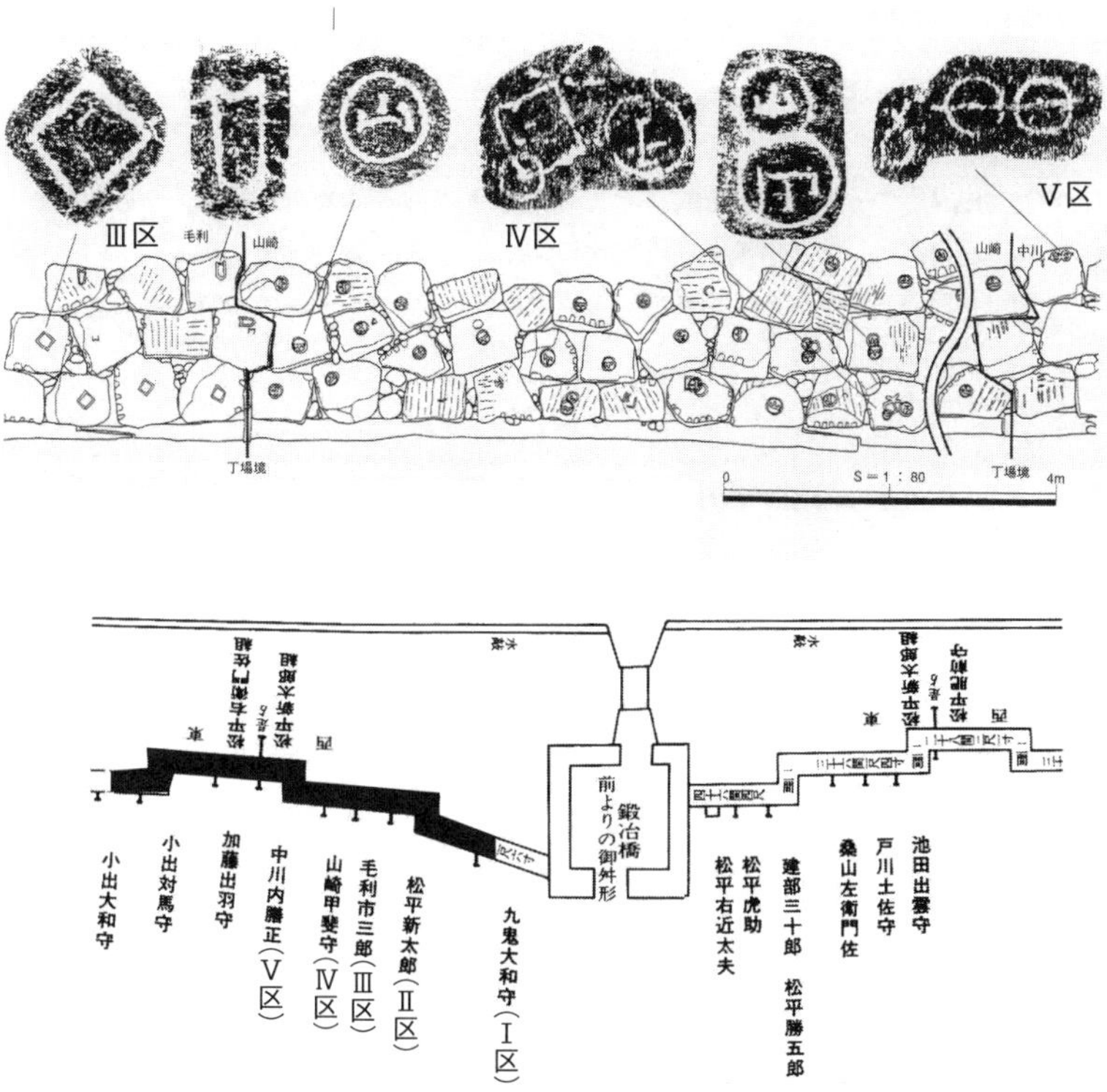

図７　丸の内一丁目遺跡石垣刻印

その結果築石の形態、規模が一定の規範で造られる点である。

⑨　呉服橋門（東京駅八重洲北口遺跡）～鍛冶橋門北側堀石垣（丸の内一丁目遺跡）

　東京駅八重洲北口遺跡隣接地において、呉服橋門南方の掘石垣を調査した（千代田区教育委員会二〇〇一）。この石垣は、明治期に改修した石垣ではあるが、もとは江戸期にこの地域にあった掘石垣を用いているものと考えられる。立花家文書によると、この地域は細川越中組の立花家、有馬家、稲葉家が担当した箇所にあたる。刻印の大半は、福岡藩黒田家を示す裏銭紋であり、佐伯藩毛利家の矢筈紋も一点確認された。

　丸の内一丁目遺跡は、二度の調査によって鍛冶橋門北側の石垣延長約二〇〇メートルを確認した。「立花家文書」によ

表6　丸の内一丁目遺跡の丁場ごとの石垣構築技術

<table>
<tr><td colspan="2">5章での区分</td><td>A 地点</td><td>B 地点</td><td colspan="3">C 地点</td></tr>
<tr><td colspan="2">地点</td><td>I 区</td><td>II 区</td><td>III 区</td><td>IV 区</td><td>V区</td></tr>
<tr><td colspan="2">普請大名</td><td>九鬼大和守</td><td>池田新太郎</td><td>毛利市三郎</td><td>山崎甲斐守</td><td>中川内膳正</td></tr>
<tr><td colspan="2">藩</td><td>三田藩</td><td>岡山藩</td><td>佐伯藩</td><td>成羽藩</td><td>岡藩</td></tr>
<tr><td colspan="2">根切り</td><td colspan="5">根切り深さは約 1.5 m で標高約…2.4 m まで掘り下げている。幅は底面で約 3.3～4.5 m であり、壁面は小面積と石尻側のいずれも 60～65° の傾斜で立ち上がる。底面は小面積から石尻側へ 7～10° 傾斜している。以上の特徴は各地で共通している。</td></tr>
<tr><td rowspan="4">土台</td><td>継手</td><td>A タイプ：
2 ヵ所
D タイプ：
2 ヵ所</td><td>A タイプ：
15 ヵ所
B タイプ：1 ヵ所
C タイプ：1 ヵ所
D タイプ：2 ヵ所</td><td>A タイプ：3 ヵ所
B タイプ：1 ヵ所
D タイプ：4 ヵ所</td><td>A タイプ：4 ヵ所
D タイプ：4 ヵ所</td><td>D タイプ：2 ヵ所</td></tr>
<tr><td>規模</td><td>4 本
一本あたり
約 6.5 m</td><td>17 本
一本あたり約 5.0
～6.3 m</td><td>7 本
一本あたり約
2.0 m</td><td>6 本
一本あたり約 5.3
～7.8 m</td><td>2 本</td></tr>
<tr><td>杭次</td><td>継ぎ手の部分</td><td>土台木両端の継ぎ手の部分の 2 ヵ所</td><td>土台木両端の継ぎ手の部分と土台木中央の 3 ヵ所</td><td>土台木両端の継ぎ手の部分と土台木中央の 3 ヵ所</td><td></td></tr>
<tr><td>文字刻印</td><td>□ノはた</td><td>申ノ出角</td><td>南二</td><td>南</td><td>南ノはた</td></tr>
<tr><td rowspan="4">石垣</td><td>石質</td><td>安山岩系</td><td>←</td><td>←</td><td>←</td><td>←</td></tr>
<tr><td>積み方</td><td>水平方向の目地が比較的長く通り、石材間の間隔は狭い</td><td>水平方向の目地の通りは短く、石材間の間隔は広い</td><td>検出された石材数が少ないため、判然としないが石材間の隙間は比較的狭い</td><td>水平方向の目地は長く通るが、石材間の隙間が大きく間詰め石が多い</td><td>石材間の隙間が大きく、間詰め石が多く用いられている</td></tr>
<tr><td>裏込め</td><td></td><td></td><td>砂岩などの河川敷と安山岩および凝灰質砂岩が認められる。安山岩は神奈川県真鶴地区の海岸にみられる物。</td><td>砂岩、凝灰質砂岩あるいは凝灰岩が認められる。凝灰岩は、三浦層群に由来する可能性がある。</td><td>安山岩や花崗閃緑岩、砂岩、真岩、凝灰岩などが含まれる。房州石と思われるスコリア質凝灰岩が含まれる。</td></tr>
<tr><td>刻印</td><td>(山)2 点
◇1 点</td><td>◇56 点　(小)1 点
＋2 点　⊞1 点</td><td>[刻印記号]4 点
◇3 点</td><td>(山)68 点　[刻印記号]1 点
◇2 点</td><td>⊖⊖1 点</td></tr>
</table>

ブロック		E　D	C	B	A
普請大名		中川内膳正	加藤出羽守	小出対馬守	小出大和守
藩		豊後岡藩	伊予大洲藩	丹波園部藩	但馬出石藩
丁場の幅（実測値）(m)		38.73	30.5056	19.174	(9.0984)
丁場の幅（「立花家文書」）（京間換算、下段は記載値）		38.3295 m 19 間 3 尺	30.5424 m 15 間 3 尺 3 寸	19.12839 m 9 間 4 尺 6 寸 3 分	25.37625 m 12 間 5 尺 7 寸 5 分
根切		中川家・加藤家間に畝状の境界あり。構造は共通			
土台	継手	A タイプ：5 C タイプ：3 D タイプ：2	A タイプ：11 D タイプ杭穴なし：2	A タイプ：5 C タイプ：4	A タイプ：2
	規模	一定せず			
	杭穴	長さにより一定せず			
	位置刻印	□すみ：2 □はた		東□□た □はた	
石垣	石質	安山岩系(角石とも)	安山岩系	安山岩系 出角角石のみ 花崗岩系	安山岩系
	積み方	布積・算木積(出角)	布積	布積・算木積（出角）	布積
	裏込・前面栗石	利根川・渡良瀬川水系、荒川水系、房総・三浦半島、伊豆半島の石材が混在			
	刻印（確実なもの）			「二八」：2 「十」：10 山形：2	「十」：9
	墨書（確実なもの）	「七十七」 「三十」	記号様のものあり		記号様のものあり

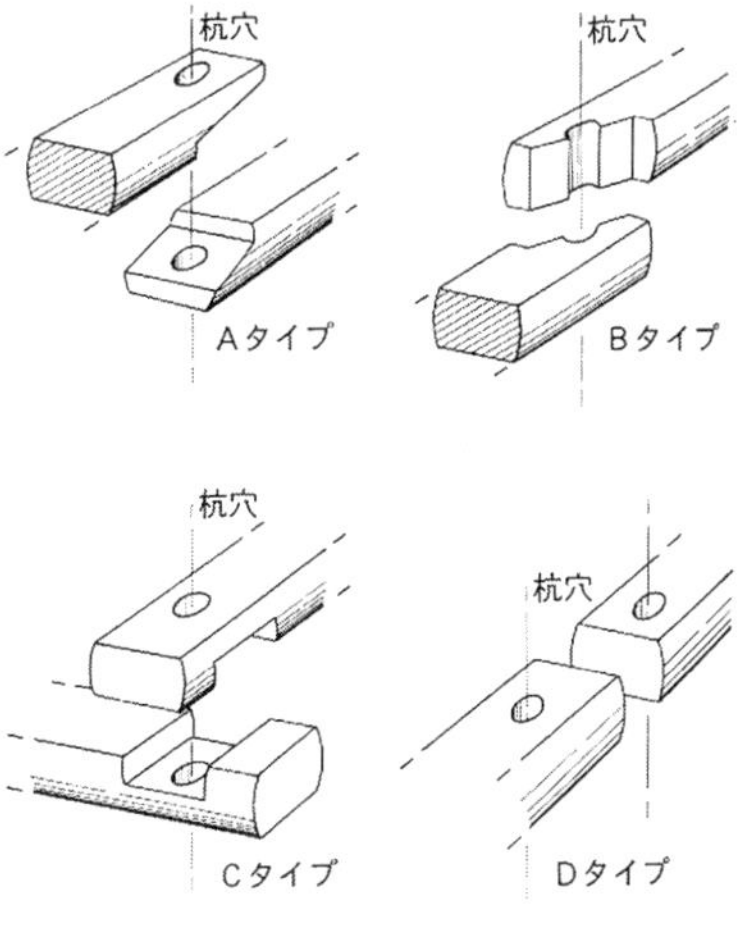

ると、岡山藩池田光政（松平新太郎）組の三田藩九鬼久隆、池田光政、佐伯藩毛利高直、成羽藩山崎家治、岡藩中川久盛と、福岡藩黒田忠之（黒田右衛門佐）組の大洲藩加藤泰興、園部藩小出吉親、出石藩小出吉英の、計八家の大名丁場を調査した。

石垣構築方法としては、丁場境の土台に「南ノはた」などの文字を刻み、杭で標示していることから、土台を敷いたときに丁場を決定した可能性がある。また、隅角部にも「申ノ出角」「□すみ」などの文字で表している。

次に刻印は、表6のように各丁場で特徴的な刻印を示しており、大坂城の事例によって、普請大名が特定される。そのなかで、松平新太郎組の九鬼家、毛利家、山崎家の丁場には、池田家に特徴的な「◇」が刻まれているものもみられ、組頭が各大名の不足石材などを融通していた可能性も考えられる。

⑩　虎ノ門・溜池櫓台間堀石垣（文科省と三井ビル）

文部科学省構内から外堀通りを挟んだ三井ビル前に江戸城外堀の石垣の一部が残る。この地域は、虎ノ門・溜池間の外堀に該当し、「立花家文書」によると、岡山藩池田新太郎を組頭とする石垣方四組に属し、東から九鬼久盛・石道物築（組全員で築く）・戸川正休・毛利高直・池田出雲守（溜池櫓台）が築いた範囲にあたる。石垣刻印は、九鬼・石道物築・戸川・毛利の丁場で確認された。このうち戸川家と毛利家の丁場境では、刻印の種類が明確に分かれ、丸の内一丁目遺跡と同様、丁場境で土台が途切れ、その前方に境を示す榜示杭が打たれていた。

また石道物築の範囲では、稲葉家を示す「折敷に三」や前田家を示す松葉などの刻印も認められ、同一組内の大名だけではなく、さまざまな場所から用意された石が使用された可能性がある。

⑪　雉子橋・一ツ橋門間石垣（二地点）

現在の日本橋川は、江戸城外堀の一部にあたり、護岸形態は旧来のものとは異なるが、雉子橋付近から錦橋にかけて江戸城外堀の石垣が残る。このうち一ツ橋・錦橋間は、「立花家文書」所収の絵図によると、加賀藩前田利常が築いた範囲に該当する。石垣に付された刻印は多種に及ぶが、いずれも金沢城や金沢城石丁場の戸室山などに残る石垣刻印に一致する。

⑫　江戸城外郭枡形石垣

・赤坂門

史料によると、黒田忠之により赤坂門枡形石垣が築かれたとある。石垣には、黒田家の家紋のひとつである裏銭紋などの刻印が残る。同じ刻印が呉服橋南方石垣や虎門東方石垣（馬事公苑に移設）など黒田家が築いた丁場から確認されている。また、真鶴にも同じ刻印石垣がみられ、黒田家による「石工先祖の碑」があり、これにより黒田家の丁場があったことが知られる。

・牛込門、四谷門

牛込門枡形石垣の角石には、「（賀）□阿波守内」の刻印がある。四谷門では、毛利家の刻印である雁金紋が確認されている。平成二十五年度の牛込門枡形石垣の石垣修理工事では、刻印は少なかったものの、石材肉眼観察によって熱海や伊東市で産出する安山岩が使われ、石面などから「七」「㊇」「佐□」などの刻印が発見された。

5　一七世紀後半の石垣構築技術と石垣刻印

中之門渡櫓台石垣は、慶長十二年（一六〇七）に藤堂高虎により縄張りされ、その後明暦大火後（一六五七年）に細川家による修復、元禄十六年（一七〇三）地震後に鳥取藩池田家により修復されている。合計三回の石垣修築が行なわれており、現在の花崗岩による石垣は万治元年（一六五八）に造られた石垣を宝永元年（一七〇四）に修復したものである。

① 史料によると、慶長十一年の江戸城本丸の修築にあたり、藤堂高虎は全体の縄張りを担当するとともに、内郭防衛上重要な中之門の石垣構築を行なっている。中之門石垣の発掘調査では、石垣内部から安山岩の築石と門の礎石が出土した。石垣刻印は数種類が確認されており、それらは藤堂家の伊勢津城の石垣に共通するという。

② 明暦大火の翌年にあたる万治元年（一六五八）に、中之門の石垣修築が行われる。「細川家文書」によると、新たに紀州藩から「熊野曽根石」（三重県尾鷲市）の花崗岩や「伊豆御影」（静岡県下田市など）の凝灰岩が、鳥取池田家（松平新太郎）が「犬島石」の花崗岩が、福岡藩黒田家（松平右衛門佐）から「塩飽嶋石」（香川県丸亀市）の花崗岩が、進上石として深川に集められ、細川家が受け取った。石垣構築は江戸町人の石屋久兵衛による。この時、鍬九三〇丁、石切のみ九八〇〇本、矢（くさび）八〇〇枚が国許から送られている。中之門石垣の発掘調査の結果、花崗岩の薄い石材を利用していたことが分かり、背後に石材を置き二石を金具で留めるという、それまでにはない構造を留めている。なお、加賀藩が修築を実施した天守台石垣も江戸町人の美濃屋庄次郎が実際の石垣構築を実施している。このように、一七世紀後半段階では、江戸城築城完成期の寛永期までの体制とは異なっていたことが分かる。

③ 元禄十六年（一七〇三）の大地震は、江戸城内郭、特に二ノ丸・三の丸に大きな傷跡を残し、翌宝永元年に石垣の修築が始まる。中之門の石垣を担当したのは、鳥取藩池田吉泰で、ほかに大手門と大手三の門（下乗門）の修復も担当した。

三　まとめ——石材切り出しから石垣普請——

ここまで江戸城石垣普請における石材調達から構築の体制などを示した。

これまでの発掘調査や現存石垣をみると、江戸城の石垣石材は、小田原や真鶴半島から稲取までの伊豆半島の東海岸、沼津市周辺の西海岸に分布する安山岩を主体とする。しかし一部ではあるが、石垣隅角部を構成する直方体の「角石」に瀬戸内海沿岸で切り出されたと考えられる花崗岩も使われている。その年代は、慶長期から寛永十三年までの公儀普請全般に認められる。特に慶長十九年（一六一四）に造られた百人櫓台石垣の花崗岩の角石に「羽柴左衛門太夫」（福島正則）と刻まれており、少なくとも慶長十九年には瀬戸内海沿岸の花崗岩が江戸城普請のために運ばれてきたことを示している。江戸城で使われる花崗岩は、明暦期の江戸城本丸（大手門・下乗門・中之門）を除いて角石に限定されることから、大名の献上石など別系統の手段で回漕され築かれたものと推測される。

次に石垣刻印による石材調達から構築までの体制について考えてみたい。江戸城では、大坂城や名古屋城といった公儀普請で造られた他の城郭のように、普請丁場図がほとんど残されていないため、石垣刻印と大名丁場との関連性を指摘することが難しい。元和期に完成した江戸城内郭石垣では、同一地点で数名の大名を示す刻印が認められる特徴がある。これは、寛永十三年以前には石材を調達する大名と構築する大名が異なることに起因していると思われ、寛永十三年の外堀石垣は、構築大名を示す特徴ある刻印が大名丁場ごとに異なり、石材調達から構築まで一環して同じ大名が請け負っていた可能性が高いことを示している。

一方、石丁場遺跡をみると、石丁場の範囲を示す標識石には慶長期に石材調達を請け負った大藩の大名を示すものが大半であり、寛永期以前は大名個々で石材調達を行なっていたと考えられる。一方、伊東市の洞ノ入丁場などでは、寛永十三年に普請を請け負った毛利家（佐伯藩）や稲葉家などの小大名を示す刻印石が尾根ごとにそれぞれ分布しているいることから、寛永十三年にはそれまでの大藩の大名石丁場も組編成で切り出しが行なわれていたことを示していると推定される。ただし、江戸城外堀鍛冶橋付近の堀石垣普請をみると、松平新太郎（岡山藩池田光政）を組頭とする普請組では、岡山池田家を示す◇の刻印が丁場を超えて分布し、◇と普請大名を示す刻印の両者が付されている。このことは、大藩の大名である組頭が石丁場での石材調達について多くの役割が課せられていたものと考えられる。

以上、石垣刻印から判明する江戸城石垣構築は、石材調達と石垣普請を別々に行なっていた慶長期から寛永初年までと、同じ大名が行なった寛永十三年までの構築体制が大きく変化することが想定される。

〔参考文献〕

北原糸子　一九九五「伊豆石丁場と都市江戸の構築」『江戸城外堀跡 赤坂御門・喰違土橋』地下鉄7号線溜池・駒込間遺跡調査会

北原糸子　一九九九『江戸城外堀物語』筑摩書房（ちくま文庫）

新谷洋二　一九九七「青木家文書絵図史料に基づく江戸城石垣崩所確認のための観察報告」『江戸城外堀跡 市谷御門外橋詰御堀端第Ⅱ分冊』地下鉄7号線溜池・駒込間遺跡調査会

小松和博　一九八五『江戸城　その歴史と構造』名著出版

鈴木　茂　一九九五「江戸城石垣と伊東の石切場」『伊東・文化財とその周辺』伊東市教育委員会

鈴木　茂　一九七四「伊豆石と江戸城」『歴史手帖』二巻九号

後藤宏樹　二〇〇七「発掘された江戸城」『考古学ジャーナル』五五三

後藤宏樹　二〇〇八「発掘調査からみた江戸城」『東京都江戸東京博物館研究報告』第一四号

田端寶作　一九九〇『武蔵江戸城』日本古城友の会

田端寶作　一九九一　『駿府城石垣刻印の謎』
金子浩之・杉山宏生　二〇〇三　「江戸城の石切丁場」『石垣普請の風景を読む』
藤井重夫　一九八二　「大坂城石垣符号について」『大阪城の諸研究』名著出版
村川行弘　一九七〇　『大坂城の謎』
白峰　旬　一九九八　『近世城郭史の研究』校倉書房
白峰　旬　二〇一〇　「近世初期（元和・寛永期）の公儀普請（城普請）の実態に関する考察Ⅰ―石材調達・石垣普請の事例を中心に―」『別府大学紀要』第五一号
朽木史郎　一九七八　「城石垣の符号」『探訪日本の城 別巻』小学館
宮武正登　一九九六　「肥前名護屋城の石垣について」
北垣聡一郎　一九七一　「近世城郭における石垣符号の一考察」『関西城郭研究会』七二
北垣聡一郎　一九八七　『石垣普請』法政大学出版
田中哲雄　一九九九　『城の石垣と堀』日本の美術四〇三　至文堂
森下　徹　一九九七　「盛岡藩石垣師の江戸稽古」『地方史研究』二六七　四七巻三号
野中和夫編　二〇〇七　『ものが語る歴史12　石垣が語る江戸城』同成社
市川浩文　二〇〇九　「九州における近世城郭石垣の変遷について―筑前黒田家関連城郭石垣にみられる技術的系譜と画期―」『金沢城研究』第七号　石川県金沢城調査研究所
千代田区教育委員会　二〇〇一　『江戸城の考古学』千代田区文化財調査報告書一二
千代田区立四番町歴史民俗資料館　二〇〇五　『江戸城の堀と石垣』平成一七年度特別展
千代田区丸の内1―40遺跡調査会　一九九八　『丸の内一丁目遺跡』
千代田区丸の内一丁目遺跡調査会　二〇〇五　『丸の内一丁目遺跡Ⅱ』
文部科学省構内遺跡調査会　二〇〇五　『文部科学省構内遺跡Ⅱ』
地下鉄7号線溜池・駒込間遺跡調査会　一九九四　『江戸城外堀跡 牛込御門外橋詰』

地下鉄7号線溜池・駒込間遺跡調査会　一九九五『江戸城外堀跡 赤坂御門・喰違土橋』
宮内庁　二〇〇九ａ『特別史跡江戸城跡 皇居中之門石垣修復工事報告書』
宮内庁　二〇〇九ｂ『江戸城跡 皇居山里門石垣修復工事報告書』
宮内庁　二〇一三『特別史跡江戸城跡 皇居桔梗濠沿い石垣修復工事報告書』
熱海市教育委員会　二〇一〇『熱海市内伊豆石丁場遺跡確認調査報告書』
伊東市教育委員会　二〇一〇『静岡県伊東市　伊豆石丁場遺跡確認調査報告書』
東伊豆町文化財保護審議会編　一九九六『東伊豆町の築城石』東伊豆町教育委員会

江戸へ運ばれた石材と近世史上の位置

――金子浩之

一　江戸の石材に関する概観

関東平野は石材を得にくい土地柄である。特に河口域に立地した江戸では、地質環境として石材がまったく入手できない。このため、江戸市街の形成には搬入石材を用いる以外には方法がないのである。

中世以前の関東の石材使用に関しては、石造塔に使用された石材が荒川や利根川などの河川ごとの舟運によって搬出されていたことが研究蓄積としてあり、近年では石材供給地と石造塔型式とが互いにどう規定し合うか否かが、議論される段階にある。一方、近世考古学への関心が高まるにつれて、江戸に持ち込まれた石材にさまざまな種類があることが注目されている。江戸への石材供給の主体は、相州真鶴岬辺から伊豆半島産の石材だが、それを補完するように伊奈石・七沢石・房州石など江戸近郊の石材が加えられてきたというのが結論的なところであろう。

江戸は、土以外のほとんどすべての都市構築資材を他所から運び入れて都市化を進めた。その本格的始動は江戸城石垣が嚆矢となったが、この巨大な石垣は、真鶴岬辺から伊豆半島域の安山岩で築かれた。江戸城という天下の府城

表1　伊豆石が使用された幕末から明治前期の主な土木・建築例

使用年	使用場所	石材供給地
万延元年	神奈川台場	「伊豆堅石」真鶴か
文久3～元治元	品川台場四番、七番	南伊豆青野川流域
文久4～元治元	佃島・越中島砲台	南伊豆青野川流域
明治2年	神子元島燈台	下田蛯子崎
明治3年	横浜外国人居留地道路	下田蛯子崎
明治4年	工部省鉄道掛御用	下田
明治4年	工部省御用石	宇佐美
明治5年	工部省製鉄寮御用	江ノ浦
明治5年	土木寮建築局御用	江ノ浦
明治6年	造船所機械組立所	下田・河津
明治9年	外務卿官舎建築	伊豆山
明治9年	工部省需要の青石	下田蛯子崎
明治10年	皇居謁見所造営用	河津沢田
明治11年	横須賀造船所船渠	八幡野・荒井（新井）
明治25年	帝国京都博物館	河津沢田

の構築の名目のもとに行われた巨大軍事動員をきっかけに石材の海上輸送ルートが成立した。このルートは、その後の城下の河岸・運河の護岸・橋台・上下水道・寺社の石装・礎石・石階段・道路・墓石・石造物・石造建築など、あらゆる都市構築物に伊豆産石材を大量に使用する軌跡をたどった。世界都市江戸は伊豆石で築かれてきたのである。

近世前期の伊豆からの石材輸送のほとんどが安山岩で占められたのに対して、近世中期以降には伊豆半島の南・西海岸域に広がる凝灰岩系石材が追加されている。つまり、近世前期までは灰色の安山岩（伊豆堅石）ばかりだが、中・後期には白色・淡緑色・淡褐色・縞目などの色彩を伴う凝灰岩質石材（伊豆軟石）が増加しているのである。この凝灰岩系石材の増加傾向は、近代以降も衰えず、明治政府が努力を傾注した諸種の工場や洋風建築のほとんどに、伊豆産凝灰岩系石材が使用された。皇居・官庁・工場・砲台・燈台・鉄道・造船所等の建築物など、少なくとも明治前半期のものは、ほぼ例外なく伊豆産の凝灰岩系石材を用いてヨーロッパ建築を模して建てられた（表1参照）。石材需要は明治後半以降にも衰えないが、産業革命の進行とともに石材輸送は船舶から鉄道輸送へ代替され、産地は伊豆から、千葉県金谷の房州石（凝灰岩）や群馬県の大谷石（凝灰岩）、栃木県の稲田石（花崗岩）などへ遷移した。この結果シェアを奪われる形で伊豆の石丁場は遺跡と化したが、代わった房州石や大谷石の採掘跡も現在では同じように遺跡となっている。(1)

江戸遺跡の調査が進展し、巨大都市江戸・東京が意外なほどの石造都市だったことが見えてきている。都市構築の素材が木材中心だった中世以前に対して、近世には石材使用が広まり、やがて近代にその極に達した。明治のレンガ造や土蔵造の盛行は、やがて関東大震災の被害を経て鉄骨及び鉄筋コンクリートの時代へ更新されたが、そうした経緯からしても都市江戸の性格を考えるうえで、石材への視点は欠くべからざるものと言える。

二　江戸の石材使用に関する研究史

江戸城の石垣石が、伊豆産であることを指摘した初期の研究者には戦前から城郭建築を考究した城戸久を挙げ得る。同氏による大坂城への石材供給地の追跡は戦後、瀬戸内の小豆島石丁場の国史跡化に結実したが、城戸の視線は伊豆にも向いていた（城戸一九五五）。一方、採石遺跡を採訪して遺跡内容を報告したのは田端宝作で、(2)同氏からの情報を出発点に地元研究者が石丁場への採訪を広げ、近世初期大名の名や刻印を刻む大石などが伊豆各地から報告された。平成以降には考古学研究者による探査も進み、一九九四年に岡田善十郎と筆者の報告で安山岩石丁場の概要が明らかにされた。ここでは、伊豆の石丁場の多くがクレーター状の採掘坑で構成され、その間を石曳道がつなぐ構造が報告された（岡田一九九四）。二〇〇七年には小田原市早川石丁場群の一部が発掘され、母岩からの石材の割取りと石曳道による搬出工程が復元できる近世初期の採石遺跡の様相が明らかにされた（三瓶他二〇〇七）。近年では石丁場遺跡を埋蔵文化財包蔵地とする手続が進み、東伊豆町・熱海市・伊東市では詳細分布調査報告が公刊された（栗木二〇〇九・

杉山二〇一〇・岡田一九九六)。今後は、神奈川県西部域と沼津市域の詳細な分布把握が課題であろう。

一方、消費地江戸の使用石材への知見も深められている。江戸城外堀の一部を発掘した丸の内一丁目遺跡では、石垣石を理化学分析し、九七パーセント前後の石材が真鶴辺の安山岩であると結論された(千代田区丸の内一丁目遺跡調査会二〇〇五)。もちろん、現時点では江戸城の一部分の分析結果に止まるが、改めて全体を概観してなお、江戸城石垣のほとんどは箱根系の安山岩を含む伊豆産石材の占める率が九割以上だと言えよう。残る数パーセントのうち、安山岩に次ぐのが花崗岩と伊豆・房総・三浦半島の凝灰岩だとみられる。ただし、真鶴岬周辺の安山岩は通常「小松石」と呼ばれている。この名称は今のところ幕末以降のもので、近世史料の上では伊豆の安山岩も相模(箱根系)の安山岩もともに「伊豆堅石」または単に「伊豆石」の名で両者は記されて区別されていない点には注意を要する。

また、石垣の裏側には裏込石として大量の栗石等と呼ばれる砂礫が入れられるが、丸の内一丁目遺跡では栗石の供給地も分析されて①利根川水系産、②荒川水系産、③三浦・房総産、④伊豆産の四者が拮抗しているとの結果が出ている(千代田区丸の内一丁目遺跡調査会二〇〇五)。

このように九〇パーセント以上を占めた安山岩だが、相模国内のものも含めて「伊豆堅石」または単に「伊豆石」の名称で大量に船運で江戸へ運び込まれた。近年、伊豆堅石は江戸城ばかりか、武家屋敷・寺社・橋梁・墓石などにも使われて、江戸の都市空間の基本構造を形成したことが分かってきている(金子二〇〇七a)。また、特に江戸の石材使用の研究を大きく進めたのは、江戸城外堀沿いの発掘調査であった。なかでも、発掘と同時に行われた北原糸子や小沢詠美子らの文献調査は、外堀普請に限らずに江戸城と江戸市街の形成過程をも視野に入れており、江戸の石材需給の理解は大幅に進んだ(3)。

ところで、江戸に築かれた諸遺構は、土と砂礫の版築または互層によって主体部を築く構造が多い。これは、精粗の差はあるにしろ江戸城そのものも、あるいは、城下町自体も同じように土砂の埋め立てで人工地盤を築き、その表面を水の浸食から守る石垣で覆うことで永久的な地盤を築いてきたとも言える。この近世的な構造体は、城郭・寺社の壇・江戸の街区・埋め立て・墓の構築など、あらゆる場面で用いられており、おのおのの間には規模の違いがあるだけで、基本構造は共通だとみて良い。従って、このような土木構造物に使われた木石が、どこからどう運ばれたかを追跡することは、実は江戸時代がどのような物流構造のもとで形成されてきたかを検討することになり、江戸城や

表2　伊豆半島内石場預かり役一覧

場　所	預け主	預かり役	開始時期
豆州足保村朝日丁場	松平阿波守（阿波藩）	足保村庄屋　真野伊右衛門	寛永十三年卯月十六日
豆州足保村尾張様丁場	尾張様	（真野）伊右衛門	不明
豆州久料村仲洞丁場	松平阿波守（阿波藩）	久料村庄屋　久保田五郎右衛門	寛永十三年卯月十六日
豆州江梨村御石丁場	尾張藩（御作事方）	甚五左衛門→倅長兵衛	先祖拝命、天保五年相続願
豆州江梨村水戸様御丁場	水戸様	御丁場預り　市郎右衛門	不明
豆州古宇村御石場	不明	古宇村　久左衛門	不明
豆州川奈村おりやう丁場	寺沢志摩守（肥前唐津城主）	川奈村　三郎左衛門	不明
豆州川奈村高石原丁場	尾州様	川奈村名主　四郎左衛門	不明
豆州網代村若宮・山洞丁場	黒田右門守様御丁場	網代村　内田由左衛門	不明
豆州網代村鈴木沢・三左衛門丁場	細川越中守様御丁場	網代村　岡本善左衛門	不明
相州岩村小松原丁場・丸山丁場	尾張様　御自分石	岩村　弥五四郎・惣三郎・権四郎	不明
相州岩村小松原丁場他八箇所	公儀御上石の残	岩村　権四郎・惣四郎・権平	不明
相州岩村丸山丁場	江戸御城様御用	岩村　名主　五味甚左衛門	書付焼失にて不明

表3　徳川家の宝塔等製作地一覧

被葬者〔死没年月日〕	製作品	着手→完成日	製作地	運搬法	根拠史料
四代徳川家綱（厳有院）〔延宝八（一六八〇）年五月八日〕	宝塔	→延宝九・一・八	伊豆井田村	船運	石造不動明王銘文・勝呂家文書
	唐銅燈籠・地盤石共	延宝九・三・二十八	相模真鶴岬周辺	陸上	『稲葉日記』
四代徳川家綱室（高厳院）〔延宝四（一六八一）年八月五日〕	石燈篭・地盤石共	延宝九・五・十起立	相模真鶴岬周辺	陸上	『稲葉日記』
八代徳川吉宗（有徳院）〔寛延四（一七五一）年六月二十日〕	宝塔・地盤石共	宝暦二・二・二着手→	伊豆土肥村	（船運）	『惇心院殿御實紀』『大御所吉宗公薨御一件聞書』
十代徳川家治（浚明院）〔天明六（一七八六）年九月八日〕	宝塔・地盤石共	天明六年か	伊豆戸田村上野御丁場	船運	勝呂家文書
十一代徳川家斉（文恭院）〔天保十二（一八四一）年閏正月三十日〕	宝塔	不明	相模真鶴岬周辺	船運	『真鶴町史』九一号文書
	石燈篭・地盤石共	天保十一・七受注→同年十二上旬完成	豆州戸田村内匠新切開丁場	船運	勝呂家文書
十一代徳川家斉室（広大院）	宝塔・地盤石共	弘化二年五月分担→	岩・吉浜両村で分割	船運	『真鶴町史』八五号文書
十代徳川家治室（心観院）〔明和八（一七七一）年八月二十日〕	宝塔胴筒他修復材	安政三・三修復見積り→	相模真鶴岬周辺	船運	『真鶴町史』
十四代徳川家茂（昭徳院）〔慶応二（一八六六）年八月二十日〕	宝塔・地盤石共	慶応二年十二月着手→	相模真鶴岬周辺	船運	『真鶴町史』

都市を研究しながら日本の近世社会とその経済構造そのものを追跡する結果となるのである。

なお、伊豆の石丁場の多くは江戸城修築開始と同時に開発されたが、大規模な修築終了後は、各丁場に「石場預（り）」役を配置して採石を中断した状態が幕末まで保持された（表2参照）。こうした凍結状態の石丁場とは別に真鶴・多賀・小川沢・富戸などには「商人丁場」と呼ばれる民需用の石丁場も散在した（金子二〇〇九）。

一方、土木資材の石とは別に、江戸市中には膨大な数の墓石が所在している。近世墓石の考古学的研究は形態変遷に関心が集中してきたが、墓石の生産と供給態勢については意外なほど研究が進んでいない。そうしたなか、徳川将軍家の墓石の多くが伊豆と真鶴産であると判明した（表3参照、金子二〇〇六）。寛永寺の四代将軍家綱の宝塔は、伊豆井田村の山中の石造不動明王像の銘文から、井田村で製作後に海上輸送された（図1参照）。同様に、相州真鶴周辺の村文書に将軍墓を構成するパーツごとに石丁場をもつ二村で分担制作し、完成後に江戸で組み立てられた。また、将軍や大名の霊廟に献納される石燈籠は、墓石とは別産地で大量に造り置きされたものが献納された（金子二〇一三）。こうした例から伊豆堅石は城郭石垣のみならず、将軍墓・大名墓・庶民墓に広く使用されたことが近年になってようやく確認されるに至った。上野寛永寺の歴代将軍墓でも伊豆石の存在は大きいし、池上本門寺の大名墓も例外なく伊豆堅石である。[4] 国内各地の墓石の石材構成に注目した秋池武も膨大な数の伊豆堅石製の墓石の存在を指摘した（秋池二〇一〇）。他に史学側からは、江戸内湾の流通に着目した西川武臣が幕末の村名主層の石材入手を流通実態から追跡した例もある（西川一九九三）。

江戸時代中期から明治前半期までの凝灰岩系石材のシェアは伊豆産が圧倒的多数を占めたが、他地域の凝灰岩については管見の範囲では研究歴があまりない。伊奈石は例外的に研究蓄積がある（伊奈石研一九九六）が、神奈川県下の七沢石、多賀石（静岡県熱海市多賀）、房州石（千葉県金谷）、大谷石（栃木県宇都宮市）などの石材への研究例は少ない。

伊豆半島には、安山岩の分布域とは別に凝灰岩系石材の

図1　伊豆井田の石造不動明王像

分布域も広大な面積で存在する。伊豆産凝灰岩の古い用例には八世紀代の横穴墓への使用や中世前期に遡る法篋印塔例などもあるので、伊豆の凝灰岩使用は中世以前にさかのぼる。しかし、大規模な石材生産は江戸中期、特に一八世紀後半以降に大規模化することまでは文献等から判明している。だが一面、凝灰岩丁場への調査研究はほとんど未着手であり、丁場分布の大要がようやく捉えられた程度である。これらの凝灰岩系石材の丁場は、海運と強く結びついたために伊豆半島沿岸部全域に分布するが、なかには狩野川上流域の修善寺辺への立地例もあるので需要の大きさが看取される。凝灰岩系石材の採掘方法は、安山岩とは大きく異なり、技術的な系譜の違いが考えられる（金子一九九八）。また、近世の凝灰岩系石材のほとんどは方柱から厚板状の製品や正方形の敷石などとして、切石の規格品量産が特徴である。近年、この種の石材を用いた近世中期の建築の地下構造が確認され、切石を井桁状に組む特異な基礎がみられた（伝統建築研一九九〇）。これは、寺社の本殿と山門の礎石だったが、従来の建築史の知見にない構造例であり、ここにも産地の違いによる技術的系譜差が想定された。

また、江戸遺跡の石材構成に着目した内野正は、安山岩主体の段階から後に凝灰岩系石材が追加される課程を捉えた（内野二〇〇九）。この結論は、伊豆の凝灰岩系石材の生産拡大期とよく附合しており、産地伊豆と消費地江戸の様相一致をみている。二〇〇九年には「房州石の歴史を探る」というテーマで、「鋸山」で著名な房州石の生産史に関するシンポジウムが催された（宮里二〇〇九）。ここでは、伊豆下田辺から房州石や大谷石の生産地へ波及した凝灰岩の加工技術の伝播や技術的な系譜の存在が想定されたが、伊豆を含む凝灰岩系石材の生産・流通史に関しては全国的な広がりをもつものであり、いまだ不明な部分が多く課題は大きい。伊豆の凝灰岩、房州石、大谷石等の石材は近世後半以降の都市景観を大きく左右したことから石材供給への視点は広く経済史・建築土木史・都市論などに波及する課題を含んでいる。

冒頭で、中世石造塔の形態が石材産地ごとに違うという現象に触れたが、近世の石材供給地の生産品目の「書上帳」に「四面塔石」「佛石」「花石」等の記載があるので、近世墓石も伊豆の産地で完成品が作られていたことは明らかである（金子二〇〇六）。今後の動きとしては産地の石工と江戸石工との関係をどう捉えるかが大きな課題となろう。つまり、石造物が石材産地内で造られていたとすると、江戸石工が造形に関係する比率は低くなる訳で、産地側からみれば江戸石工は築石工《つきいしく》が中心的な仕事で、造形に関係するのは新しい時期以降か、あるいは、ごく少数の特別注文的な作品に限られたのではないかと推測されるのである。

ところで、石材や石造物の輸送には陸上輸送と水上輸送の二別がある。陸上移動の方法は北垣聡一郎が修羅による輸送法などを検討した（北垣二〇〇七）が、船舶利用の具体像は確たる研究例がほとんどない。これまでの石材輸送の概説書では「石材を海中に吊るしてアルキメデスの原理で重量を軽減させる」という非現実的な説明が戦前から行われてきた。あるいは、築城図屏風等の絵図と『慶長見聞録』に記された船への積み込みの記述とを併用した説明もあるが、このうち、鈴木茂や野中和夫は、箱根湯元の下田家所蔵「紙本着色石曳図屏風」の石丁場から船積みまでを描いた図を慶長年間のものと評価してきた(5)。しかし、この図には描かれた人物との対比で八メートルを超えるような巨大に過ぎる石材が描かれていて誇張が甚だしい。修羅や梃子棒に角材が描かれた点も現実に合わず、石船に四爪碇がある点や船舶の形態からも、この図が江戸中期以降の作品であることを示している。つまり、伝承を元に後世に描かれた図であり、石切作業の全体像は判っても個々の場面は正しいとは言えないであろう。

以上が、江戸への石材供給の研究歴だが、特に注目されるべきは、石材を運ぶ具体的な船の姿やその担い手についての研究蓄積がいまだ薄い点にある。そこで、以下では石材輸送の方法と実行者を中心に知見を示すことにしたい。

三　江戸初期の石材輸送

1　大名による石船の調達

天正十八年（一五九〇）八月一日の徳川家康の江戸入城以後、しばらくの間の江戸城整備の様子は判然としないが、『東照宮御實紀』によると本格的な修築は、慶長八年（一六〇三）二月十二日に家康が将軍宣下を受けた後、「天下の府城整備」の名目で諸大名を動員できるようになった後に着手された。その初は、いわゆる「千石夫」を用いて「運漕の水路を疏鑿せしめらる」というから、江戸城構築の第一段階に、まず運漕船の着岸地の水路を掘らせることから始めている。これは、当初から船舶による物資輸送で江戸を築く構想が家康の中にあったことを示している。続く江戸城の石垣構築は、全国の大名を動員する「御手伝普請」方式が執られ、動員された数十家の大名たちは、石材運搬に必要な「石船」の建造から着手した。出来上がった船は、慶長九年八月の伊豆からの運漕時には三八五艘に達して、西国から伊豆への廻漕の時期に合わせて伊豆の山中では石材が整えられていた。伊豆で船積みされた石材は、江戸の着岸地の「波止場」から普請丁場まで大量に確保された「役夫」や「日雇」によって運ばれ、次々に石垣が積み上げられる段取りを踏んだ。

石船の具体像は分かりにくいが、慶長九年（一六〇四）に江戸城への石船の調達に動いた福島正則は、同年六月に国許へ九反帆船五〇艘、一〇反帆船五〇艘計百艘の建造を命じた（福尾一九九九）。また、やや時代が下るが、寛永十二年（一六三五）の細川家の石船をまとめた北原糸子によると、細川家のこの時の石船は一三反帆船一二艘、一二反帆船一三艘、一一反帆船五艘、一〇反帆船一艘の計三一艘を用いて江戸と伊豆とを往復したという（北原一九九九）。この二例は、いずれも船の大きさを帆の大きさで表現しているので慶長から寛永期の石船は帆走船だったことが分かる。ただし、帆走船で最も一般的な弁才船や五大力船を想定することはできず、一七世紀中の日本の船舶事情の大変革を勘案する必要がある。石井謙治による和船研究では、弁材船が帆走専用船に変化を試みるのは寛文から延宝期で、その結果、完全に帆走専用船になるのは元禄期以降だという（石井一九九五）。つまり、一七世紀以前では櫓櫂と帆走併用が和船の通常の姿であるので、右記二例の石船は櫓櫂装備の中世的要素を残した船であり、単純に後世の廻船の姿を当てることはできない。また、慶長九年（一六〇四）の福島家の石船が、九反と一〇反帆であるのに対して、三〇年後の寛永十二年（一六三五）の細川家の石船の主力は一二反・一三反帆船になっており、この間に石船は明らかに大型化した。石船の大型化は後述するとおり石材輸送の効率面で大きな変化をもたらしている。

こうした石船は、盛期には三〇〇〇艘が江戸と伊豆とを往復したと『台徳院御実紀』にあるが、大名の家別文書を調査した北原糸子によると、判明した範囲だけでも実際に一〇〇〇艘以上の石船が確認されるというし、白峰旬による文献上での確認（白峰二〇〇〇）でも島津氏三〇〇艘、黒田氏一五〇艘、浅野氏三八五艘という膨大な数が明らかにされている。

石垣構築の具体的な段取りは別に示した（金子二〇〇七c）ので再論はしないが、三〇〇〇艘に達したという石船は、主として西国大名たちが役として建造したものと民間の荷船を賃船とした両者で構成された。慶長段階の御手伝普請の中にすでに「尼崎文次郎」のような商人とみられる人物が相当数加わっていた点もその延長線にある。尼崎文次郎は、御手伝普請の拝命者として『東照宮御実紀』にも名があるが、他にも記録にその名が現れなくとも各地の大名との関係や石材や材木等の築城資材の需給関係などから、多くの商人と職能者が介在したと考えられる。築城は非常に短い期間内に竣工させるために、運漕に耐える船を総動員して行われた。各大名は、御用商人的な者や民間の商用船をも雇い上げて運搬せざるを得ないほど大量に船を必要とした。そこでは、いかに効率よく大量に石材を運ぶかが大命題となったとみられ、各大名家が残した史料には、現場への督励や作業の要点を指示する文書が多数残されている。御手伝普請への参加と無事竣工には各家の存亡がかかっていたために、大名たちは資金・労力・人材を大量に投入したのである。

2　直島吉太夫船の行動

石船の運用に関する史料は数少ないが、瀬戸内の直島から民間の船を雇い上げた例を史料1に示した。

〔史料1〕請取申平石之事（『熱海市史　資料編』所収岡本家文書）

なを嶋　吉太夫舟

合弐拾壱本但大小在之　　東儀左衛門より之請取石也

此運賃此方ニ而不相渡候、以上

寛永十二年　七月十九日　　中西七太夫　㊞（花王）

上田三太夫　㊞（花王）

網代　岡本又八

加藤七右衛門

これは寛永十二年の江戸城普請時に石材を江戸まで運んだ際の受取証である。伊豆最大規模の湊の網代（現熱海市網代地区）の岡本家に伝わった文書だが、次の①～⑥の内容を確認できる。

① 寛永十二年の年号から、江戸城外堀普請等の御手伝普請の石材運搬に関する文書である。
② 「平石」という表現から、石垣の表面の石の運搬に関する文書である。
③ 「なを嶋　吉太夫舟」の表現から、瀬戸内海直島の吉太夫の所有船が伊豆と江戸との間を往復した。
④ 吉太夫船は一航海で「平石」を二一本運んだ。
⑤ 吉太夫は民間人の船主と見られ、石材輸送に民間船が用いられた一例とみられる。
⑥ 現存江戸城石垣の平石には大小あるが、これと符合するように吉太夫船の平石にも大小がある。

文中の「平石」は「築石」とも呼ばれ、石垣を構成するパーツとしては最も基本となる石材である。平石の大きさは、発掘調査された江戸城外堀の例では、面《つら》が二尺〜二尺五寸、控《ひかえ》が四尺、重量が八四〇キログラム程度のものが中心だという（千代田区二〇〇五）。江戸中期以降に一般化する面一尺〜一尺五寸程度の間知石《けんちいし》と比較すると大きな違いがある。石面の単純比較だけでも、江戸城石垣の平石の方が面積で四倍の大きさであり、控えの長さも勘案すると差はさらに大きい。単に城郭用高石垣と民用石垣の違いというより、寛永年間以前に工事を集中させた江戸城での経験が、その後の数十年間でさらに石材の規格化を進め、石垣であっても既製品のブロックを積み上げるだけのインスタント化の技術革新が近世に進行したものとみることができる。

さて、「なを嶋　吉太夫舟」は東国海域に活動したが、一個あたり八四〇キログラム前後の平石を計二一個積んで伊豆と江戸とを往復した。北原糸子の報告では、細川家の一三反帆船に五五個、一二反帆船に四三個の平石が積まれたというので、同じ寛永十二年でも直島吉大夫船は小型船の部類である。積載数の違いは、船の大小が石材輸送効率に大きく影響したことを示している。また、この時代の帆船の帆の素材にも注意したい。中世以前の和船の帆は莚帆だが、木綿帆に転換するのが近世的な帆船への転換のひとつのポイントである。木綿帆の普及には研究者間で見解に相違があり、和船研究で知られる石井謙治は、一般廻船の木綿帆への転換は一七世紀後半以降と結論した（石井一九九五）。これに対して、中世史研究で知られる永原慶二は、戦国期の永禄七年文書に「諸関勘過拾弐端帆三艘事」などと表現されており、西国ではこの頃から何端（反）帆船という表現が多用される点から「おそくも永禄年間の西国方面では、帆布の材料が藁草などから木綿布に転換し」たという(6)。このように石井、永原両氏の間に一〇〇年近い認識差があり、その背景に日本の木綿生産開始期への評価に違いがあるのだろう。永原氏のいうように「何端（反）帆船」という船が木綿帆船とすれば、右の福島・細川などの近世初期の石船は木綿帆船ということになるが、その決着は今後の課題である。

3　石船の難破と漂流

江戸と伊豆との間を多数の石船が往復する間には海難事故も発生した。最も大きな海難は、慶長十一年（一六〇六）五月二十五日の大風雨による転覆事故であろう。この日、京都辺でも二〇年来の大洪水となり、伊豆から江戸へ向けて航行中だった石船も大規模な転覆事故を起こした。その被害数は「鍋島信濃守勝茂船一二〇艘、加藤左馬助嘉明が船四十六艘、黒田筑前守長政が船三〇艘くつがへり破損す。その外三艘、五艘は枚挙にいとまあらず」（『台徳院御實紀』慶長十一年五月記事）という。相模湾内にあった石船の船団が一挙に転覆や大破に及ぶ大海難が発生したのである。今日、三浦半島の沿岸各地に残る安山岩の転石は、この時に遭難した石船の積荷が残ったものが含まれていると推定される。

さらに、相模湾を航海中に冬の季節風のために太平洋のかなたへ漂流してしまった石船の事例も確認できる。黒田長政が家臣に宛た書状に「十艘たてにて此地（江戸）より戻し候舟一艘、八条（八丈）浜へ風にはなされ候て、船は打ちわり、船頭・舟子共は八条代官より送候て越候（中略）残り九艘之舟何と成候をも不存候」とあって、一〇艘の船団で行動していた黒田長政の石船が江戸から伊豆への航海中に漂流し、そのうちの一艘だけが八丈島へ漂着して船は大破した。残る九艘がどうなったかはまったく不明であるとの事故を書き送っている（『福岡県史』所収「年不詳霜月二十八日付黒田長政判物写」）。

相模湾は、江戸時代の間を通してみても他の海域に比べれば比較的海難は少ないが、台風による暴風や冬の季節風が吹き荒れる時期には、やはり大規模な海難事故が伴っているのである。

四　石山から船積みまで

1　仕上げ作業

母岩から割り取るだけで築石となる平石に対して、角石・雁木石のように仕上げ作業を要する石材もある。その場合、仕上げ作業の施工場所がどこにあるのか問題だが、結論的には、ほとんどの場合は産地内で仕上げたものとみられる。これは、東伊豆町稲取に残る土佐藩献上の角石の遺存例の観察による。ここでは、図2、3に示すように同じ銘文「御進上　松平土佐守」を刻む角石が港の周囲に点在しており、それらを観察すると山中の角石は荒仕上げで、一方、湊の脇に残置された角石は平滑に仕上げられた完成品である。この違いは、山中の丁場から湊までの間のどこかに仕上げ作業を施す場所があることを想定させる。江戸で仕上げられるのではなく、船への積み込みの前に産地内で仕上げられたのである。

2　石曳（引）道・シュラ・地車

伊豆の石丁場は、海岸そのものに立地する例と、数キロメートルの範囲で内陸に位置するものとがある。内陸の石丁場には、①石材の割取り作業を行なった場所、②製品の仕上げ作業場や中間的な集積場所、③製品を運び出す石曳道の三種の遺構が残っている。地方文書には山中の石曳道が、その後の村の境界とされた例もあり、実際に現地を歩いた感触などからも、石曳道は伊豆ではかなりの数が遺存している（図4〜6参照）。伊豆各地の石曳道は、クレーター状の採石遺構を繋いだのちのコース取りとして、斜面を直滑降に下るタイプのものと等高線に対して鋭角なライン

図2　伊豆稲取地区の山中に残置された角石

図3　稲取湊近くの「畳石」

図2，3ともに「御進上松平土佐」銘をもつ角石だが山中のものは荒仕上げ，湊には完成状態のものが残置されている．

図4　宇佐美字大窪の石曳道

図5　宇佐美字割石の石曳道

図6　沼津市戸田の石曳道

で作られたものとの二別ができる。どちらも直線的な印象の道だが、途中に急傾斜があると掘り割りにして路面勾配を一定にする地業痕も施されている。規模的には下場幅で二〜二・五メートル、上場幅で五〜七メートル程度の逆台形断面の例が多い。山中で整えられた石材は、この石曳道をたどって本船が着岸している湊まで運ばれる。

石材の陸上輸送には何種類かの方法がある。「修羅」を用いるのは、石垣石材のなかでもひときわ大きな角石である。これに次ぐ方法に「地車」を使って人力や畜力で曳くケースもある。平石等の一般的な石の運搬は人力で移動させるのが普通であろう。名古屋市立博物館所蔵の築城図屛風に描かれたように数人の人間が丸太棒に吊り下げて運ぶが、地車や修羅に載せる方法が石材の大きさと重量によって使い分けられている。現代の石工への聞き取りでは、人力で石材を吊り下げて運ぶ場合、麻綱を用いて丸太棒に石を吊り下げて運ぶ。この方法は担ぎ手の人数によって、四人の場合は「四テン」、八人の場合は「八テン」などと呼ばれている。人力の場合、人の肩から下に吊り下げられる厚さに限られるわけで、それを超える大石の運搬には車や修羅が使用される。発掘調査で石曳道を検出した早川石丁場群では、急傾斜面には道遺構は残っていないものの、斜面を横切るように設定された道が確認された。伊豆の山中で見かけるものとよく似ており、ここでも一定勾配で下る

図7　海岸丁場の環境（伊東市富戸）

図8　真鶴番場浦の平田船着岸遺構（推定）

ように地業されていた。

3　「平太船」の存在—磯浜の石材の搬出

ところで、伊豆の石丁場には海岸の岩壁そのものから採石された例もあり、江戸城向けの丁場は海岸からしだいに内陸へ採石を進めたと記録する相州岩村の例もある。この事例も含めて、伊豆の石丁場からの石材搬出には岩礁性の磯浜（図7参照）で、どのような搬出方法を執るかが技術的な課題だったものとみられる。荒波の打ち寄せる海岸での船積み方法を検討したい。

厳しい岩礁が続く海岸で、石材を船積みして離岸するには通常の船型では不可能である。磯浜への着岸には船足の短い船が必要で、「艜《ひらた》」と呼ばれる船が使用されていた。「艜」は、「平田」「平太」などとも記される船で、幅広の船底材を用いて舷側板は一枚程度である。このため水面下に沈む範囲が少なく、浅海でも航行できる。しかし、外海で問われる凌波性能は低いために艜船が相模灘を横断することは考えにくい。この艜船は石材を積んで離岸した後、やや離れた水深のある場所で本船へ石材を積み替えていたものとみられる。艜船に関する史料に細川家文書「公儀御普請」に「平太弐十そう誂候」との記事がある。この書状は、寛永十一年の江戸城手伝普請に藩主細川忠利自ら江戸の家臣宛てに対応策を指示したもので、平太船二〇艘を用意した点は承知したが、その数が妥当か否かは普請奉行等と改めて相談するとしている。ここで「平太」と記されたのは「艜船」だと解され、細川家は寛永十一年段階で伊豆の石丁場に石船とは別に艜船を二〇艘用意した事実が読み取れるのである。

真鶴岬の番場浦丁場には、艜船による石材搬出作業痕を残す遺跡が実在する。ここには波打際の岩が平滑に整えられた横幅三・三メートル、縦四メートルの略方形の範囲があり、その平らな部分に艜船の船首または船尾の一部を固定して石材を運び入れたと推定される（図8参照）。

現代の伊豆では、艜船については凝灰岩の切石生産を近代まで続けた南伊豆の河津川や青野川流域で聞き取ることができる。ここでの艜船は、河口から六キロメートルも遡上して石材を積み込んで河口湊へ下り、そこで本船に積み替える往復作業を繰り返していた。

4 「わり木」の検討

山中の石丁場から石曳道を通って運び出された石材は、伊豆に派遣されていた役人による検査後に船積みされるが、石船には先に「わり木」という下荷が積み込まれており、その上に石材が載せられた。この積み方では重心の上ずりが強く危険だが、史料中に石船の下荷の「下木」や「わり木」とされる伊豆産木材が頻出しており、その具体像を検討する必要がある。

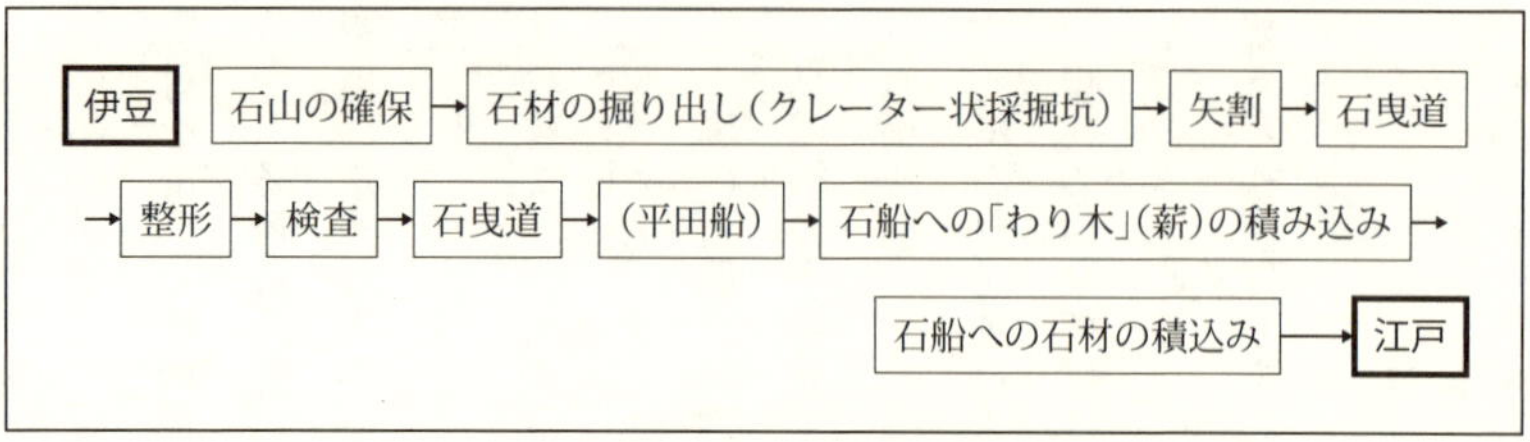

図9　江戸城石垣石材の輸送に至る工程

〔史料2〕加藤清正書状（『熱海市史　資料編』所収岡本家文書）

雖未無案内候、此両人任申、一書申遣候、然は石舟下積ニわり木之義、馳走有度之由候、拙子之儀者、両人申次第可有馳走候、重而其元見廻候刻、面にて可令申候、江戸参着も候ハ、期其節候、猶両人可申候、謹言

加肥後
清正　花押

三月廿日

岡本弥一郎　との

史料2は、伊豆網代（現熱海市網代）の名主岡本氏に対して加藤清正が石船の下積の「わり木」の調達を依頼した文書である。年号を欠くが、清正は慶長十六年（一六一一）に病没するので、この文書は、それ以前の江戸城公儀御普請に伴うものである。また、前述のとおり毛利氏が伊豆宇佐美の名主荻野氏に進上石の売買をもちかけた文書もあるが、そのなかでは石材と合わせて、薪の確保をも依頼した内容が含まれていた。こうした史料から、大名たちが求めた「わり木」は石船の下荷としての役割を終えると江戸で

薪にされる木であることが読み取れる。また、相州石方六ケ村による正徳五年（一七一五）の文書にも「下木」の値段が「上荷」とともに不振で石材生産の村は難渋しているとの表現がある。この「下木」は、加藤清正が網代の名主に求めた「わり木」と同じ性質の木材で、上荷の石材とともに江戸へ着船後は売却される性質のものである。つまり、「わり木」や「下木」は甲板構造の無い和船が執った大石運搬のための工夫であると同時に、江戸着船後は薪として売却されたのである。

これまでに述べたことをまとめると石材輸送に至るまでの工程として図9のようなフローが復元できる。

5　栗石と砂利の運漕

石垣の背後には、浸透してくる雨水や地山からの地下水を排水して石垣が内圧で崩壊するのを防ぐ「裏込（め）」と呼ばれる人造地層が構えられる。この裏込層は、砂利や「栗石」と呼ばれる礫で構築されるが、江戸ではそうした小石さえも入手するのが難しい土地であるために遠方から調達せざるを得なかった。

江戸城の栗石調達は『台徳院殿御実紀』慶長十二年三月三日条に「江城修築のために、関東萬石以上は一萬石廿坪の定制をもて、栗石を江戸に貢す。上野の中瀬邊より運漕す」とあり、関東の大名たちが江戸城の修築用の礫石材を献納する役を負って河川舟運で江戸へ運んだ。従来、この記事から江戸城石垣の裏込石は、利根川水運で運ばれたという理解のみが行われてきた。しかし、実際の江戸城の裏込石の産地分析では、利根川水系ばかりではなく、荒川と房総・三浦両半島、伊豆産石材の四者が拮抗していると分かってきた。江戸の石材需要に応えるために利用できる水運はすべて利用した結果であろう。文献的にも『台徳院御実紀』に「百人持の石は銀二十枚、ころた石一箱金三両にさだめし」とあり、この「ころた石」とは石垣の裏込めなどに使われる丸石を指し、それを適度な大きさに割ったものが「栗石」や「割栗」呼ばれる材料であろう。今日でも建築の礎石には伊豆の丸石（別名ゴロタ）が使われ、家屋の布基礎には割栗（石）が埋め込まれているのをよく目にする。伊豆では、「ゴロ」とか「ゴロタ石」の名で海岸や河原の転石を指していう普通の言葉である。

裏込石のゴロ石や栗石の採取が伊豆沿岸各地で行われたことを示す史料は比較的多く残存している。そこでは、村方文書の年代構成から江戸城に関係するものはみえていないが、近世中期以降に江戸への需要に応える栗石採取が活発となって、採取権益をめぐる争論となった例が多い。栗石搬出の具体例は省略するが、文書類の散在状況からすると、江戸初期から近現代に至るまで相模国西部域や伊豆半島沿岸各地で広汎に行われたと推定できる。また、近年の利根川水系の史料から栗石ばかりでなく、内陸部からも安山岩製築石の搬出例が指摘されており（大塚二〇〇八）、関東の大名たちが石垣構築を行う場合の石材調達には赤城山麓などの石材をも利用したと見た方が適当であろう。

六　石材輸送の担い手

1　青木（石屋）善左衛門の石材運漕

江戸城の石垣構築では、武士たちが設計者や施工管理者としての役割を果たし、実際の労働は領内から徴発された「役夫」や賃金雇いの「日雇」が人海戦術的に投入された。しかし、石垣は武士・役夫・日雇だけで築き得るものではなく、専門技術者の介在が不可欠である。武士層と役夫や日雇との間に入って現場で直接、技術的な指導と監督を行なった石垣構築の専門技術者を「穴生衆」と呼ぶ例が多いが、江戸城では近江穴生の者よりも関東在地の技術者が先行して活動した。その代表は相州早川に本拠を置き、後北条期からの伝統の元で家康から「石屋善左衛門」の名を拝領し、苗字帯刀も許された関東石工棟梁青木一族である。石工青木氏の動きは、江戸城の構築とその後の江戸市中での石材利用がどう進んでゆくかを知る上では重要な史・資料を提供するので、その由緒書から振り返っておきたい。

青木氏の由緒書には、元禄八年（一六九五）と享和三年（一八〇三）のものが知られており、後者「由緒書覚」の記述をみる（神奈川県一九七四）。

〔史料3〕享和三年「由緒書覚」

「（前略）山切之御用被為仰付候然ル所壱人ニ而者御用向難奉勤仕候ニ付、別家青木善三郎并棟梁家之別レ五味伊兵衛・中野弥三郎三人之者奉達御聴、御石切并積送り廻船之御用等為相勤候、右ニ付不限昼夜小田原山元江往復仕候（中略）且又右三人之者共深川江引移り、諸廻船問屋相続仕罷在候」（『神奈川県史』一九七四所収文書）

紙幅の都合から前半を意訳し、後半部を史料3とした。青木家の先祖は「元甲州浪人で、後に駿州田中に住んで田中を称した。明応年間に北条家に仕え、やがて山石切、仕上職人や五輪師を含む関八州石切棟梁を拝命。天正十八年に小田原落城で浪人したが、落城後の小田原城内を徳川様が巡見した際、小田原石で築いた塩硝蔵が家康公の目に留まり、施工者である先祖が呼び出され、直々に北条以来の関八州石工棟梁等の先例の安堵と二人扶持、板橋村の屋敷、さらに江戸城普請時に日本橋に一丁四方の屋敷地を拝領した。これを機に、天正年間から寛永午年まで四〇年以上普請奉公に勤めた。なかでも江戸・駿府両城普請には駿河・伊豆・相模三カ国の山切出石の御用で御伝馬朱印状をいただいて一円に行動した。江戸城では、天守・下通・大手下・御本丸・御水道・御下水・御穴蔵数箇所等を石屋善左衛門が頭となって配下の関東石切が築いた。施工方法には、石垣・御土台木・御土台柱・ぬり杭・しからみ・沼留メ・塩場仁義剛柔之堅メ方・諸木之伐時并御石堅メ七通之鉄物・御石垣角平十三石之堅メ石等がある」という。この由緒書から石屋（青木）善左衛門が江戸城でも本丸・天守などの主要部施工に関係したと分かるが、技術者としての青木氏の施工は石垣ばかりか、土台木設置・シガラミ・貯水施設・伐木時の特殊施工法なども含まれていて、石工というより土木専門の「黒鍬職」と呼ぶべき総合的な専門技術者とみるのが正しいようである。相模西部には青木氏のほかに岩村の朝倉氏や根府川の根府川太郎などの存在もあって、技術面や資材調達に多くの関東在地者が関与したことを想定すべきであろう。

青木氏の「由緒書覚」の後半部分は史料4としたが、そこには石材の海上輸送の一端が伺える内容が記されている。すなわち、山から石を採って石垣を築く御用の際には、ひとりでは役目を果たしきれず、別家青木善三郎・五味伊兵衛・中野弥三郎の三人が石切と廻漕を手分けして昼夜の別なく御用を勤めた。御用の後、この三家は深川で廻船問屋を営んで今日に至ったという。この記述で分かるとおり、石垣用の石材は石丁場で整えられた後、海運関係の青木・五味・中野という石工とは別の職能者が廻漕する分業が行われていたのである。先に瀬戸内の直島から江戸城への石材輸送に従事した石船に触れたが、築城に大名が動員された時期には、大名とその領内の船舶と御用商人との関係が専らなのに対して、青木家では同族的または地縁的な結合で、山石切と廻漕との分業関係を結んでいた。海運を生業とした青木・五味・中野家では、石材も中心であろうが、「廻船問屋」と称する以上は他の品目も合わせて廻漕する業態を執ったことであろう。深川は、その後の江戸の都市構築資材の集散地となるし、石材業者の集まる中心の一つでもあった。現代に至っても深川の青木氏は、石問屋として名の通った存在である。江戸城以来の石材供給態勢が四〇〇年来の伝統を生んだことになろう。

2　豆州　戸田　勝呂家の事例

村井益男は『江戸城』（中公新書）で、駿河湾側の伊豆北西部の安山岩は伊豆半島の南端が船の難所であるため、これを越えることはできなかったとした。しかし、近年の現地確認や諸史料から多くの石船が、この難所を越えて江戸城石垣や大名墓、あるいは、藩邸構築用石材を江戸へ運んだ実態が判明している。実際に現地を歩いても、伊豆東海岸の石材産地と伊豆北西海岸の産地の様相はほぼ同じである。そうしたなかで、寛永年間に紀州藩の石船「千歳丸」が、明暦二年（一六五六）に石材運送への功績から戸田村の勝呂家に下賜された。この勝呂家文書を調査した高本浅雄によると、下賜品目録に「押廻し舟壱艘御免　千歳丸　七百五十石」とあるという（高本一九八九）。この千歳丸は、七五〇石積という大きさであり、先に触れた寛永十二年の細川家の石船が一二〜一三反帆を主力として三〇〇石積前後と推定されるのに比べると、さらなる大型化が確認される。しかし、ここでも「押廻し舟」として帆走専用船でないのは、依然として中世的な帆走と櫓櫂の併用船であることも同時に分かり、一七世紀中の和船の発達過程が投影されている。その後「千歳丸」の船名は勝呂家の船の世襲名として使用され続けた。

3　豆州　宇佐美　荻野氏の事例

伊豆東海岸部の宇佐美村の世襲名主荻野家は、筑前黒田家重臣の後藤又兵衛基次との間の書状を伝えていた。又兵衛は黒田家の石材調達に際して宇佐美に寄留しつつ、荻野氏との間に強い関係をもったことを示している。また、近年の調査で、寛永年間には豊後佐伯藩毛利氏も荻野氏を頼って石材調達したことを示す文書が確認された。その書状（『伊東市史史料編近世I』所収史料）によると、毛利家は幕府への進上石の確保に荻野氏の協力を得るために、藩主の意を受けて老職の毛利主殿・毛利左京が連名の文書を用意して家臣を宇佐美に派遣した。その要旨から、毛利氏の幕府への献上石には、伊豆の百姓持ちの山から採掘された石材を毛利家が買収して調達したものが含まれていた事実が判明する。また、同じ書状に石材輸送に必需の薪の確保にも意が注がれて、荻野氏に石材と共に薪の斡旋をも懇請する内容がある。さらに、同書状末尾には一〇両でも二〇両でも資金を先渡しするのでよろしく頼むと懇請しており、御手伝普請の陰で石材調達に奔走する上級武士たちのあせりが見えている。こうした機縁から荻野氏は、その後も石商売に関係し、同家の家伝では、江戸城の石材確保に貢献したことで江戸に拝領屋敷をもったという。実際に同家の家産目録には元禄以前の段階で江戸に三カ所の屋敷地を保持している。

七　江戸時代前期以降の石材輸送

1　御手伝普請と民間需要

江戸城への石材輸送は軍事動員の性格が強いために、各大名の領地から動員された船が行動の中心となっている。しかし、寛永年間までに城郭普請が一段落して、石材利用が民需へ移ると石材輸送の担い手も変貌した。史料4は、延宝九年（天和元、一六八二）に小田原藩主稲葉正則が、江戸城内紅葉山の徳川家綱（厳有院殿）の仏殿造営惣奉行と手伝普請を命じられた際の石材輸送の様子を伝えている。

〔史料4〕九月九日（『小田原市史』所収「日記」延宝九年九月九日条）

一　今度紅葉山　御仏殿御石垣之石御献上ニ付、去ル五日真鶴浦出船候由候共、天気悪敷候故着船延引、依之小俣長大夫竝小人目付吉右衛門罷越、浦賀・三浦いつれの湊ニ而も御石船見出シ次第先一艘成共引船多差加、長大夫ハ致上乗、吉右衛門ハ陸を早々参可致注進旨被仰出、委細両人江申含、辰刻罷立（後略）

これによると、「紅葉山の石垣の献上石を載せた石船が真鶴湊を九月五日に出帆したが、天気が悪く江戸到着が延引している。ついては、小俣長大夫と小人目付吉右衛門を派遣し、浦賀湊、三浦湊いずれでも石船を見つけ次第「引船」を付けて、まずは一艘だけでも江戸へ着船させよ。長大夫は監督として石船に乗り、吉右衛門は陸伝いに江戸へ注進せよと申し含め、両人を辰刻に出発させた」という。この記述から、天和元年（一六八一）の石船は帆走専用船で、順風を待って湊で滞船し、曳き船がなければ湊から出ることもできない船だとわかる。一八世紀以降の荷船の風待ち滞船はむしろ普通のことだが、紅葉山仏殿の手伝普請の遅延は許されず、藩主側の都合と商船の常識がぶつかり合ったのである。

前述の戸田村勝呂家の千歳丸が帆走併用の櫓櫂船だったとおり、江戸初期からの石船は櫓櫂と帆走併用の中世的な船だが、天和年間に小田原藩が用いた船は帆走専用船である。この時期以降、櫓櫂船は漁船や軍船などの限られた船に残り、民間の廻船なども帆走専用船に大型化している。こうした和船の技術的な画期を背景として、早川・岩・真鶴など石材産地の石船も大型化と帆走専用船に変化を遂げたのである。

2　民需の動き

近世中期の石材産地の様相は、正徳五年（一七一五）四月付「相州岩村他五ケ村御用築石値段等見積書」（『神奈川県史』収載）に「相州石方六ケ村」と呼ばれた代表的な石材産地の村々の様子が記されている。そこでは「御用」の「築石二〇八一本」の納期と費用を見積もりながら村方の事情を訴えている。原文は省くが、文中に「この二三カ年は村方全体で仕事が減って困窮し、特に石切商売の村では昨春から御用石の仕事が止まり、民間の売石等も商がない。米穀などの品々も高値となり、石切は生活が苦しくなっている。船にも積荷がなく、湊に滞船したままである。石製品出荷も数少なく、その他の荷物も集まるのを待つ状態で経費ばかりがかさむ。江戸着船後も商は薄く、下木も上荷もともに下値で売るしかなく、船乗りも困窮している。石丁場の数も減り、石切たちは薪商売、漁師、日雇い仕事でしのいでいる。米を買うために石丁場道具等を売却する者もあり、日々渇命に陥りつつある。ついては、御用石の切立は難儀なので、御慈悲をもって石代・運送ともに商売として御用命いただき、合わせて前金払いで御下命いただきたい。下命あれば、四月から十一月迄にはできあがる」として、岩村・真鶴村名主など二二人連署で地方役所へ提出した。この史料の「御用」が何の土木事業を指すか不明だが、石垣の「築石二〇八一本」が六ヵ月ほどの納期でできる点や上荷の石製品も下荷の薪も共に安値で苦境にあると訴える情勢は注目に値する。この文書によって、近世初期以来石船に「下木」や「わり木」の木材と石材とがセットで船に積まれることが続いており、正徳五年段階では「下木・上荷共に下値ニ相払申ニ付、船々困窮仕」とある。このため「下木」は「薪」として一航海ごとに江戸で売り捌かれて廻船主や生産者の利潤となっていたものと確定できよう。さらに言えば「下木」や「わり木」は、伊豆に中世以前からあった製塩用の「塩木」に淵源がある。塩木はやがて江戸の都市生活に欠かせない「薪」に変貌したものとみられる。(7)

3　江戸の石材ストック

江戸へ運ばれた石材は、河岸や物揚場で陸揚げされて普請丁場まで陸上を運ばれる。あるいは、運河や河川を利用して、さらに内陸へ艜船などで遡る例もあったことであろう。もっとも、相模湾を横断した本船からの石材が、直接施工地へ運ばれるのは幕府の築城など大規模な場合のみで、多くは石問屋の石置場にストックされたなかから供給されたようである。一七世紀中葉以降の史料には、墓石も含めて規格化された石材が、使用場所が特定される前に数万の単位で石材産地の湊の石置場に貯留されていた。こうした石製品が消費地へ定期的に石船で運ばれて、消費地に近い石問屋の石置場にも貯留されていた。この供給態勢確立の背景には、これまで述べてきた青木・五味・中野・勝呂氏などのように、江戸城の御手伝普請をきっかけに石問屋として江戸市中の石材需要に応じた者たちの存在を考える必要がある。石問屋として活動した家には、右の他に相州岩村遠藤氏、豆州多賀村長津氏、宇佐美村荻野氏、河津加藤氏、下田鈴木氏等かなり多くの商人が存在する。

また、江戸の石材ストックヤードは商人だけのものではなく、江戸絵図の中に「〇〇様石場」と記された区画が見えおり、御三家などの武家にも石場が構えられていたことが読み取れる。江戸の「木場」と同様、「石場」もまた隅田川沿岸には構えられたのである。規格化が進んだ石垣材の「間知石」が、いつから生産されるものか課題だが、その段階では石問屋が既製品の間知石をストックヤードに大量に保管していた。こうした石問屋は、両国から日本橋辺に集まって集住したことが考えられる。そのやや上流部には砂利屋、さらに上流に材木屋、竹屋というように内陸へ向けてしだいに軽量資材の問屋が立地し、資材問屋が軒を並べていた景観が江戸の都市構造のひとつとして想定されるべきであろう。

八　海を渡る石——まとめにかえて——

1　駿府城石垣と京都御所造営に石材

石材のない江戸で、この都市の骨格を形成してきた伊豆石は、近世初期からすでに船舶利用による大量輸送の特徴

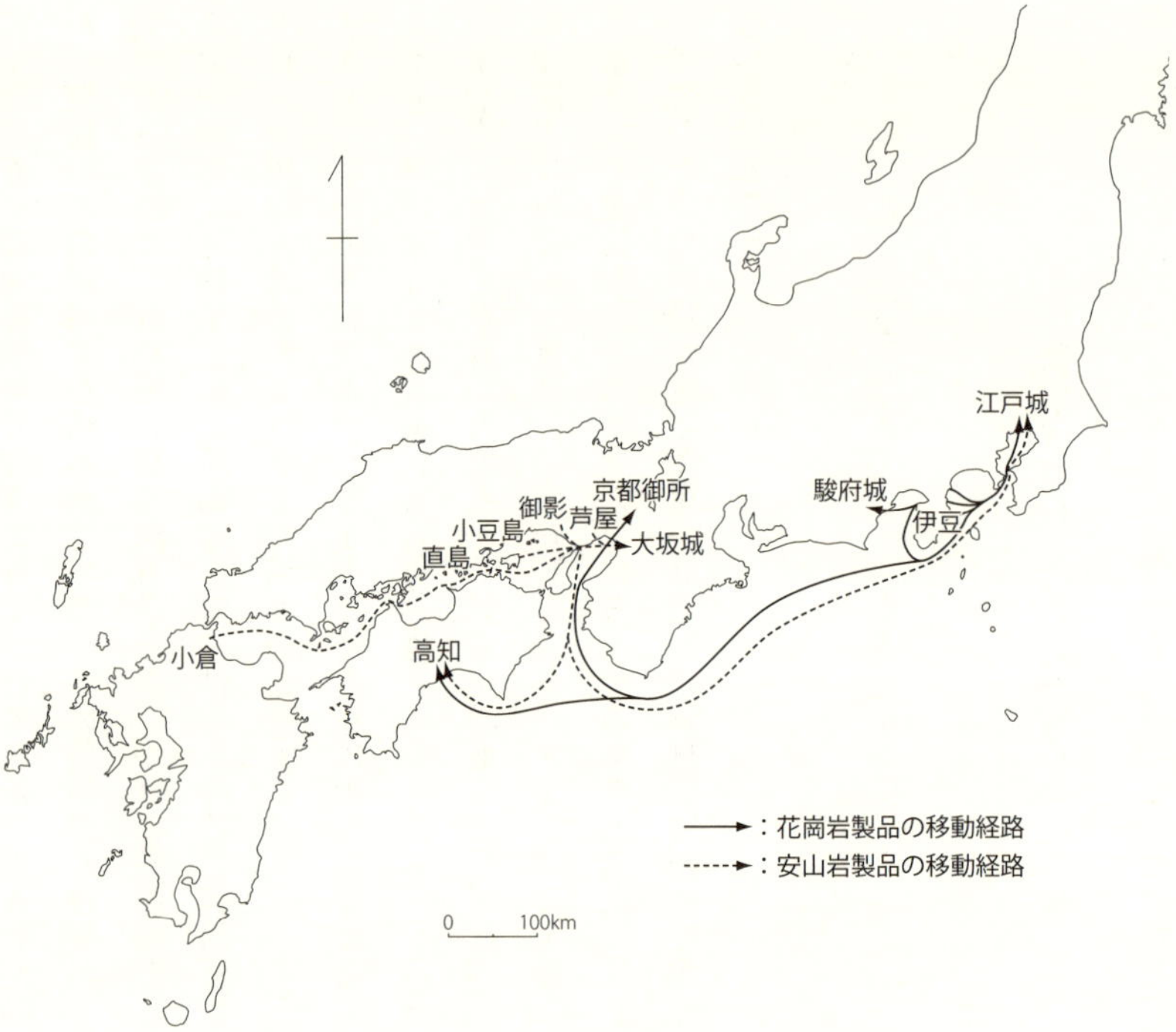

図10　近世初期の石材・石製品の移動概念図

を備えていた。江戸初期の瀬戸内「なを嶋吉太夫舟」のように六〇〇キロメートル余を航海して廻漕に従事した例もある（図10参照）。御手伝普請という軍事動員がきっかけとなったが、そうした大距離の移動が実現した背景には文禄・慶長の役による朝鮮半島への輸送経験が影響しているものと考えられる。加えて御手伝普請で船舶による全国的物流を経験し、石材や石製品もそれまでより一層大距離を移動するように変貌した。その結果、われわれの予想を超える長距離、大規模、大量移動がすでに近世初期に始まっているのである。

江戸城本丸石垣やその他の諸門には花崗岩で築かれた部分があるが、これは、瀬戸内から運ばれたものであり、長距離航海は船乗りだけでなく、石材を伴ったことがこの実物から確認できる。また、伊豆からの石製品や石材の廻漕例は駿府城にも確認される。駿府城天主台の石材は、北伊豆の内浦湾沿岸から運ばれ、約五〇キロメートルの距離を廻漕されている。この内浦湾岸の石材は他に久能山東照宮や浅間神社や江戸城にも使用されたが、廻漕船に清水湊と沼津湊船の両者が混在したために、築城終息後には民生利用の石材輸送の権益をめぐって紛争が生じている。また、瀬戸内から東国に下る石とは逆に東国から上方へ上る例もあり、相模国根府川石は庭園用石として江戸城のほか、慶安四年（一六五一）の東叡山寛永寺御仏殿造営、明暦元年（一六五五）の禁中御用にも使用された。これは、小田原藩『永代日記』明暦元年条に、根府川石の大中小計百枚を庭石として「禁中御用之根府川石真鶴湊ニ而舟積仕」とあり、真鶴湊から京都へ廻漕されたことが確認されることによる。

2　土佐に運ばれた伊豆石

石造物の石材（岩種）構成に着目した奥田尚は、土佐の石造物の産地様相を報告した（奥田二〇〇六）。それによると、土佐の金剛頂寺等に花崗岩製石燈籠があり「於攝津國御影採巨石　□造之而漕運干南海以寄附（後略）」等の銘があって、摂津御影の花崗岩製石造物が船で運ばれたという。さらに、岡本桂典の調査で土佐国竹林寺等には「於伊豆國採巨石□造　之而漕運干東南海以寄附（後略）」銘の輝石安山岩製石燈籠があり（図11参照）、伊豆の安山岩製石燈籠も海路を経て奉納されている。土佐国内の石造物は中世以前の在地性の高い段階から、近世初期以降は花崗岩や安山岩製の搬入石材の石造物が急増しているという。土佐では国内に花崗岩も安山

図11　高知市竹林寺の伊豆石製石灯籠（写真岡本桂典氏提供）

図12　伊豆下田市内の豊後産とみられる仁王像と花崗岩製石燈籠

岩も産出しないから、奥田の指摘とおり無銘であっても石材の判別で搬入だと確定できる。加えて、右の例では銘文に摂津と伊豆で巨石を採って運漕したとあるので、六〇〇キロメートル以上の海路を製品が移動したことが確実である。この伊豆石製品は元和期が最初期で、花崗岩製品は寛永期が初期のものとの報告だが、これは江戸と大阪で進む御手伝普請の動向とよく合致している。慶長後半から元和期は、伊豆で江戸城用の丁場が開発され、花崗岩製品は寛永徳川大坂城用に御影や芦屋の丁場が稼動した時期である。土佐藩主山内家が江戸と大坂の御手伝普請に動員された時期に符合するのである。この点から、江戸・大坂の大規模普請に参画した山内家が、目新しい石造物の姿で寄進し、土佐国内に向けて中央政権の国家的な権威を見せる行為として行なったと推測される。採石地を明記して寄進者を「土佐国主」と記した点は、土佐の新しい領主として君臨しようとする意図が見えている。

　中村博司は、寛永大坂城の石垣に豊前小倉から四百数十キロメートルの海路を運ばれた石材があることを指摘した（中村二〇〇七）が、翻って、伊豆や三浦半島の石造物のなかにも花崗岩製の石燈籠や石鳥居などが散在している（図12参照）。南関東域には花崗岩産地は存在せず、最も近いもので山梨県甲州市の塩山石や茨城県笠間市の稲田石などが知られているだけである。このため、房総・三浦・伊豆などの半島域や江戸等の近世都市にある花崗岩製石造物は、それ自体が運び込まれたものとみてよい。土佐の石造物、江戸城の花崗岩、京都御所の根府川石など江戸初期以来の石材の全国的移動は、われわれの予想を遥かに超えて展開していた。

近世の商品経済の発展は、桧垣廻船や樽廻船等の動きで知られているが、こうした廻船の行動の前史として江戸初期の石垣石材輸送の経験が大きく影響関与したものと考えられる。もちろん中世以前からの海上での経験もあり、なかでも朝鮮半島へ大量に兵員と兵糧を運んだ経験は大きく関与したといえよう。さらに、江戸城をきっかけに官民挙げて石材を数百キロメートルもの大距離で運漕した経験は、やがて日本の物流と経済を革新する方向に大きく作用して、近世的な大海運時代の到来に結実したものとみられる。海運によって実現した築城と都市構築が日本近世の歴史に与えたインパクトの大きさを顧みるべきであろう。

注

（1）金子浩之「近世伊豆産石材研究ノート」『考古学論究』二〇〇〇年。七号に江戸中・後期以降の石材需要動向の大要を記した。

（2）田端宝作「宇佐美村の江戸城産地報告」『鳥羽正雄古希記念日本城郭史学論集』（雄山閣、一九六九年）の他は私家版とされて公表されていない。

（3）北原糸子「寛永十三年外堀普請」『牛込御門外橋詰』（地下鉄7号線溜池・駒込間遺跡調査会編、一九九四）、同「伊豆石丁場と都市江戸の構築」、小沢詠美子「江戸における石材流通」（『赤坂御門・喰違土橋』、同上遺跡調査会編、一九九五）の各論考を参照した。

（4）坂詰秀一編著『池上本門寺近世大名墓の調査』二〇〇二年、同編『池上本門寺奥絵師狩野家墓所の調査』二〇〇四年、同編『貞龍院殿妙經日敬大姉墓所の調査：天下長久山國土安穏寺』（天下長久山國土安穏寺、二〇〇八年）、同編『近世大名家墓所の調査：芳心院殿妙英日春大姉墓所』（雄山閣、二〇〇九年）等に報告された。

（5）鈴木茂「伊豆石と江戸城」『歴史手帖』二巻四号（一九七四年）では、この図屏風を大久保家と小田原との関係から慶長期のものとしたが、一八世紀末以降の後期大久保時代の絵図とみた方が蓋然性が高い。野中和夫『石垣が語る江戸城』（二〇〇七年、同成社）では確たる根拠提示のないまま近世初期とされて矛盾が生じている。

（6）永原慶二『戦国時代―十六世紀日本はどう変わったか―』（小学館、二〇〇〇年）一二三頁から引用。

（7）金子浩之「伊豆における製塩史料の痕跡」『伊豆歴史文化研究』（第三号、二〇一〇年）に詳細は記した。

〔参考文献〕

秋池　武　二〇一〇『近世の墓と石材流通』高志書院
熱海市史編纂委員会　一九七二『熱海市史　資料編』所収岡本家文書
石井謙治　一九九五『和船Ⅰ・Ⅱ』法政大学出版
伊奈石研究会編　一九九六『伊奈石―採石・加工と流通についての研究―』
内野　正　二〇〇九「近世江戸における石組み施設の変遷と画期」『江戸をつくった土木技術』江戸遺跡研究会第二二回大会発表要旨
大塚昌彦　二〇〇八「もう一つの上野国江戸城築城石」『群馬文化』二九四号
岡田善十郎・金子浩之　一九九四「伊豆石丁場遺跡調査の現状」『江戸遺跡研究会第七回大会　江戸時代の生産遺跡』
岡田善十郎　一九九六『東伊豆町の築城石』東伊豆町教育委員会
奥田　尚　二〇〇六「江戸時代前期の土佐国の石燈籠・墓石の石種と採石地」『古代學研究』一七五号
金子浩之　一九九八「伊豆下田の石材加工業―山岸長吉氏に聞く―」『伊豆歴史文化研究』創刊号
金子浩之　二〇〇二「使用石材に関する観察」『池上本門寺近世大名墓の調査』（大名墓の石燈篭への所見と論拠を示した。）
金子浩之　二〇〇六「近世墓石生産に関する一様相」『考古学の諸相』Ⅱ
金子浩之　二〇〇七a「伊豆石」『季刊考古学』九九号
金子浩之　二〇〇七b「近世伊豆国廻船と都市江戸の構築」『立正史学』一〇二号
金子浩之　二〇〇七c「江戸城の石垣―海との関係から―」『城郭史学研究』二七号
金子浩之　二〇〇九「江戸城向け伊豆石丁場の現況」『ヒストリア別冊』大阪歴史学会
金子浩之　二〇一三「近世大名墓の制作―徳川将軍家墓標と伊豆石丁場を中心に―」『近世大名墓の世界』雄山閣

北垣聡一郎　二〇〇七「古代の重量物運搬と修羅」『大王の棺を運ぶ実験航海』石棺文化研究会
北原糸子　一九九九『江戸城外堀物語』ちくま新書
城戸　久　一九五五「伊豆半島における近世築城用採石について」『日本建築学会研究報告』第三一集
栗木　崇　二〇〇九『熱海市内伊豆石丁場遺跡確認調査報告書』熱海市教育委員会
白峰　旬　二〇〇〇「慶長十一年の江戸城普請について」『織豊期研究』第二号
杉山宏生　二〇一〇『静岡県伊東市伊豆石丁場遺跡確認調査報告書』伊東市教育委員会
高本浅雄　一九八九「戸田村の石切文書」『沼津市博物館紀要』一三号
千代田区丸の内一丁目遺跡調査会　二〇〇五『丸の内一丁目遺跡Ⅱ』
伝統建築研究会編　一九九〇『八幡宮来宮神社修理報告書』
伝統建築研究会編　二〇〇九『史跡了仙寺　山門及び本堂保存修理工事報告書』法順山了仙寺
中村博司　二〇〇七「福岡県行橋市沓尾における徳川時代大坂城残石の調査」『日本考古学協会第七三回総会研究発表要旨』
西川武臣　一九九三『江戸内湾の湊と流通』岩田書院
福尾猛市郎・藤本篤　一九九九『福島正則』中公新書
三瓶裕司・永井　淳　二〇〇七『早川石丁場群関白沢支群』かながわ考古学財団調査報告二一三
宮里学編　二〇〇九『房州石の歴史を探る―金谷 石のまちシンポジウム特集―』第一号

あとがき

江戸城の石垣は、世界的な規模でみても誇るべき構築物であろう。

江戸・東京は、開府以来四百数十年以上の長期間にわたって巨大都市であり続けたが、江戸城はその核として十七世紀初頭に構築した石垣を守り続けてきた。この点でも特別史跡の名にふさわしい存在である。

江戸城の修築の営みは、数々の地震・大火・大雨などを経ながら、徳川氏と諸大名に続いて、近代政府と皇室に引き継がれて今日に至っている。

壮大な石垣用の石材は、ほとんどすべてを相模西部から伊豆半島沿岸の火山地帯で調達し、海上を船舶輸送して築いたものである。折しも、ヨーロッパ世界では大航海時代から世界的な植民地拡大に向かう時期であり、日本国内においても海運が飛躍的に発展する時代である。

伊豆の山々で割り出された石材は、海上輸送のために山中から海際まで石曳《いしびき》され、江戸着船後も、白峰旬氏の論考のとおり現在の銀座や丸の内あたりの街区の上を再び石曳されて城内の普請丁場に運ばれているのである。その実行者は、諸国から大量動員された大名領の百姓や賃金雇いの日雇たちであり、これが江戸城下で競い合い、ひしめき合いながら石曳をした。

文献史料の精査によって、江戸への航海の途中に遭難した石船も多数あったことが確認されるが、従来から知られていた三浦半島の沿岸一帯の遭難と漂着で沈んだ伊豆石の数々に加え、今回、新たに八丈島まで漂流した石船の一艘が生還を果たした例のあることが確認された。この石船の船団一〇艘のうち、残る九艘は遥か太平洋のかなたへ漂流して生還はしなかったのである（金子論考参照）。

このように命がけで運んだ石材は、徳川家の権威を象徴するごとく、民用のものよりひときわ大きな石材を用いていた。江戸城の石垣を組む基本素材は「築石《つきいし》」と呼ばれるが、発掘調査された『丸の内一丁目遺跡報告Ⅱ』（同遺跡調査会刊二〇〇五）の事例では、築石表面の縦横が二尺角以上のものが使用され、一個あたりの推定重量は八四〇キログラム程度である。当然一人の力では運べないので、多人数が投入されて人海戦術で短期竣工が図られていた。そうした大きな築石は、江戸城全体で一〇〇万個近い数とも推計されるという（後藤論考参照）。

江戸城の修築に動員された大名や商人などは、競って「天下の府城」の構築に合力をするのだが、そこには自らの協力のあかしを刻みおくごとく、さまざまなマークを刻んでいる。それが、後藤宏樹氏の集成された「刻印」である（後藤論考参照）。刻印の意味するところは難解で単純には捉えきれない面もあるが、伊豆の産地内に残る刻印と江戸城内のものに同じ形状と意匠が確認できるから、それを刻ませた者は江戸城の普請に参画した大名や商人などの石材の発注者であることに間違いはない。

また、江戸城の膨大な量の石材の産地構成の如何は大きな課題であるため、本書では理化学的な手法による産地推定にも意を注ぎ、執るべき手法の基本を示した。ただ、理化学的な視点からみた具体的な産地別のシェア比への言及はいまだ足りておらず、今後の課題となっている（石岡論考参照）。

また一面では、全国の大名家の文書史料からも、さらに立体的に江戸城の構築に向かう姿を捉え得る史料が多数残されているはずだが、現状では白峰旬氏に先鞭をつけていただいたというところであろう（白峰論考参照）。

一方、供給元になった伊豆の石丁場では、沼津市域の戸田・井田・内浦湾岸の村々の石丁場の存在が具体的に示される成果を得て、従来知られていた東伊豆領域の丁場群と合わせて大きな要素が加えられた（鈴木・原田論考参照）。また、三瓶裕司氏からの提示にもあるとおり、小松石以外の西相模の領域にも石丁場が群在している点は、従来の知見にはなかったものである。

さらに、三瓶氏の所属するかながわ考古学財団によって発掘調査が進められた早川石丁場群では、石材構成のうえで江戸城の標準である二尺角を上回る三尺モジュールの石材調達が行われたことが報告されている（三瓶論考参照）。これは、非常に重要な発見であり、三瓶氏は慎重な言い回しをされるが、筆者は通常のサイズにさらに一尺を足す大きさを使い得る者は徳川家以外にはないことから、この早川石丁場こそ寛永年間の江戸城本丸天守台構築用の石丁場であったものとみている。

良く知られるとおり、現存する江戸城本丸の天守台は、数度の火災によって建て替えられており、現存の天守台は明暦大火後に加賀前田家が瀬戸内から花崗岩の巨石を運ばせて築いたものである。この上に構えられるはずだった天守は実現しないまま天守台のみが残されているのだが、寛永期の天守台は現存のものとは違って小田原市近郊の早川石丁場とその周辺の大きな母岩から得られる安山岩を用いて築かれていたのではないだろうか。

これは、江戸城の二の丸や三の丸などの郭に用いられた通常の築石のサイズを検討した栩木真氏の結論（栩木論考参照）と比較したとき、早川石丁場の石材はプラス一尺のモジュールの違いが出ている事実があって、この違いをうまく収め得る場所には、江戸城天守台を相当させるしかないと考えられるのである。消去法で決めるのは変だが、現存する天守台の築石がひときわ大きな花崗岩で構成されているのをみると、三尺角の築石を用いる場所はいよいよ天守台しかないと思われるので、私は確度が高いと見ている。

振り返れば、一九九四年に江戸遺跡研究会第七回大会で、東伊豆町在住の岡田善十郎氏とともに「伊豆石丁場遺跡調査の現状」と題する報告をさせていただいた。以来、すでに二十数年を経過したが、当時私が把握していた石丁場遺跡は東伊豆町と伊東市域の一市一町を中心とした概略的な石丁場分布と若干の遺構例だけであった。しかしその後は、熱海市域の栗木崇氏による現地調査成果とその考察が進み（栗木論考参照）、伊東市域でも杉山宏生氏の調査の積み重ねによって（杉山論考参照）、相模国内も含めて伊豆石丁場の分布と実態把握は精彩の度を増した。

現在、伊豆石と呼ばれた江戸・東京向けの石材産出地の遺跡の広がりは、伊豆南部の下田市域などの伊豆軟石丁場の分布域（増山論考参照）を含めると、静岡県下で伊豆半島全域の六市四町、神奈川県下で一市二町前後の広大な範囲に広がっていることが判明してきた。静岡・神奈川両県下の文化財保護関係専門職や右記計七市六町にまたがる範囲の識者が、江戸東京を支えてきた石材の産出地と江戸の遺跡に対して熱い視線を送る状況にある。

こうした状況下、江戸遺跡研究会の第二四回大会の場を借りて、江戸東京の都市史研究者とともに伊豆半島内外の研究者による石丁場研究会が、共同して最先端の調査成果と考察のさまざまを提起できたことは、次世代の研究者への継承という意味においても一定の役割は果たせたものと思える。

すでに本文中にも縷々触れられたとおり、伊豆の山中にある石丁場の数々は江戸時代初期の姿が、ほぼ凍結された状態で今日に及んでいる。各丁場には、「石場《いしば》預《あずかり》」という名の役職者が幕府や藩の意向を受けて配置されていた。伊豆の村々の有力百姓たちが、この役を拝命し、石材と丁場全体の管理を幕末まで営々と続けていた。幕府の威光の元、いつ御手伝普請が再開されるとも分からないという緊張感が維持されたのと合わせて、世界的な都市であり続けた江戸東京の構築には伊豆の石材が必須であったという実際上の必要性が、そうした管理態勢の維持に繋がったものとみられる。

このことはつまり、伊豆の山々に江戸時代初期の姿をとどめた石丁場が多数残っていることを意味しており、発掘をせずとも現地の観察だけで石曳道や動員された百姓や石工たちの居た場所が判別できる状態で残されており、四〇〇年以上もの歳月にもかかわらず、臨場感をもちつつ時を遡り得るのである。

一方、東京では震災・大火・空襲などの災害を蒙るたびに都市の現代的改変が大きく進んだ。古い街区の再開発や古建築等の取り壊しは、休むことなく繰り返されてきた。そうした結果、わずかに残る江戸東京の古建築や古い構築物への調査等は、ますます精度を加えたが、これらの歴史的建造物や土木構築物の消失と裏腹に蓄えられてきた知見だという皮肉な結果である。

ここ数年の間に衆目を集めたのは東京駅舎の修復である。現代的な丸の内の高層ビル群の中に忽然と現れる東京駅の姿は、改めて我々が歴史の中に生かされていることを意識させられる。この近代洋風建築の泰然としたたたずまいは、我々現代日本人が改めて歴史と向き合う必要があることを訴えているように思われる。

同じように、江戸城の高く巨大な石垣は、四百数十年以上にわたる長い営みが映されていることを想わされる構築物である。

都市東京が世界規模である以上は、常に都市としての在り方が問われるのであり、世界のさまざまな視線と向き合わねばならないであろう。東京駅や江戸城が江戸東京の看板としてあり続けたように、この都市の構築が何に拠って、どのような人の営みの元で築かれてきたのかという歴史性への配慮は継続的に注がれるべき課題である。その意味で、近世・近代の江戸と東京の史的な側面は重要視され、今後の都市づくりにも最大限利用され、生かされてゆくことが望まれる。江戸東京の果たすべき使命として歴史的経緯を重んじ、文化と歴史を大切にする都市であり続けることが必要であろう。

近世初期の石丁場の分布は、江戸と伊豆との範囲を大きく超えて、駿府城への駿河湾岸、名古屋城への伊勢湾岸、大坂城に向けた瀬戸内海沿岸と北部九州の石丁場の分布実態が最近明らかにされつつある。また、日本海側でも海運によって数百キロメートルもの大距離を移動する石造物が中世以来の伝統をもつことが近年知られるようになっている。こうした石材の汎日本的な広がりについては、本書では十分な検討を果たすことができておらず、今後の課題として残った。

また、石材への視線が集まるなかだが、本書では石の運ばれた海の道が一七世紀初頭の日本に厳然と存在したことは提示できたものと思える。その広がりの如何については、未知の部分がなお残り、前記瀬戸内産の花崗岩が江戸城にどの程度、どう運ばれてきたか、あるいは、そうさせた歴史的な構造への追及という点は、いまだ果たされていないのである。引き続き、石の道や海の道を通して日本の歴史・文化・社会と技術への考究が深められることを祈念している。

本書の企画と構成にあたっては江戸遺跡研究会幹事各位に多くの協力を得た。同会梶原勝氏には全体的な方向性についての指導を、堀内秀樹氏には口絵選定や編集をお願いした。執筆者各位には、忙しいなかにもかかわらず土曜日曜の寸暇を惜しんで現地調査と執筆の労をいただいた。合わせて、原稿とりまとめや調整にあたって吉川弘文館の手を多く煩わせた。末筆となったが、関係各位に御礼申し上げて結びとしたい。

二〇一五年二月

金子浩之

執筆者紹介（生年・現職／論文掲載順）

梶原　勝（かじはら　まさる）　一九五五年生まれ　㈱ＣＥＬ調査研究室室長
白峰　旬（しらみね　じゅん）　一九六〇年生まれ　別府大学文学部史学・文化財学科教授
杉山宏生（すぎやま　ひろお）　一九六八年生まれ　伊東市教育委員会主査
鈴木裕篤（すずき　ひろあつ）　一九五〇年生まれ　沼津市歴史民俗資料館館長
原田雄紀（はらだ　ゆうき）　一九八〇年生まれ　沼津市教育委員会主事
増山順一郎（ますやま　じゅんいちろう）　一九七一年生まれ　下田市教育委員会主査
石岡智武（いしおか　ともたけ）　一九七一年生まれ　パリノ・サーヴェイ㈱
三瓶裕司（みかめ　ゆうじ）　一九六六年生まれ　公益財団法人かながわ考古学財団調査研究部
栗木　崇（くりき　たかし）　一九七二年生まれ　熱海市教育委員会学芸員
栩木　真（とちぎ　まこと）　一九六三年生まれ　新宿区地域文化部文化観光課学芸員
後藤宏樹（ごとう　ひろき）　一九六一年生まれ　千代田区立日比谷図書文化館文化財事務室学芸員
金子浩之（かねこ　ひろゆき）　一九六〇年生まれ　伊東市教育委員会主幹

江戸築城と伊豆石

二〇一五年(平成二十七)五月一日　第一刷発行

編　者　江戸遺跡研究会

発行者　吉川道郎

発行所　株式会社　吉川弘文館
郵便番号一一三—〇〇三三
東京都文京区本郷七丁目二番八号
電話〇三—三八一三—九一五一〈代〉
振替口座〇〇一〇〇—五—二四四番
http://www.yoshikawa-k.co.jp/

印刷＝株式会社 三秀舎
製本＝誠製本株式会社

ISBN978-4-642-03469-2

江戸遺跡研究会編

災害と江戸時代

五六〇〇円　Ａ５判・二四〇頁・原色口絵四頁

近世遺跡を発掘すると、地震・火事・洪水などの痕跡が数多く検出され、地域史の復原に重要な役割を果たしている。全国の発掘事例から近世都市遺跡の形成と災害との深いつながりを再発見。近世考古学に一石を投じる書。

江戸の大名屋敷

六五〇〇円　Ａ５判・二七二頁・原色口絵四頁

参勤交代制度に伴い建築され、巨大都市江戸を支えた大名屋敷。多くの遺跡発掘の事例から、豪華絢爛な様相が明暦大火後に変遷する姿を検証。都市の成立・維持に果たした役割や大名の生活をも復元し、その全貌に迫る。

江戸の上水道と下水道

五五〇〇円　Ａ５判・二二四頁・原色口絵四頁

江戸には、神田上水・玉川上水などの上水網、生活排水・雨水などを処理する下水網が設けられていた。文献や絵画、発掘調査から大規模な江戸の上水・下水を紹介。現代へと繋がっていく江戸時代の土木技術を明らかにする。

江戸の開府と土木技術

六五〇〇円　Ａ５判・二七八頁・原色口絵四頁

徳川家康が入国したころの江戸は、どのような姿をしていたのか。いまだ不明な点が多いその様相を、地形環境や遺構群を素材に描き出す。また、土木技術の側面から、江戸が都市としていかに開発されてきたのかを考える。

（価格は税別）

吉川弘文館